Architectural Structure Design

建築構造設計教本

柴田 明徳／斎藤 公男 監修

陳 沛山 著

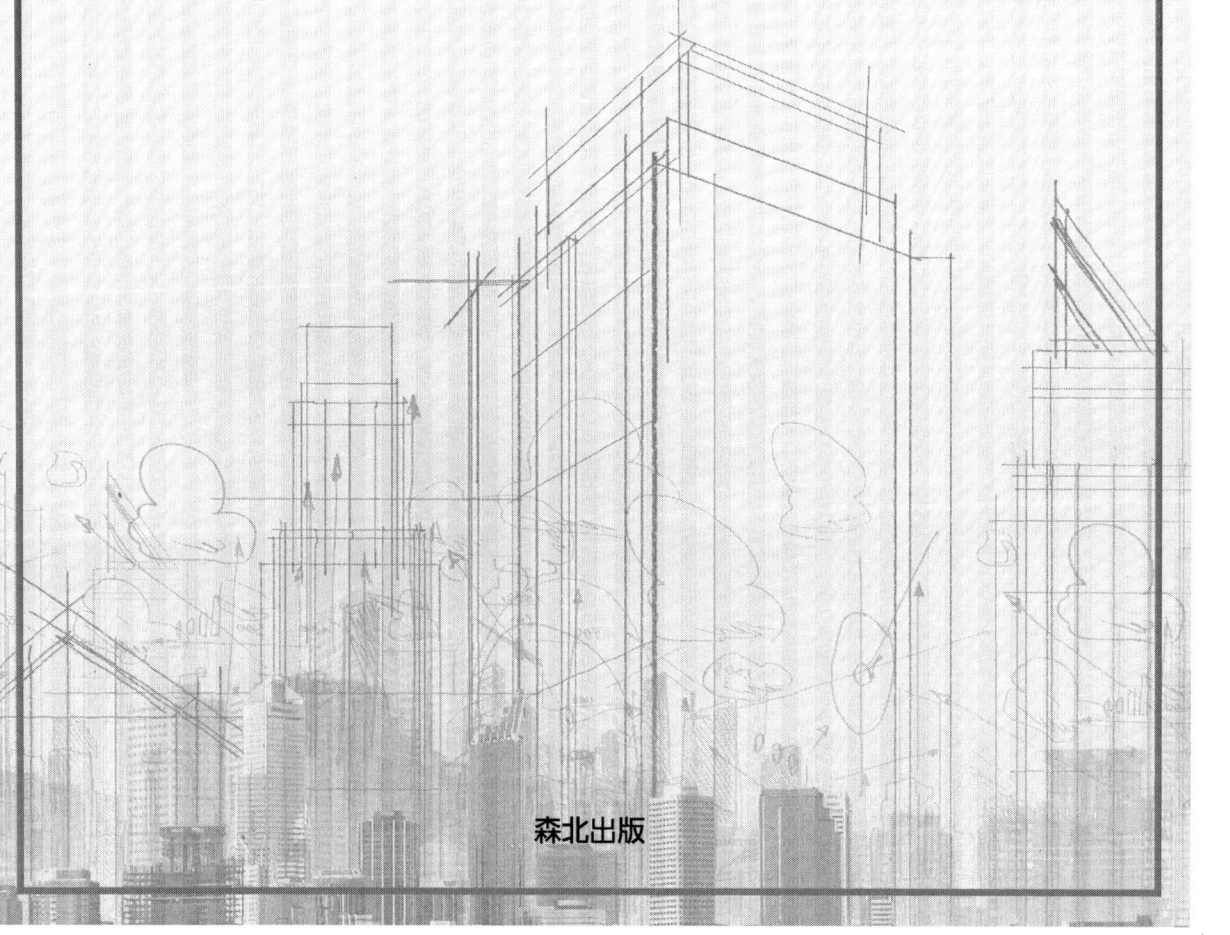

森北出版

●本書のサポート情報を当社Webサイトに掲載する場合があります．
下記のURLにアクセスし，サポートの案内をご覧ください．

https://www.morikita.co.jp/support/

●本書の内容に関するご質問は，森北出版 出版部「(書名を明記)」係宛
に書面にて，もしくは下記のe-mailアドレスまでお願いします．なお，
電話でのご質問には応じかねますので，あらかじめご了承ください．

editor@morikita.co.jp

●本書により得られた情報の使用から生じるいかなる損害についても，
当社および本書の著者は責任を負わないものとします．

■本書に記載している製品名，商標および登録商標は，各権利者に帰属
します．

■本書を無断で複写複製（電子化を含む）することは，著作権法上での
例外を除き，禁じられています．複写される場合は，そのつど事前に
(一社)出版者著作権管理機構（電話03-5244-5088, FAX03-5244-5089,
e-mail：info@jcopy.or.jp）の許諾を得てください．また本書を代行業者
等の第三者に依頼してスキャンやデジタル化することは，たとえ個人や
家庭内での利用であっても一切認められておりません．

まえがき

　IT技術の急速な発展は建築構造設計にも大きな変化をもたらし，いまでは，計算ソフトを利用してコンピュータで構造計算をできるようになった．しかし，建築構造設計の原理を十分に理解しないまま，コンピュータで設計を行えば，不合理で危険な建築物を生み出すおそれがある．このため，建築構造設計は，コンピュータまかせにせず，力学と建築構造設計の原理を正しく理解して行う必要がある．

　このような建築構造設計の手段の変化だけでなく，建築構造設計の考えかたにも変化がみられる．それは，これまでの建築物とは異なる，より自由な形態の建築物が増えてきていることである．このような自由な形態の建築物をつくる場合にも，やはり，建築構造設計の原理の理解は必須である．

　これらの変化はグローバルなものであるが，建築構造設計に関する状況の変化には日本特有のものも出てきている．建築物の性能規定化や耐震偽装事件の再発防止に対応するため，限界耐力計算の導入や保有水平耐力計算の再編などの構造安全性の新たな確認方法を導入したものに，建築基準法が何度も改正されている点である．

　建築基準法の内容，とくに限界耐力計算をわかりやすく説明する書籍は少ないが，上記のように建築基準法が改正されることを考えると，建築基準法を追いかけるよりも，その根拠となる原理を正しく理解しておくほうが重要である．そこで，本書は厳密な理論の誘導よりも，構造設計や構造計算の原理をわかりやすく説明することに重点をおき，建築構造設計に関する基礎知識を習得できるようにした．構造力学の基礎を理解していれば，十分に理解できる内容である．さらに，構造形態デザインにかかわる新技術や設計の考えかたについても説明した．建築構造設計は建築分野の全体に関係する重要な内容であるので，関連分野の学習にも役立ててほしい．

　なお，著者の不勉強のため，記述の誤りや考え違いの箇所があるかもしれない．その場合は，ご指摘いただければ幸いである．

　本書の執筆にあたって，大勢の方々にご指導，ご協力いただいた．柴田明徳先生（東北大学名誉教授）および斎藤公男先生（日本大学名誉教授）には，本書の監修者として貴重なご教示をいただいた．毛呂眞先生および滝田貢先生（ともに八戸工業大学），白井貴志氏（新日鉄エンジニアリング）には多大なご助力をいただき，玉川典行氏および水梨公雄氏には，本書原稿の日本語を訂正していただいた．そして，八戸工業大学准教授の宮腰直幸先生および同大学大学院生川村誠氏には図の作成でご協力いただいた．また，このほかにも，多くの方々の研究成果を参考にさせていただいた．あわせて，感謝の意を申し上げる．

　最後になるが，私を構造デザインの研究の道に導き，ご鞭撻くださった川口衞先生，故半谷裕彦先生のご厚情に深く感謝申し上げる．私の研究生活を支えてくれている妻　文蘭にも感謝の意を表する．

2015年3月

陳　沛山

目 次

第1章　構造設計と構造計算 ―――――――――――――――― 1
1.1　構造設計の概要 ………………………………………………………… 1
1.2　構造計算の概要 ………………………………………………………… 2
　　　1.2.1　耐震関連規定の変遷　2　　　1.2.2　構造計算の理念と概要　2

第2章　荷　重 ―――――――――――――――――――――― 7
2.1　荷重に関する概説 ……………………………………………………… 7
2.2　固定荷重 ………………………………………………………………… 10
　　　2.2.1　固定荷重とは　10　　　2.2.2　固定荷重の計算方法　11
2.3　積載荷重 ………………………………………………………………… 15
　　　2.3.1　積載荷重とは　15
　　　2.3.2　建築基準法施行令に従う積載荷重の計算　16
2.4　積雪荷重 ………………………………………………………………… 19
　　　2.4.1　積雪荷重とは　19
　　　2.4.2　建築基準法施行令に従う積雪荷重の計算　20
2.5　風荷重 …………………………………………………………………… 21
　　　2.5.1　風荷重とは　21　　　2.5.2　建築基準法施行令による風圧力の計算　25
　　　2.5.3　風洞実験　30
2.6　地震荷重 ………………………………………………………………… 30
　　　2.6.1　地震の基礎知識　31　　　2.6.2　地震荷重の算出のための基礎知識　34
　　　2.6.3　地上部分の層せん断力　41　　　2.6.4　屋上突出部分と地下部分の地震力　44

第3章　許容応力度等計算 ―――――――――――――――― 48
3.1　許容応力度等計算の概要 ……………………………………………… 48
3.2　荷重の組合せ …………………………………………………………… 48
3.3　層間変形角，剛性率，偏心率 ………………………………………… 50
　　　3.3.1　層間変形角　50　　　3.3.2　剛性率　52
　　　3.3.3　偏心率　53

第4章　保有水平耐力計算 ―――――――――――――――― 60
4.1　塑性設計の概説 ………………………………………………………… 60
　　　4.1.1　脆性と靭性　60　　　4.1.2　塑性設計　61
　　　4.1.3　崩壊の概念　64
4.2　保有水平耐力計算 ……………………………………………………… 65
　　　4.2.1　保有水平耐力計算の適用範囲　65
　　　4.2.2　保有水平耐力計算の概要　66　　　4.2.3　必要保有水平耐力の計算　68
4.3　保有水平耐力の求めかた ……………………………………………… 72
　　　4.3.1　保有水平耐力の計算方法の概説　72
　　　4.3.2　節点振分け法　74　　　4.3.3　仮想仕事法の概要　75
　　　4.3.4　増分解析の概要　77

4.4　保有水平耐力計算の流れ ………………………………………………………………… 80
　　　4.4.1　計算の流れと留意事項　80　　　4.4.2　耐震計算ルート　81

第5章　限界耐力計算 ──────────────────────── 86
5.1　限界耐力計算の概説 ………………………………………………………………… 86
　　　5.1.1　限界耐力計算の導入背景　86　　　5.1.2　限界耐力計算の適用範囲　87
　　　5.1.3　限界耐力計算の基本的な考えかた　87
5.2　地震力の求めかた …………………………………………………………………… 88
　　　5.2.1　1質点系への縮約　88　　　5.2.2　等価線形解析　93
　　　5.2.3　加速度応答スペクトルについて　98
　　　5.2.4　S_a-S_d関係と地震応答の推定　101　5.2.5　地震力計算の考えかた　103
　　　5.2.6　稀に発生する地震力の計算（損傷限界対応）　104
　　　5.2.7　極めて稀に発生する地震力の計算（安全限界対応）　106
5.3　限界耐力計算による構造計算 ……………………………………………………… 107
　　　5.3.1　断面算定と使用性の確認　107
　　　5.3.2　積雪と暴風に対する安全性の確認計算　107
　　　5.3.3　地震力に対する損傷限界の検討　108
　　　5.3.4　地震力に対する安全限界の確認計算　110
　　　5.3.5　限界耐力計算の内容と流れ　113

第6章　基礎構造の知識 ──────────────────────── 116
6.1　地盤と基礎 …………………………………………………………………………… 116
　　　6.1.1　基礎知識　116　　　6.1.2　土の性質　119
6.2　基礎の設計の基本 …………………………………………………………………… 121
　　　6.2.1　地盤支持力　121　　　6.2.2　直接基礎設計の基本　123
　　　6.2.3　杭基礎設計の基本　124

第7章　種々の技術と構造設計の流れ ──────────────────── 128
7.1　制振と免震 …………………………………………………………………………… 128
　　　7.1.1　耐震，制振，免震の概説　128　　　7.1.2　制振構造　129
　　　7.1.3　免震構造の知識　133
7.2　超高層構造の紹介 …………………………………………………………………… 136
　　　7.2.1　超高層建築とは　136　　　7.2.2　超高層建築物の構造形式　137
　　　7.2.3　超高層建築物の構造設計　138
7.3　空間構造の紹介 ……………………………………………………………………… 143
　　　7.3.1　空間構造とは　143　　　7.3.2　代表的な空間構造　143
7.4　構造計画の基礎知識 ………………………………………………………………… 148
　　　7.4.1　基礎知識　148　　　7.4.2　構造コンセプトの検討　149
　　　7.4.3　平面計画の留意事項　150　　　7.4.4　縦方向の計画　151
　　　7.4.5　構造計画の留意事項　151
7.5　構造設計全体の流れ ………………………………………………………………… 152
　　　7.5.1　企画と基本計画　152　　　7.5.2　基本設計と実施設計　154
　　　7.5.3　構造計算書の知識　154

第8章　構造デザイン ── 160
8.1　構造デザインの基礎知識 ── 160
8.1.1　構造デザインとは　160　　8.1.2　構造形態の美と「S-Art」　161
8.1.3　ストラクチュア美　162　　8.1.4　プロセス美　165
8.1.5　構造デザインのための創造的発想　167
8.2　計算機技術の応用と構造形態解析 ── 169
8.2.1　計算機技術応用の概説　169　　8.2.2　形態創生と最適化理論　170

参考文献 ── 173
索　引 ── 176

第1章
構造設計と構造計算

1.1 構造設計の概要

　建物を建てるために，外観や部屋の間取り，空調や照明などの設備，骨組の安全性，施工方法，工事費などを総合的に検討し，工事実施に必要な図面や書類を作成する必要がある．これらの作業を建築設計といい，その内容は本書で扱う「構造設計」のほかに，「意匠設計」と「設備設計」がある．意匠設計とは，人間の生活や活動を分析して建築物のプランや外観または細部などをデザインすることであり，設備設計とは，空調システムや給排水管などの設備の計画や取り付け方法を決定することである．そして，構造設計とは，建築物の自重や利用者の活動により生じる荷重を支え，地震や台風などの自然現象によるさまざまな外力に耐えられる骨組を決定することである．国民の生命，健康および財産を保護するために，建築物の安全性，機能性，耐久性を確保できる最適な構造体を創出することが構造設計のおもな任務となる．

　構造設計の流れは，一般に「企画」，「基本計画」，「基本設計」そして「実施設計」である（詳しくは7.5節を参考）．企画は文字どおり，建築物の建設の企画段階であり，建築物の用途や規模そしてコストを定め，建設地の地盤調査，地震や風，そして積雪などの設計条件の調査を行う．基本計画は平面や立面などの計画案を作り上げる段階であり，鋼構造や鉄筋コンクリート構造などの構造種類から適切な構造種別を選び，ラーメン構造あるいは壁式構造などの構造形式を選定する．基本設計では，大梁，柱，耐震壁などの主要な耐震要素の配置や断面寸法を設定し，地震や暴風などの災害に対する骨組の安全性の検討する．実施設計では，各構造要素に対してより詳細な構造計算を行い，接合部，二次部材などの細かい部分の安全性を確認する．また，意匠デザインや仕上げ材の設置，設備の設置，施工方法などを考慮して，各構造部材の寸法や位置の微調整も行う．この段階で，工事実施のための詳細な設計図，および積算に必要な工事費内訳明細書を作成する．

　構造設計のおもな作業は，構造計算と構造設計図の製作である．構造計算では，力学理論や所定の計算方法に従って，構造体の安全性や機能性を検証し，構造計算書を作成する．構造計算書は建築確認申請時の重要な審査書類である．構造設計図は，構造体のプラン，各部材の形状や配筋，接合部の詳細など，工事実施に必要な情報を図面で表現したものである．構造設計図は施工計画および工事費の精算の根拠となる．構造計算書と構造設計図は，構造安全性などの諸要求性能に対して法的な効力をもつ証明書となる．そのため，構造設計者は，施主や社会に対して責任と良識をもって，忠実，厳正に構造設計を行い，構造計算書と構造設計図を作成しなければならない．

　構造設計は「無」から「有」までというものづくりの計画過程である．建築物の機能や形態美などを総合的に判断し，ユニークな構造体を発案するには，力学理論だけではなく設計者の想像力と創造力が必要である．これらの観点から，建築構造は，石や木材，コンクリート，鋼材，ケーブル，膜など，さまざまな材料を活用して，力学原理，文化や感性を生かして作り上げた一種の総合芸術ともいえる．したがって，構造設計者には，技術力と計算解析知識のほかに芸術的な素養が求められ，歴史，文化，経済そして法律などの多面的な知識を持ち合わせることが望ましい．

1.2 構造計算の概要

設計者が決定した梁や柱，構造体の骨組は，地震や暴風に対してどの程度変形するのか，本当に崩壊しないかを検証しなければならない．また，床スラブが使用荷重に対してどの程度の変形を生じるか，歩行により不快な振動を起こさないかを確認する必要もある．このように，想定される各種の荷重に対して建築構造の安全性や機能性などを確保するために，所定の計算方法に従ってそれらを数値計算手法で証明するのが構造計算である．構造計算の方法，各種荷重の算出方法は，建築基準法や関連施行令で定められている．本節は，建築構造に関する諸規定の歴史変遷と，構造計算の理念および概要を紹介する．

1.2.1 耐震関連規定の変遷

日本は地震の多い国であり，構造設計の主要部分は耐震設計となる．近代日本の耐震理論と法規は，数々の震災を教訓として発展してきた．耐震関連規定の変遷とおもな地震被害を表 1.1 に示す．そのなかで，とくに注目したいのがつぎの項目である[1.2, 1.3]．

① 1891 年の濃尾地震後，文部省内に震災予防調査会が設けられ，日本の地震工学や耐震構造の基礎が築かれた．

② 1916 年に佐野利器が「家屋耐震構造論」を発表し，設計震度 k と建物の重量の積で地震力を算出する方法を提案した．

③ 1922 年に内藤多仲が「架構建築耐震構造論」を発表し，水平力に対する応力計算法を示した．

④ 1923 年に関東大地震が起こり，れんが造や石造建物が大きな被害を受けた．翌年，「市街地建築物法」が改正され，設計震度 0.1 以上であることが導入された．

⑤ 1947 年に，「日本建築規格 3001」が制定され，許容応力度は長期と短期荷重に応じて計算する方法が提案された．また，設計震度を 0.2 以上に引き上げることになった．1950 年には，「建築基準法」が制定されたが，日本建築規格 3001 と同様の考えかたによって耐震規定が定められた．

⑥ 1963 年の建築基準改正で，これまで規制されていた百尺（31 m）以上の建築物高さが解禁された．これにともない，1968 年頃に日本初の超高層建築として霞が関ビルが建設された．

⑦ 1968 年の十勝沖地震および 1978 年の宮城県沖地震では，鉄筋コンクリート造建築物の短柱の破壊や脆性破壊が著しかった．

⑧ ⑦の被害結果を受け，1980 年に建築基準法施行令が改正され，翌年に施行された．これは「新耐震設計法」とよばれている設計法である．その中心となる構造計算の方法は，「許容応力度等計算」と「保有水平耐力計算」である．

⑨ 1995 年の兵庫県南部地震の後，性能規定化に関する研究が活発となり，2000 年の基準法改正では限界耐力計算が導入された．

⑩ 2005 年の耐震偽装事件の発覚にともなって改正された 2007 年の建築基準法では，許容応力度等計算，保有水平耐力計算，限界耐力計算，国土交通大臣が認定した構造計算方法（大臣認定）の 4 種類の構造計算方法が導入された．

1.2.2 構造計算の理念と概要

現行の構造計算の方法には，許容応力度等計算，保有水平耐力計算，限界耐力計算，国土交通大臣が認定した構造計算方法の 4 種類があるが，大臣認定は特定の計算方法ではなく，設計者が採用した特殊な構造技術や計算方法を，国土交通大臣が審査，認定して適用するものである．また，保有水平耐力計算は，新耐震設計法における許容応力度等計算の中の一つの計算過程として位置付けられていたが，2007 年の建築基準法改訂で格上げされ，許容応力度等計算，限界耐力計算と同様に独立させた．したがって，現行の建築基準法及び関連施行令で定められている構造計算方法は，新耐震設計法にもとづく構造計算（許容応力度等計算および保有水平耐力計算）と，限界耐力計算の二つの系統となっている．ここに，新耐震設計法と限界耐力計算の設計理念，構造計算の概要およ

表 1.1　おもな震災と耐震関連規定の変遷[1.2〜1.4]

年	地震(マグニチュード)	法規・規準など	備考
1891	濃尾地震（M8.0）	震災予防調査会の設立	死者7300人，れんが造の被害が大きかった
1916		「家屋耐震構造論」（佐野利器）	設計震度 k が提案される
1919		「市街地建築物法」の公布（1920年施行）	建築物の高さは百尺以下と定められる
1922		「架構建築耐震構造論」（内藤多仲）	たわみ角法が紹介される
1923	大正関東大地震（M7.9）（関東大震災）		れんが造や石造の建物の被害が大きかった．全壊128266戸，死者99331名，行方不明者43476名
1924		「市街地建築物法」の改正	設計震度が0.1以上であることを導入
1933		「鉄筋コンクリート構造計算規準」の発表	横力分布係数法（武藤清）
1933	三陸地震（M8.5）		津波の被害が大きかった．流失家屋4086戸，死者2986名
1941		「鉄骨造計算規準」の発表	
1943	鳥取県地震（M7.3）		全壊7485戸，死者1073名
1947		「日本建築規格3001」の制定	許容応力度は長期・短期荷重に対応する．設計震度を0.2以上にする
1948	福井地震（M7.2）		全壊35420戸，死者3895名
1950		「建築基準法」の制定	許容応力度は長期・短期荷重に対応する．設計震度を0.2以上にする．長期と短期の二段階計算の導入
1963		「建築基準法」の改正	百尺（31 m）の高さ制限の解禁
1964	新潟地震（M7.3）		液状化による被害が大きかった
1968	1968年十勝沖地震（M7.9）		RC造短柱にせん断破壊が生じた．全壊673戸，死者・行方不明者52名
1970		建築基準法施行令の改正	せん断補強筋が強化された
1971		「鉄筋コンクリート構造計算規準」の改定	せん断補強筋が強化された
1977		「既存鉄筋コンクリート造建築物の耐震診断基準・改修設計指針」の発表	RC造の統一的な耐震診断基準がまとめられた
1977		「新耐震設計法（案）」の発表	
1978		「既存鉄骨造建築物の耐震診断基準・改修設計指針」の発表	鉄骨造の統一的な耐震診断基準がまとめられた
1978	宮城県沖地震（M7.4）		都市型の地震災害を引き起こした．全壊651戸，死者27名
1980		建築基準法施行令の改正（1981年施行）	新耐震設計法の誕生
1983	日本海中部地震（M7.7）		液状化の被害がみられた．全壊757戸，死者・行方不明者104名
1993	北海道南西沖地震（M7.8）		津波の被害が大きかった．全壊558戸，死者・行方不明者238名
1995	兵庫県南部地震（M7.3）（阪神・淡路大震災）		都市直下型地震，全壊104906戸，死者・行方不明者6437名
2000	鳥取県西部地震(M7.3)		全壊435戸，死者なし，負傷者182名
2000		「建築基準法」の改正	限界耐力計算法が導入された
2003	2003年十勝沖地震(M8.0)		全壊116戸，死者1名，行方不明者1名
2005			耐震偽装事件
2007		「建築基準法」の改正	①許容応力度等計算，②保有水平耐力計算，③限界耐力計算，④大臣認定
2011	東北地方太平洋沖地震（M9.0）（東日本大震災）		津波の被害が大きかった

び適用関係を説明する．

(1) 新耐震設計法の基本理念

今日の耐震設計のベースとなっている新耐震設計法は，つぎの2段階の設計理念を導入している．

- 第1段階（中小地震に対する構造設計）：建築物の耐用年数中に数度遭遇する中小地震に対して，建築物に損傷が生じず，建築物の使用性と機能性を確保する．その耐震設計の目標は，微小損傷が修復可能であり，柱梁または耐力壁などに微小なひび割れが発生する程度に収まることとする．具体的には，地震時の構造耐力上主要な部分が弾性領域に留まることを条件として，各部材の応力度がその許容応力度を超えないことを確認する．
- 第2段階（大地震に対する構造設計）：極めてまれに遭遇する大地震に対して，建築物の倒壊や崩壊が生じず，人命の安全を確保する．その構造計算では，建築物の部分塑性化を許した弾塑性解析を導入する．

ここでいう中小地震とは，地震動の最大加速度が80〜100 gal程度の地震で，気象庁の震度階級に換算すると，震度4〜5程度に相当する（震度階級については2.6節で解説）．大地震とは，地震動の最大加速度が300〜400 galに達する地震であり，気象庁の震度階級の震度6以上になるものである．新耐震設計法の構造設計理念と対応する地震規模を表1.2にまとめる．

(2) 限界耐力計算の基本理念

2000年に公布された限界耐力計算法は，日本の構造設計に大きな変化をもたらした．限界耐力計算は，「損傷限界」と「安全限界」という2段階の安全水準を設けて，建築構造の安全性を確認する（詳しくは第5章）．「積雪と暴風」と「地震動」に対して，損傷限界と安全限界の確認計算方法が確立されている．損傷限界の設計計算は，稀に発生する外乱（積雪，暴風，地震動）に対して建築物が損傷しないことを目標とする．安全限界の計算では，建築物が耐用年数中に一度遭遇する極めて稀な最大級の外乱（積雪，暴風，地震動）に対して，建築物が倒壊・崩壊しないことを目標とし，利用者の避難・脱出時間を確保し，人命の安全を確保することを確かめる．

新耐震設計法も限界耐力計算も，「中小地震に対する耐震設計」と「大地震に対する耐震設計」の2段階の設計理念を導入したものであり，両者の設計理念の表現も近い．ただし，新耐震設計法が建築物の安全性や機能性を確保するための計算方法であるのに対して，限界耐力計算は建築物の諸性能の確保（性能規定型設計）を目標としている．限界耐力計算は，建築物の諸性能の構成要素および評価方法など，多くの課題が残っているが，地震荷重の算出方法などの耐震計算理論においては，新耐震設計法より合理的なところがある（詳しくは第5章）．

(3) 現行構造計算の概要と適用関係

構造設計と構造計算のおもな手順を図1.1に示す．まず，大梁や柱などの耐震部材の仮定断面を設定し，小梁，スラブや間柱などの二次部材の仮定断面の設定，骨組のモデル化，各種荷重の算出を行う．そして，力学解析を行い，各部材の応力

表1.2　新耐震設計法の構造設計に対する理念

設計段階	地震の規模			構造上の許容範囲	設計目標
	頻度・大きさ	地表最大加速度	震度階		
第1段階	耐用年数中に数度遭遇する中小地震	80〜100 gal程度	震度4〜5	弾性範囲内 各部材の応力度が許容応力度以下	微小損傷が修復可能 使用性と機能性を保持
第2段階	極めてまれに遭遇する大地震	300〜400 gal程度	震度6以上	塑性変形が可 層間変形角の規制 架構全体の安全性 全体剛性のバランス	倒壊や崩壊をしない 人命の安全を確保

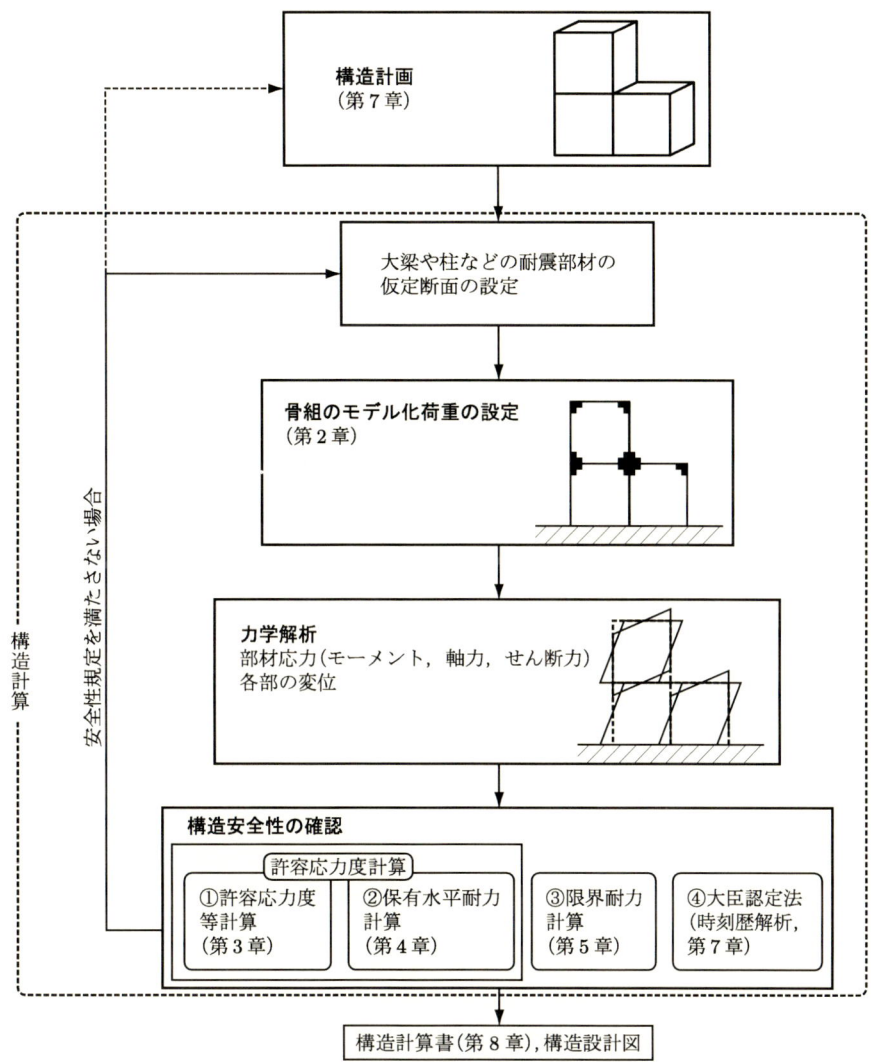

図 1.1 構造設計の手順

および変位を算出し，その結果にもとづいて構造安全性を確認する．計算した結果，所定の安全性能を満たさない場合は，骨組や部材断面，荷重などの設計内容を変更して，所定の安全性を満足するまで，繰り返し構造計算を行う必要がある．このような構造計算と設計変更の繰り返しのなか，一般に構造計画までは変更しないが，安全性，経済性，生産性などを勘案した結果，やむを得ず構造計画を変更することもあり得る．

前述のように，現行建築基準法関連施行令では，構造安全性の確認計算方法としてつぎの4種類の方法を定めている．

① 許容応力度等計算
② 保有水平耐力計算
③ 限界耐力計算
④ 国土交通大臣が認定した構造計算方法

これらの4種類の構造計算方法は，建築物の規模（高さ・面積）によって，図1.2のように使い分けて適用する（図1.2中の用語は以降各章において解説する）．高さが60 mを超える建築物

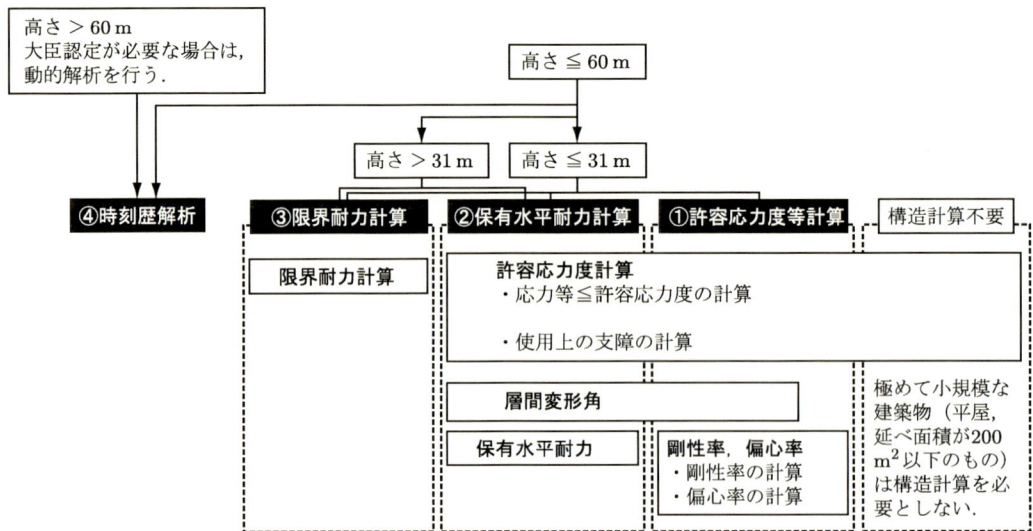

図 1.2 おもな構造計算法の適用関係 [1.1]

は，国土交通大臣が認定した計算方法（大臣認定）で行わなければならない．高さが 60 m 以下で 31 m を超える建築物に対しては，保有水平耐力計算あるいは限界耐力計算方法を用いてもよい．高さ 31 m 以下の建築物に対しては，許容応力度等計算を行うことになっているが，保有水平耐力計算あるいは限界耐力計算を用いてもよい．この理由は，保有水平耐力計算と限界耐力計算は規模の大きい建築物に適用される計算方法であり，許容応力度等計算より上位にある厳しい計算方法であるためである．上記構造計算方法の使い分け，計算原理および計算方法の詳細は，第 3 ～ 5 章においてさらに解説する．

第2章
荷 重

構造体の安全性を確認する計算は荷重に依存するので，荷重の計算を誤ると構造体の安全性を正確に検証できなくなり，危険な建築物を設計してしまうおそれがある．したがって，正確に構造計算を行うためには，まずは想定される各種荷重を正確に算出しなければならない．荷重の算出方法は構造計算のもっとも基本的な知識であり，とくに地震荷重の計算原理および計算方法は非常に重要である．本章では，各種荷重の概念，計算の原理と計算方法を紹介する．

2.1 荷重に関する概説

建築物には常に自重がはたらいているが，ときには風圧や地震動がはたらく．また，地下の構造部分には土圧や地下水による水圧がはたらいている．このように，**建築物の外部からの作用により建築構造体に加わる力のことを荷重**という．建築物への外部からの作用を広い意味で捉えると，万有引力，接触により生じる弾性力，振動による慣性力，気流や液体など流体からの作用力，温度変形などのさまざまな形式がある．これらの作用により，建築物の全体あるいは局部に荷重が加わる．

建築構造分野においては，荷重を構造力学あるいは構造設計の視点から分類できる．構造力学における荷重の分類を，表 2.1 に示す．荷重は，分布荷重，集中荷重，動的荷重，静的荷重，静止荷重，移動荷重，温度荷重などに分類される．構造力学においては，荷重のことをある種の力（作用力）として扱い，自重，雪や風，地震などの荷重の具体像を表現しない．たとえば，面分布荷重は，単位面積あたりの自重を示す場合もあれば，単位面積あたりの積雪の重さを示すこともある．

これに対して，構造設計における荷重の分類では，自重，雪や風，地震，水圧などの作用をその実況に近い状態で表現する．表 2.2 に構造設計における荷重の分類を示す．図 2.1 はその荷重の具体的な例である．

ただし，構造計算では，さまざまな荷重を構造力学の荷重形式で表現する．たとえば，床スラブの自重は固定荷重であり，これはスラブの比重と厚さにより，$1\,\mathrm{m}^2$ あたりの重量を算出して，分布荷重の形で表す．

構造設計では，荷重の作用頻度と継続性により，「長期荷重」と「短期荷重」という重要な概念がある．表 2.2 に示した荷重のうち，固定荷重と積載荷重は常に建築物に作用している．このように，常時作用している荷重を「**長期荷重**」という．それに対して，積雪荷重，風荷重，地震荷重，その他の特殊荷重など，短期間に発生して作用する荷重のことを「**短期荷重**」という．ただし，多雪区域では，積雪荷重の一部分を長期荷重とすることがある（詳しくは 3.2 節で説明）．

構造計算は，その架構が想定された各種荷重に対して，十分な耐力あるいは変形能力を保有しているかを確認するために行う．もし，設計時に想定した荷重よりも大きな荷重が作用すると，建築物が崩壊するおそれがある．逆に，過剰に荷重を評価すると，それに抵抗する骨組も大きな断面となり，不経済な設計になる．適切に荷重を評価することが，安全性，経済性，社会性において非常に重要である．

表 2.2 に示す荷重種類のうち，固定荷重，積載荷重，積雪荷重，風荷重，地震荷重は普通の建築物の構造設計において用いられるものであり，本書ではこれらの荷重の計算原理および計算方法を

表 2.1 構造力学における荷重の分類

荷重名称	イメージ	注釈
分布荷重		体積（分布）荷重，面状分布荷重，線状分布荷重
集中荷重		1点に作用する荷重
動的荷重		慣性力（加速度）により生じる荷重
静的荷重		慣性力を無視できる場合の荷重
静止荷重		作用点あるいは作用方向が変化しない荷重
移動荷重		作用点あるいは作用方向が変化する荷重
温度荷重		温度変化により拘束された物体に生じる拘束力
その他の荷重		強制変位，衝撃など

表2.2 構造設計における荷重と分類

荷重名称	記号	イメージ	原因	構造力学での表現	計算上の考えかた
固定荷重	G DL	固定荷重	骨組や内装・外装材などの建築物に永久に固定しているものの自重	静止荷重, 静的荷重, 体積荷重であるが, 面状分布荷重, 線状分布荷重, 集中荷重に換算する場合が多い	実況により計算する
積載荷重	P LL		家具や利用者の重量など, 建築物を使用することにより加わる荷重	静的荷重, 面状分布荷重, 線状分布荷重	実況により計算する. 部屋の用途によってその大きさを定められている場合が多い
積雪荷重 (雪荷重)	S SL		屋根や外壁に作用する積雪からの圧力	静的荷重, 面状分布荷重	地域や建築物の形状そして再現期間に依存する
風荷重	W WL		風圧, あるいは風揺れにより生じる動的荷重	面状分布荷重, 動的荷重あるいは静的荷重, 計算単純化のため静的な分布荷重として扱う場合が多い	建築物の形状や高さ, 風向き, 固有周期, 周囲環境, 地域, 再現期間に依存する
地震荷重	E K		地震揺れにより建築物が受ける水平あるいは上下の力	本来は動的, 体積分布荷重であるが, 計算単純化のため, 静的な分布荷重や集中荷重として扱う場合が多い	建築物の重量, 高さ, 剛性, 固有周期, 地域, 再現期間に依存する
温度荷重	T		構造体の温度変形が拘束された場合にその内部に生じる力	静的荷重, 体積荷重, 面状分布荷重, 線状分布荷重, 集中荷重	材料性質, 拘束条件, 環境条件, 再現期間に依存する
土圧 水圧	H	土圧 地下水位 水圧＋土圧	深い基礎の外周に作用する土と地下水の圧力	静的荷重, 面状分布荷重	構造体の深さと地下水位, 土性質（密度, 粘性, 内部摩擦）に依存する
特殊荷重 設備荷重			設備や水槽の自重, 設備の振動による荷重	静止荷重あるいは動的荷重, 分布荷重などの可能性がある	実況に依存する

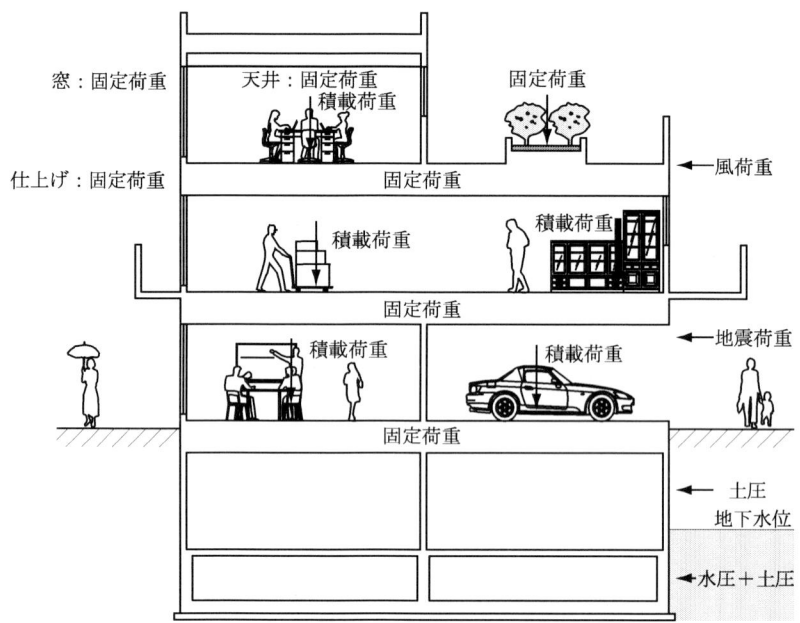

図2.1 建築物に作用する荷重の概念

詳細に解説する．ただし，温度荷重，土圧と水圧，設備などの特殊荷重は，建築物の状況によって考慮しなくてもよい．たとえば，建築物の規模や用途によって温度変化による部材の伸縮が無視できる場合，温度荷重は無視できる．また，比較的浅い基礎構造に対しては，土圧と水圧を考慮しなくてもよい．振動や衝撃を与える設備をもっていない建築物に対しては，設備による特殊荷重を考慮しない．このような理由で，本書は，温度荷重，土圧と水圧，設備などの特殊荷重についての説明を省略するが，これらの荷重については日本建築学会編「建築物荷重指針・同解説」の最新版などの専門書籍や資料を参考して学習してほしい．

2.2 固定荷重

梁・柱や壁などの構造部材，天井や床などの仕上げ材の自重は荷重として常に構造体に作用している．これらの自重を評価するために固定荷重の概念を導入した．本節では，固定荷重の概念および計算方法そして留意事項について紹介する．

2.2.1 固定荷重とは

固定荷重（dead load）は，建築物の架構の構成部材，仕上げ，その他の建築物に固定されている部分の自重のことをいう．その特徴は，建築物が存在する限り永久に存在し続け，静的に鉛直下向き方向に加わる不変な力である．ただし，施工時の寸法誤差，材料密度の測定誤差，外部環境の作用による部材の重量変化があるために，厳密にいえば，固定荷重の値も変動がある．計算誤差や施工誤差を考慮して，固定荷重の計算結果を一つ上の値に丸めた値をとる習慣がある．

構造計算上の各計算段階において，固定荷重の大きさは変化がなく，一定値として扱う．これに対して，積載荷重や地震荷重などのほかの荷重は，その発生の確率や同時発生の確率およびその他の要因を総合的に考慮して，構造計算の対象や段階によってその値が変化する．その詳細については2.3節で解説する．構造計算では，計算対象や段階によって荷重の値の変化の有無を区別する必要があり，固定荷重とそれ以外の荷重を厳密に区別する．たとえば，利用者が持ち込んだ家具など簡単に移動可能な物体は固定荷重としない．一方，

建築物の躯体に固定されている仕上げ材，受水槽や変電設備などの大型設備の重量は，固定荷重として算定する．図 2.2 に，固定荷重と非固定荷重（積載荷重）の区別の一例を示す．

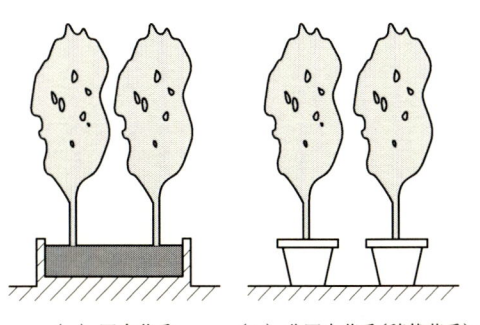

(a) 固定荷重　　(b) 非固定荷重(積載荷重)

図 2.2　荷重の区別

2.2.2 固定荷重の計算方法

固定荷重の計算は，荷重拾いとよばれることもあり，建物の実状に応じて正確に行わなければならない．固定荷重の計算の精度のばらつき，施工時の寸法誤差などのばらつき，建築物使用時に付加される固定物，そして増改築が予定されている場合はそれを想定した荷重なども考える必要がある．

固定荷重をその実況より過小に評価すると，構造体は常に設計能力より大きな荷重を負担する危険な状態になる．また，詳しくは 2.6 節で説明するが，地震荷重は固定荷重などの荷重の大きさにもとづいて算定するので，固定荷重を過小に評価することは地震荷重を過小に設定することを意味し，建築物の安全性を確保できなくなる．したがって，絶対に固定荷重を過小評価してはならない．

固定荷重の計算上の留意事項
- 実態・実況に応じて正確に計算すること
- 計算誤差や施工誤差などのばらつきを考慮すること
- 固定荷重を過小に評価しないこと
- 建築物使用時に固定的に付加される荷重や，増改築が予定されている場合はそれを想定した荷重も考慮すること

一般に，固定荷重は，構造体と仕上げ部分などに分けて計算する．固定荷重は，単位体積あたりの重量，単位面積あたりの重量，単位長さあたりの重量，単位厚みあたりの重量という単位重量に，それぞれの計算対象の体積，面積，長さ，厚さを掛けて得られる．これらの単位重量は，建築基準法施行令に記載されており，さまざまな学術団体が発行した設計指針や書籍にも関連データが記載されている．表 2.3 に，常用材料の単位重量の例を示す．

表 2.4 は常用仕上げの固定荷重の例である．シート防水の固定荷重の計算例を解説する．まず，このシート防水の固定荷重の算出結果を単位面積あたりの分布重量 $[N/m^2]$ とする．資料調査より，防水シート，ならしモルタルの単位重量は，それぞれ 20 $(N/m^2)/mm$ である．防水シートおよびモルタルの厚みは，それぞれ 2 mm と 30 mm であるので，その固定荷重は単位重量にこれらの厚みを掛ければ得ることができる．

2 [mm] × 20 [(N/m^2)/mm] = 40 [N/m^2]
30 [mm] × 20 [(N/m^2)/mm] = 600 [N/m^2]
その合計は 640 N/m^2 となる．

例題を用いていくつかの主要部材の固定荷重を計算してみよう．

(1) 屋根・床の固定荷重

屋根，床，天井などの平面部材の固定荷重は単位面積（1 m^2）あたりの重量として算出する．大梁や柱などの耐震架構の構造計算において，小梁や母屋などの二次部材は，単位面積あたりの重量に換算して屋根や床の荷重に加えることができる．

表2.3 常用単位重量
(a) 常用材料の単位体積重量 [2.1]

材料名			単位重量 [kN/m³]	備考
骨材, 充填材 [2.1]	人工軽量コンクリート骨材	細骨材	9～12	
		粗骨材	7～8	
	砂	乾燥	17	
		飽水	20	
	砂利	乾燥	17	
		飽水	21	
	砕石	乾燥	15	最大寸法 20 mm　14.5～15.5 kN/m³
		飽水	19	高炉スラグ砕石　14.0～5.5 kN/m³
	砂混り砂利	乾燥	20	
		飽水	23	
コンクリート	普通コンクリート [2.2, 2.3]	$F_c \leq 36$ [N/mm²]	23	
		$36 < F_c \leq 48$ [N/mm²]	23.5	
		$48 < F_c \leq 60$ [N/mm²]	24	
	軽量1種 [2.2, 2.3]	$F_c \leq 27$ [N/mm²]	19	
		$27 < F_c \leq 36$ [N/mm²]	21	
	軽量2種 [2.2, 2.3]	$F_c \leq 27$ [N/mm²]	17	
	普通モルタル		20	
	鉄筋コンクリート		24	
	鉄骨鉄筋コンクリート		25	
ガラス	板ガラス		25	網入りガラス　25 kN/m³
	中空ガラスブロック		8	ブロック寸法により 7～9 kN/m³
れんがタイル [2.1]	軽量れんが		11	・粘土質耐火れんが1種 20 kN/m³ 以上（JIS R 2304）
	空洞れんが		13	
	普通れんが		19	・高アルミナ質耐火れんが1種 28 kN/m³ 以上（JIS R 2305）
	耐火れんが		20	
	スラグれんが		21	・煙道道用シャモットれんが
	タイル		22～24	内装用陶器質タイル　20 kN/m³ 未満

(b) 建築用材料の単位面積重量 [2.1]

材料名			単位重量 [N/m²]	備考
かわら	粘土がわら		470	・重ねしろを含む
	プレスセメントかわら	平形	370	・かわら板厚 11～12 mm ・多雪地域では使用板厚により割増す ・重ねしろを含む
		平S形	370	
		和形	410	
		S形	470	
アスファルト製品	アスファルト防水層	$t = 9$ [mm]	150	・押えコンクリート含まず
		$t = 12$ [mm]	180	
塗装材	複層仕上げ塗材（いわゆる吹付けタイル）	─	30	
石膏プラスター		20 [(N/m²)/mm]		・下塗を含む

表2.4 常用仕上げの固定荷重[2.2]

工法	略図	仕様，材料 [mm]	単位厚み重量 [(N/m²)/mm]	1m²の重量 [N/m²]
屋根：シート防水		防水シート $t=2$ ならしモルタル $t=30$	20 20	40 600 640
屋根：アスファルト防水		軽量コンクリート $t=80$ アスファルト防水 $t=9$ 断熱材（フォームポリスチレン）$t=30$	19 - 0.3	1520 150 10 1680
屋根：亜鉛鉄板瓦棒葺き		亜鉛鉄板 $t=0.6$ フェルト 木毛セメント板 $t=15$ 垂木 母屋（軽量鉄骨）	6	60 10 90 30 70 260
床：長尺塩ビシート張り		長尺塩ビシート $t=2$ モルタル $t=28$	20 20	40 560 600
床：フリーアクセスフロア		タイルカペット 床パネル（アルミダイカスト） 支持材	- - -	60 170 10 240
天井：岩綿吸音板		岩綿吸音板 $t=12$ プラスターボード $t=9$ 吊り材	4 8	50 80 50 180
天井：板張り		板張り 捨板 吊り材	- - -	60 60 50 170
壁：磁器タイル張り		磁器タイル $t=7$ モルタル $t=20$	23 20	160 400 560
壁：耐火間仕切り（1時間）		ケイ酸カルシウム板 $t=8\times4$ 鋼製スタッド	8 -	260 100 360

例題 2.1 屋根，床と天井の固定荷重の計算

図 2.3 に示す屋根の 1 m² あたりの固定荷重を求めよ．

- 軽量コンクリート 1 種 ($F_c = 24$ [N/mm²]) $t = 80$
- アスファルト防水 $t = 9$
- 断熱材（フォームポリスチレン）$t = 30$
- RC スラブ $t = 150$
- 岩綿吸音板 $t = 12$
- 吊り材
- プラスターボード $t = 9$

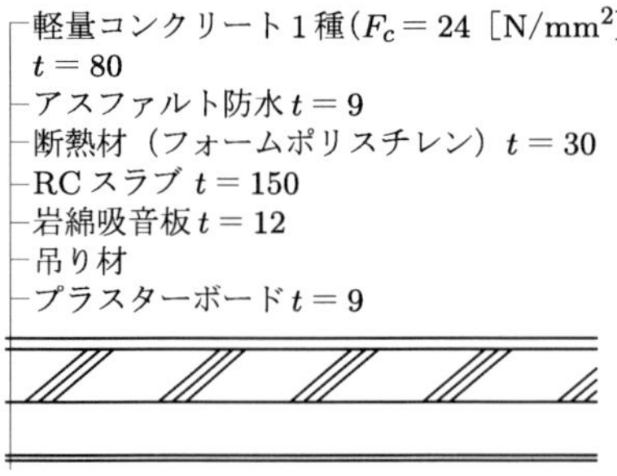

図 2.3

解答

表 2.3(a) より，軽量コンクリート 1 種 ($F_c = 24$ N/mm²) の単位重量は 19 kN/m³，単位厚み重量は 19 (N/m²)/mm であり，厚さ 80 mm の軽量コンクリートの 1 m² あたりの重量は $19 \times 80 = 1520$ [N/m²] となる．RC スラブの 1 m² あたりの重量も同様の方法で求められる．また，表 2.3(b) より，厚さ 9 mm の防水アスファルトの単位荷重は 150 N/m² であることがわかる．その他の仕上げ部分も，関連参考資料により得た単位重量に厚みを掛けて，その固定荷重を算出できる．この例題では，断熱材の単位荷重は 0.3 (N/m²)/mm であり，厚さ $t = 30$ の重量は 9 N/m² になるが，一つ上の値に丸めて 10 N/m² とした．また，厚さ 12 mm の岩綿吸音板の重量は，$4 \times 12 = 48$ N/m² になるが，丸めて 50 N/m² とした．

よって，図 2.3 の屋根の 1 m² あたりの固定荷重はつぎのようになる．

固定荷重：(単位：N/m²)

軽量コンクリート $t = 80$, 19 (N/m²)/mm	1520
アスファルト防水 $t = 9$	150
断熱材（フォームポリスチレン，0.3 (N/m²)/mm）$t = 30$	10
RC スラブ $t = 150$	3600
岩綿吸音板 $t = 12$, 4 (N/m²)/mm	50
プラスターボード $t = 9$, 8 (N/m²)/mm	80
吊り材	50
合計	5460 N/m²

(2) 梁の固定荷重

梁の固定荷重は，単位長さ（1 m）あたりの重量として算出する．ただし，スラブとの合成梁の場合，一般に，梁の固定荷重にはスラブ部分を含まない．また，鉄骨梁の場合は，型鋼の鋼材表に記載されている単位重量（1 m あたりの重量）を使う．

例題 2.2 梁の固定荷重の計算

図 2.4 に示す梁の長さ 1 m あたりの固定荷重を求めよ．ただし，梁は普通モルタル仕上げ ($t = 20$) とする．

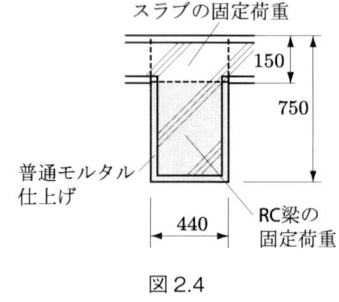

図 2.4

解答

スラブ下部にある鉄筋コンクリート部分が計算対象となる．長さ 1 m あたりの重量は体積と単位重量（表 2.3(a) より 24 kN/m³）の積で算出できる．仕上げ部分も体積と単位重量の積で求めるが，その体積は近似的に梁断面の仕上げ部分の周長と厚みの積で求められる．

よって，対象梁の固定荷重の計算はつぎのようになる．

梁の固定荷重の計算：(単位：kN/m)

RC 梁部分：
$(0.44 - 2 \times 0.02) \times (0.75 - 0.15 - 0.02) \times 24 = 5.6$

モルタル仕上げ $t = 20$：
$\{(0.44 - 2 \times 0.02) + 2 \times (0.75 - 0.15)\} \times 0.02 \times 20 = 0.64$

合計	6.24 kN/m

(3) 柱の固定荷重

柱の固定荷重は単位長さ（高さ 1 m）あたりの重量とする．鉄骨の場合，材料表より単位重量を得られる．計算方法は梁と同様である．ただし，

柱とスラブあるいは梁など，その他の部分との接合部においては，重量の重複計算のないように注意する必要がある．

□ **例題 2.3 柱の固定荷重の計算**

図 2.5 に示す柱の高さ 1 m あたりの固定荷重を求めよ．ただし，柱は普通モルタル仕上げ ($t = 20$) とする．

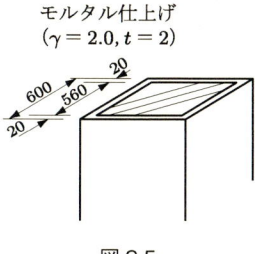

図 2.5

□ **解答**

柱の固定荷重の計算：（単位：kN/m）
RC 部分 $(0.6 - 2 \times 0.02) \times (0.6 - 2 \times 0.02) \times 24$
$= 7.53$
モルタル仕上げ $t = 25$
$2 \times (0.6 + 0.6) \times 0.02 \times 20 = 0.96$

| 合計 | 8.49 kN/m |

(4) 壁の固定荷重

壁の固定荷重は，一般に，単位面積あたりの重量として計算する．壁に開口がある場合，開口部の重量を引いて，代わりに建具の重量を加える．ただし，大梁や柱などの耐震架構に対する設計計算の場合，計算の簡略化のため，非耐震壁の重量は大梁上の分布荷重あるいは柱への集中荷重に換算することが可能である．

□ **例題 2.4 壁の固定荷重の計算**

図 2.6 に示す壁の 1 m² あたりの固定荷重を求めよ．ただし，RC 壁 $t = 150$，仕上げはモルタル ($t = 20$) で吹付けタイル，石膏プラスター $t = 3$ とする．

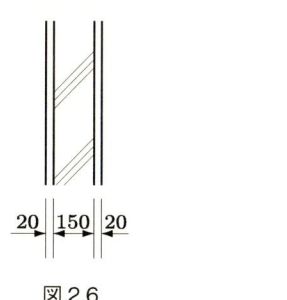

図 2.6

□ **解答**

表 2.3(b) より吹付けタイルの重量は 30 N/m² である．この表では，石膏プラスターの単位重量は 20 (N/m²)/mm であり，厚さ $t = 3$ の重量は 60 N/mm² である．鉄筋コンクリート部分やモルタルなどの部分の単位面積あたりの固定荷重の計算方法は，例題 2.1 の床や屋根などの水平部材と同様である．

壁の固定荷重の計算：（単位：N/m²）

吹付けタイル	30
RC 壁：$t = 150$	3600
モルタル：$t = 20$	400
石膏プラスター：$t = 3$	60
合計	4090 N/m²

2.3 積載荷重

建築物内に置かれる家具や利用者の活動による荷重を評価するために，積載荷重という概念を導入した．本節では，積載荷重の算出方法および留意事項を説明する．

2.3.1 積載荷重とは

建築物内に置かれている家具，機器，貯蔵物，利用者などの重量，その他これらに類するものの重量を，積載荷重 (live load) とよぶ．積載荷重は，一般には静的荷重として扱うが，建築物の使用状況によって，位置の移動，重量の変動，偏載や集中作用，ときには振動や衝撃などの動的な性質もあわせもつ．また，生活習慣や経済状況の変化による，生活用品や機器類の変化のような，時代的，社会的影響も受けやすい．

上述のとおり，積載荷重は，部屋の用途，室内の人間や家具の集中度などに応じてその値が異なり，構造計算の対象と目的に応じて，その値がさらに増減する．たとえば，床や小梁は発生可能な積載荷重の最大値を直接負担することになり，そ

の断面算定時に用いる積載荷重は積載荷重の満載時の値になる．これに対して，大梁や柱または基礎構造は，各階の積載荷重が床や小梁を通して伝達してきた力を受けることとなり，積載荷重を間接的に負担している．各階の積載荷重の集中度および同時発生の確率を考慮して，大梁や柱そして基礎構造に伝達してきた積載荷重は比較的小さい値を採用することができる．また，地震時に各部屋の積載荷重がすべて満載されている確率は小さいので，地震力を計算するための積載荷重は状況によって小さい値をとることができる．積載荷重の値は構造計算の対象と段階によって異なるので，固定荷重と明確に区別する必要がある．位置が固定されており，建築物の供用期間内において変化，更新されない物品は，積載荷重ではなく，固定荷重として扱うことが望ましい．

2.3.2 建築基準法施行令に従う積載荷重の計算

積載荷重の算出方法としては，実況に応じて適切に評価することが望ましい．しかし，2.3.1項で説明したように，積載荷重にかかわる不確定な要因が多いため，その状態を正確に定量的に把握することは非常に困難である．このため，建築物に置かれている物品や利用者の利用状況を調査して統計的に評価した積載荷重の標準的な値（常用値）を利用するのが一般的である．ただし，常用値はすべての荷重ケースが網羅されているわけではないので，設計者の適切な判断が必要である．

積載荷重を定める方法として，つぎの三つの方法がある．

① 実況に応じて計算する
② 建築基準法施行令に従って計算する
③ 日本建築学会「建築物荷重指針・同解説」に従って計算する

ここでは，建築基準法施行令で定めている積載荷重の計算方法を紹介する．

(1) 一般知識

建築基準法施行令では，実況に応じて積載荷重を計算しなければならないと定めている．同時に，部屋の用途（室の種類）別に，積載荷重の常用値を定めている．その常用値はさらに構造計算の対

表 2.5 積載荷重

構造計算の対象 室の種類		①床と小梁の構造計算をする場合 [N/m²]	②大梁や柱または基礎構造を計算する場合 [N/m²]	③地震力を計算する場合 [N/m²]
(1)	住宅の居室，住宅以外の建築物における寝室または病室	1800	1300	600
(2)	事務室	2900	1800	800
(3)	教室	2300	2100	1100
(4)	百貨店または店舗の売場	2900	2400	1300
(5)	劇場，映画館，演芸場，観覧場，公会堂，集会場その他これらに類する用途に供する建築物の客席または集会室　固定席の場合	2900	2600	1600
	その他の場合	3500	3200	2100
(6)	自動車車庫および自動車通路	5400	3900	2000
(7)	廊下，玄関または階段	(3)から(5)までに掲げる室に連絡するものにあっては，(5)の「その他の場合」の数値による．		
(8)	屋上広場またはバルコニー	(1)の数値による．ただし，学校または百貨店の用途に供する建築物にあっては，(4)の数値による．		

※倉庫業を営む倉庫については，実況について計算した数値が 3900 N/m² 未満でも，計算上は 3900 N/m² としなければならない．

象に応じてつぎの3種類に分かれている.
① 床や小梁の構造計算をする場合
② 大梁や柱または基礎構造を計算する場合
③ 地震力を計算する場合

2.3.1 項で説明したような，各階の積載荷重の集中度および同時発生の確率を考慮して，その大小関係は，①＞②＞③となっている．建築基準法施行令で定めている積載荷重の値を表 2.5 に示し，これらの値を直接用いることができる．

□例 2.1 積載荷重の計算

あるビルの屋上，事務室，給湯室，WC の固定荷重と積載荷重の計算例を表 2.6 に示す．この例では，実況に応じて事務室の床および小梁の計算用の積載荷重を 3000 N/m² とし，その他の積載荷重は建築基準法施行令に従って定められた値を利用する．力学計算や 2.6 節で説明する地震力の計算では固定荷重と積載荷重の和を用いる場合があるので，この計算例では，2.2 節で紹介した固定荷重の計算方法に従って固定荷重を算出し，「床計算用，架構計算用，地震力計算用」のそれぞれの積載荷重（LL）と固定荷重の和（DL + LL）を算出した．

この計算例では，単位は N/m² を使用したので，小数点が不要である．また，計算誤差や施工誤差を考慮して，荷重の値は 2 桁まで切り上げ，100 の位に丸めた．つまり，5320 を 5400 に，3940 を 4000 に，5140 を 5200 にした．このようにして，荷重値を適切に切り上げることにより，余裕がうまれ，さまざまな誤差をカバーするとともに，計算資料が明快とな

表 2.6 ある事務所ビルの固定荷重，積載荷重の計算例

位置	固定荷重 (DL)			積載荷重 (LL)			荷重合計 (DL + LL)		
	仕様	単位荷重 [N/m²]	固定荷重合計 [N/m²]	床用 [N/m²]	架構用 [N/m²]	地震用 [N/m²]	床用 [N/m²]	架構用 [N/m²]	地震用 [N/m²]
屋上	押さえコンクリート（軽量）$t = 80, \gamma = 19$ [N/m²]	1520	5320 ↓ 5400	1800	1300	600	7200	6700	6000
	アスファルト防水	150							
	コンクリート・スラブ $t = 130, \gamma = 24$ [N/m²]	3120							
	デッキプレート	200							
	小梁その他補強材など	150							
	天井（岩綿吸音板）	180							
事務室	仕上げ	50	3940 ↓ 4000	3000	1800	800	7000	5800	4800
	フリーアクセスフロア	240							
	コンクリート・スラブ $t = 130, \gamma = 24$ [N/m²]	3120							
	デッキプレート	200							
	小梁その他補強材など	150							
	天井（岩綿吸音板）	180							
給湯, WC室	押えコンクリート（軽量）$t = 80, \gamma = 19$ [N/m²]	1520	5140 ↓ 5200	1800	1300	600	7000	6500	5800
	コンクリート・スラブ $t = 130, \gamma = 24$ [N/m²]	3120							
	デッキプレート	200							
	小梁その他補強材など	150							
	天井	150							

(2) 柱または基礎の圧縮力計算時の積載荷重の低減

表 2.5 の②は，建築物の主架構や耐震計算時に使用する積載荷重である．建築物の各階で積載荷重が同時に満載する確率は低いので，柱または基礎の鉛直荷重による圧縮力を計算する場合には，積載荷重を低減することができる．この場合，計算目的となる柱や基礎の支える床数に応じて，表 2.7 の係数を掛けて積載荷重を低減する．しかし，劇場や映画館などの集会室，倉庫などの用途の場合は，この低減の対象外となる．

表 2.7 積載荷重の低減係数

支える床の数	2	3	4	5	6	7	8	9以上
低減係数	0.95	0.9	0.85	0.8	0.75	0.7	0.65	0.6

例 2.2 積載荷重の低減の計算例

積載荷重の低減の計算例を図 2.7 に示す．これは 9 階建の建築物であり，1 階は店舗，最上階の 9 階は集会室，その他の階は事務室である．この例では，屋上の積載荷重が低減対象となり，9 階の集会室の積載荷重は低減対象外となる．例として，1 階の柱の軸力の算出のための積載荷重の低減を考えてみる．1 階の柱は 9 階分の床を支えているので，表 2.7 より上層各階の積載荷重に 0.6 を乗じて低減することができるが，9 階が低減対象外であることに留意して，7 階分の事務室および屋上の積載荷重が低減対象となる．検討対象の柱の各階の負担床面積を同じとすると，1 階の柱の軸力の計算に用いる積載荷重は $0.6 \times (1300 + 7 \times 1800) + 2600 = 10940\,[\mathrm{N/m^2}]$ となる．その他の階の積載荷重も，同様の方法を用いて低減できる．各階の柱および基礎に作用する鉛直軸方向力は，その柱または基礎が負担する床面積によって算出する．

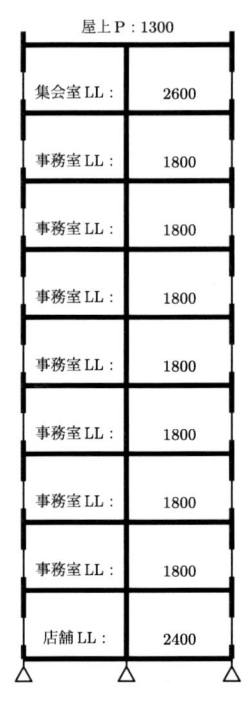

←9F 柱計算用 LL：
1300 [N/m²]

←8F 柱計算用 LL：
$0.95 \times 1300 + 2600 = 3835\,[\mathrm{N/m^2}]$

←7F 柱計算用 LL：
$0.9 \times (1300 + 1800) + 2600 = 5390\,[\mathrm{N/m^2}]$

←6F 柱計算用 LL：
$0.85 \times (1300 + 2 \times 1800) + 2600 = 6765\,[\mathrm{N/m^2}]$

←5F 柱計算用 LL：
$0.8 \times (1300 + 3 \times 1800) + 2600 = 7960\,[\mathrm{N/m^2}]$

←4F 柱計算用 LL：
$0.75 \times (1300 + 4 \times 1800) + 2600 = 8975\,[\mathrm{N/m^2}]$

←3F 柱計算用 LL：
$0.7 \times (1300 + 5 \times 1800) + 2600 = 9810\,[\mathrm{N/m^2}]$

←2F 柱計算用 LL：
$0.65 \times (1300 + 6 \times 1800) + 2600 = 10465\,[\mathrm{N/m^2}]$

←1F 柱計算用 LL：
$0.6 \times (1300 + 7 \times 1800) + 2600 = 10940\,[\mathrm{N/m^2}]$

←基礎計算用 LL：
$0.6 \times (1300 + 7 \times 1800 + 2400) + 2600 = 12380\,[\mathrm{N/m^2}]$

図 2.7 積載荷重低減の計算例（単位：[N/m²]）

積載荷重計算上の留意事項
・原則として，積載荷重は実況に応じて計算する
・常用値はすべての荷重のケースが網羅されているわけではないので，法規や各種設計指針などを適切に参考する
・ある程度の重量を有し，位置が固定されており，建築物の供用期間内に変化，更新される可能性が少ない物品は，積載荷重ではなく，固定荷重として扱うことが望ましい
・固定荷重と積載荷重の区分が明確でない場合，設計者の適切な工学的判断が必要である

図2.8 青森地方の豪雪時の積雪状況
[提供：渡辺正朋（八戸工業大学名誉教授）]

2.4 積雪荷重

地域によっては，建築物の供用期間中に豪雪に遭遇する可能性がある．その際は，屋根や外壁には積雪による力が加わる．このとき，屋根が十分な耐力をもっていなければ，積雪に耐えきれなくなり，屋根全体が崩落するおそれがある．また，屋根に積もった雪の重さは梁を通して柱に伝わるので，柱も十分な耐力をもっていなければならない．このため，建築物の安全性に対する検証では積雪を考慮する必要があり，そのためには，積雪荷重を正確に評価して算出することが重要である．本節では，積雪の性質や積雪荷重の計算方法を説明する．

2.4.1 積雪荷重とは

積雪荷重は雪荷重ともいい，積雪により建築物に加わる力のことである．図2.8に示す青森地方の豪雪時の積雪状況からわかるように，このような雪の重さは建築物に大きな荷重を与える．図2.9に示すように，積雪荷重は，雪の重さによって建築物の屋根や露天部分に加える鉛直方向の力である．そのほかには堆積した雪が外壁に作用する側圧などの荷重形式がある．屋根形状や図2.10

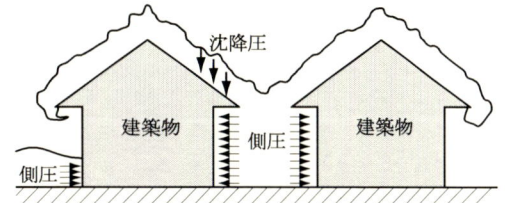

図2.9 積雪荷重の作用様子

に示すような風や日射などの要因が，屋根の積雪量を左右する．たとえば，日の当たる部分は日照によって雪が溶け，その部分の積雪荷重が減る．また，風が雪を吹き飛ばして，屋根の一部分に普通の積雪量の数倍の雪が集まる場合もある．このようにして，積雪荷重は非対称荷重になる場合が多く，これによる架構の応力変化や変形に対する安全性の検討が必要である．さらに，雪質，除雪習慣などの条件によって積雪荷重が異なるため，建設地の気候や風土を分析して積雪荷重を計算する必要がある．積雪荷重の作用形式はさまざまであるが，2.4.2項ではその基本となっている屋根積雪荷重の計算方法を紹介する．

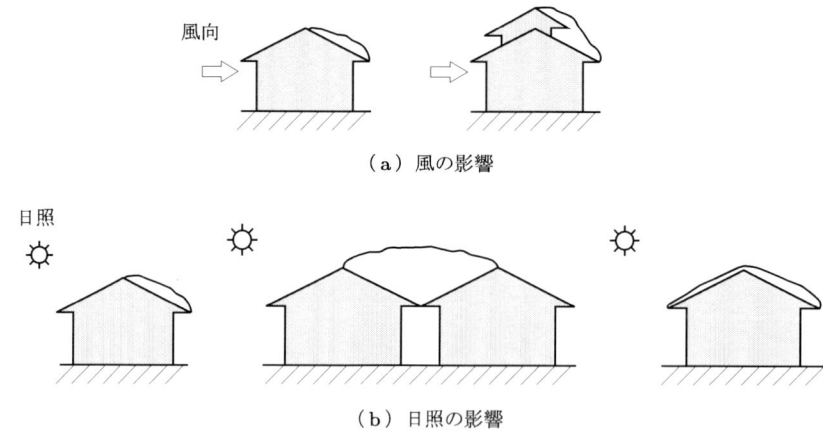

(a) 風の影響

(b) 日照の影響

図2.10 積雪荷重の変動

2.4.2 建築基準法施行令に従う積雪荷重の計算

本項では，積雪荷重の基本となっている屋根の積雪荷重の計算方法を紹介する．屋根の積雪荷重の計算方法は，建築基準法施行令に定められた方法や，日本建築学会が制定した「建築物荷重指針・同解説」が薦める方法があり，ここでは建築基準法施行令で定められた計算法を説明する．この施行令では，「多雪区域」と「一般区域」に分けて屋根の積雪荷重を計算する．

(1) 多雪区域の積雪荷重

多雪区域とは，つぎのどちらかの条件を満たす地域である．

① 垂直積雪量（(2)で説明する鉛直積雪深さ）が 1 m 以上の地域

② 積雪の初終間日数（当該区域中の積雪部分の割合が 1/2 を超える状態が継続する期間の日数）の平年値が 30 日以上の区域

図2.11 に示す，特定行政庁が指定した「多雪区域」での積雪荷重の値は，特定行政庁が地域の局所的な地形因子や環境特性を考慮して決める．つまり，多雪区域の積雪荷重の計算方法は，特定行政庁で調査したうえで決定する．

(2) 一般区域の積雪荷重

一般区域とは，多雪区域以外の区域のことである．一般区域における屋根の積雪荷重の計算方法は，水平面 1 m² あたりの積雪深さ 1 cm の重量を積雪の単位荷重として，その地方における鉛直積雪深さを掛けた値を屋根の積雪荷重とすることである．したがって，一般区域の積雪荷重の計算はつぎのようになる．

水平面 1 m² あたりの積雪荷重 S

$$S = d \cdot \rho \tag{2.1}$$

屋根全体の積雪荷重 W

$$W = A \cdot d \cdot \rho \tag{2.2}$$

ここに，ρ は積雪の単位荷重 $[(\text{N/cm})/\text{m}^2]$，多雪区域以外の地域では，$\rho = 20\,[(\text{N/cm})/\text{m}^2]$ 以上とする．d は垂直積雪量 $[\text{cm}]$，すなわちその地方の鉛直積雪深さ，A は屋根の水平投影面積 $[\text{m}^2]$ である．

図2.11 多雪区域

垂直積雪量 d の求めかたは，建設省告示（平成 12 年建設省告示第 1455 号）によって，つぎの二つの方法が定められている．

① 特定行政庁が定める数値：積雪に関する気象観測資料にもとづき，統計的処理などを行った当該地域における 50 年再現期待値（年超過確率 2% に相当する値）を推定する方法として，国土交通大臣の定める基準に従って，特定行政庁が規則で定める数値とする．

② 垂直積雪量の計算：

$$d = \alpha \cdot l_s + \beta \cdot r_s + \gamma \quad (2.3)$$

ここに，α, β, γ は建設省告示第 1455 号で地方によって決められている値（一部分を表 2.8 に示す），l_s は区域の標準的な標高 [m]，r_s は区域の標準的な海率である．海率とは，当該区域に応じて表 2.8 の R の欄に示す半径 [km] の円の面積に対する当該円内の海，その他これに類するものの面積の割合である．内陸においては海率 = 0.0 とする．

屋根形状や傾斜状態などの要因は，屋根の積雪量を左右し，状況に応じて屋根の積雪荷重を低減することができる．雪止めがない場合，次式の屋根形状係数 μ_b を掛けて積雪荷重を低減できる．

$$\mu_b = \begin{cases} \sqrt{\cos(1.5\theta)} & (\theta \leq 60°) \\ 0 & (\theta > 60°) \end{cases} \quad (2.4)$$

ここに，θ は図 2.12(a) に示す屋根勾配の角度である．建築基準法施行令では，屋根勾配の角度の記号は θ ではなく，β を用いていることに注意してほしい．図からわかるように，屋根勾配が 60° を超えると，雪止めがない場合は積雪荷重を考慮しなくてもよい．傾斜による積雪荷重を低減する場合，積雪荷重の計算は下記のとおりになる．

水平面 1 m² あたりの積雪荷重

$$S = \mu_b \cdot d \cdot \rho \quad (2.5)$$

屋根全体の積雪荷重

$$S = \mu_b \cdot A \cdot p \cdot \rho \quad (2.6)$$

(3) 積雪荷重の計算手順

これまで紹介したように，積雪荷重の計算方法は，多雪区域と一般区域によって異なり，屋根勾配に応じて低減もできる．そこで，積雪荷重の計算手順を図 2.13 に示すフローチャート形式でまとめ，計算の手順を再確認する．

2.5 風荷重

建築物の屋根が風に飛ばされる，または外装材が剥がされるといった風の被害は毎年のように報道される．過去には，吊り橋などの剛性の弱い構造が風による振動被害を受けて崩壊したこともある．このため，風に対する建築物の安全性も確認しなければならない．風は大気の流れであり，風荷重を理解するためには気流（流体力学）に関する知識が必要である．本節では，流体にかかわる初歩的な知識を説明し，風荷重の計算方法を学ぶ．

2.5.1 風荷重とは

風荷重は，風によって建築物に作用する力の総称である．建築基準法では風荷重のことを「風圧力」といい，これは建築物のある面（受風面）に対して風が加えた圧力のことである．また，超高層や大空間などの大規模建築物の場合では，風揺れにより架構に加わる力も風荷重として扱う．建築物の風による被害の大部分は屋根，外装材，その他の軽い付属物に起こる．したがって，風荷重は，風による被害の部位や安全性の検討対象によって，架構設計用風荷重と外装材耐風検討用風荷重に大別することができる（図 2.14）．架構設計用風荷重はさらに重層形式構造（高層や超高層建築構造）と大空間構造（体育館などの大スパン構造）の設計用に分類できる．この分類に従うと，風荷重の算出方法は，高度な流体力学理論を用いなければならない場合がある．しかし，本書ではそのような高度な計算方法を避け，建築基準法施行令で薦めている風圧力の計算方法を説明する．

また，地形や自然環境が風荷重に与える影響についても，十分に把握できていないのが現状である．風荷重や建築物の風に対する挙動に関する研究においては多くの課題が残っているため，建築

表2.8 α, β, γ, R の値（建設省告示大 455 号より抜粋）

	区　域	α	β	γ	R [km]
(1)	北海道のうち 稚内市　天塩郡のうち天塩町，幌延町および豊富町　宗谷郡　枝幸郡のうち浜頓別町および中頓別町　礼文郡　利尻郡	0.0957	2.84	−0.80	40
(2)	北海道のうち 中川郡のうち美深町，音威子府村および中川町　苫前郡のうち羽幌町および初山別村　天塩郡のうち遠別町　枝幸郡のうち枝幸町および歌登町	0.0194	−0.56	2.18	20
(11)	青森県のうち 青森市　むつ市　東津軽郡のうち平内町，蟹田町，今別町，蓬田村および平舘村　上北郡のうち横浜町　下北郡	0.0005	−1.05	1.97	20
(12)	青森県のうち 弘前市　黒石市　五所川原市　東津軽郡のうち三厩村　西津軽郡のうち鰺ヶ沢町，木造町，深浦町，森田村，柏村，稲垣村および車力村　中津軽郡のうち岩木町　南津軽郡のうち藤崎町，尾上町，浪岡町，常盤村および田舎館村　北津軽郡	−0.0285	1.17	2.19	20
(13)	青森県のうち 八戸市　十和田市　三沢市　上北郡のうち野辺地町，七戸町，百石町，十和田湖町，六戸町，上北町，東北町，天間林村，下田町および六ヶ所村　三戸郡	0.014	0.55	0.33	40
(23)	福島県（(20)および(22)に掲げる区域を除く）	0.0026	23.0	0.34	40
(24)	茨城県（(20)に掲げる区域を除く） 栃木県 群馬県（(25)および(26)に掲げる区域を除く） 埼玉県 千葉県 東京都 神奈川県 静岡県 愛知県 岐阜県のうち 　多治見市　関市　中津川市　瑞浪市　羽島市　恵那市　美濃加茂市　土岐市　各務原市　可児市　羽島郡　海津郡　安八郡のうち輪之内町，安八町および墨俣町　加茂郡のうち坂祝町，富加町，川辺町，七宗町および八百津町　可児郡　土岐郡　恵那郡のうち岩村町，山岡町，明智町，串原村および上矢作町	0.0005	−0.06	0.28	40
(38)	福岡県 佐賀県 長崎県 熊本県 大分県のうち 　中津市　日田市　豊後高田市　宇佐市　西国東郡のうち真玉町および香々地町　日田郡　下毛郡	0.0006	−0.09	0.21	20
(39)	大分県（(38)に掲げる区域を除く） 宮崎県	0.0003	−0.05	0.10	20
(40)	鹿児島県	−0.0001	−0.32	0.46	20

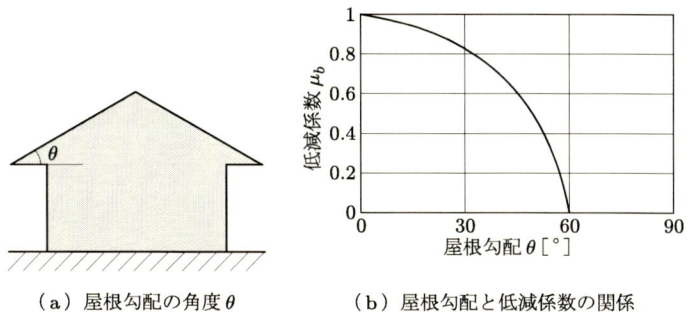

(a) 屋根勾配の角度 θ (b) 屋根勾配と低減係数の関係

図 2.12 屋根勾配による低減係数

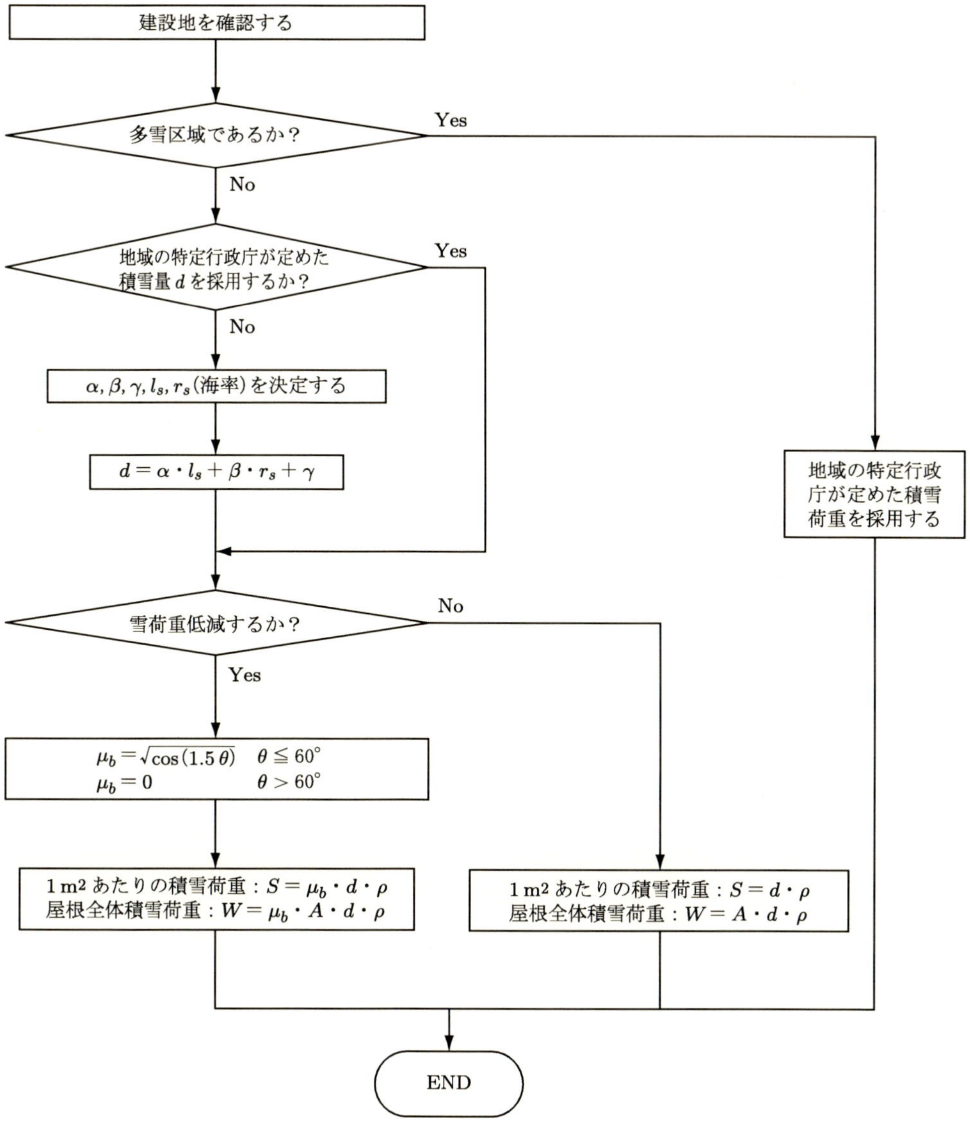

図 2.13 積雪荷重計算の流れ

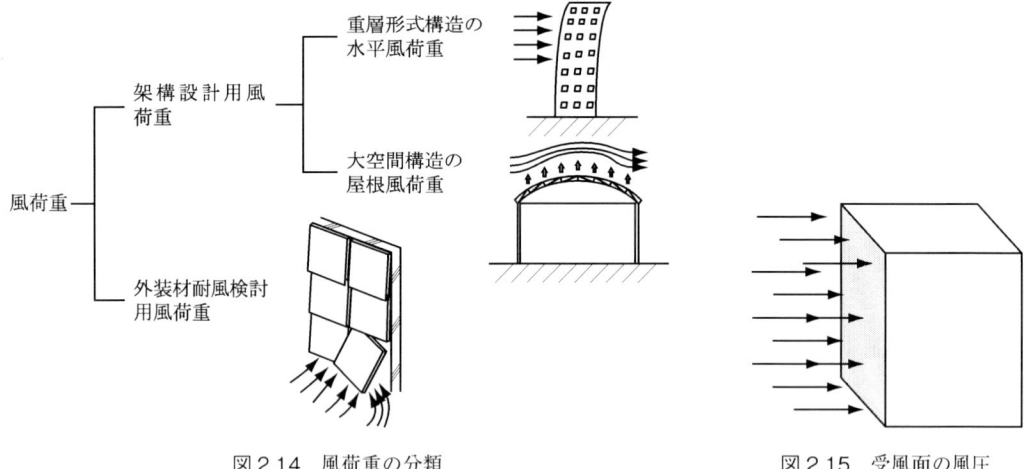

図2.14 風荷重の分類　　　　　図2.15 受風面の風圧

物の安全性，機能性を確保するために，風荷重の設定にあたっては熟練した技術者や研究者により多様な風荷重効果を十分に予測して判断する必要がある．建築物に被害をおよぼす強風としては，台風，季節風，竜巻，ダウンバースト（雷雨にともなう突風）などが挙げられるが，これらの特殊な気象現象に対応できる有力な荷重計算方法は確立されていない．

いずれの場合も，風荷重は大気流によって建築物に加わる力であり，これを理解するためには流体力学に関する知識が必要である．風荷重の計算方法を説明する前に，流体の性質を紹介し，気流がどのように建築物に力を加えるのかについて解説しておく．

(1) 風速や風向きと風圧の関係

気流の速さは圧力を左右する．図 2.15 に示すように，ある平面に垂直方向の風が当たる際，風速が速くなるほど風圧も大きくなることが簡単に想像できる．ある受風面に当たる風圧は，風向きが受風面に垂直のときがもっとも大きくなる．

上述の現象に反して，気流が速くなると圧力が小さくなる場合もある．図 2.16(a) に示すパイプにある流体の速度と管内の圧力を調べてみる．点 A と点 C は太く，点 B は細いため，点 B 付近

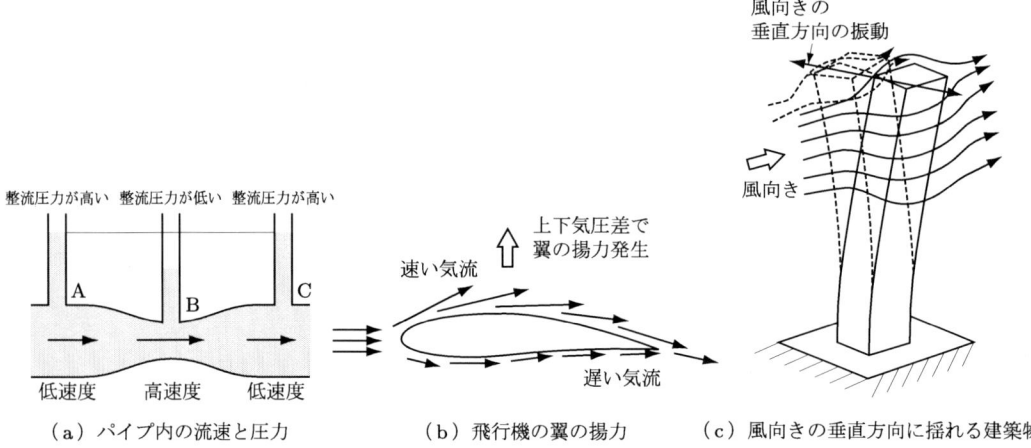

（a）パイプ内の流速と圧力　　（b）飛行機の翼の揚力　　（c）風向きの垂直方向に揺れる建築物

図2.16 気流と気圧の変化

の流れが速くなる．そして，点Bの圧力は点A，Cより低く観測される．また，図(b)では飛行機の翼の上下気流の速さの違いにより揚力が発生する原理を示している．物体の形状と風向きの角度によって気流の速度と圧力は変化する．図(a)，(b)からわかるように，風向きの垂直方向においても圧力の変化が生じている．これは，図(c)に示すような建築物についても同様で，気流の不均一性や渦の影響で，風向きの垂直方向において圧力の変化が生じ，建築物は風向きの垂直方向に振動を起こす．一般に，高層や超高層ビルの場合には，固有周期の長いもの（全体剛性の低い超高層）ほど，風揺れが激しくなる傾向がある．

(2) 粘性と気流の速さ

流体が粘性でない場合，その流体は障害物の表面との間に相互のせん断作用がなく，均一に流れることができる（図2.17(a)）．しかし，粘性流体の場合は，図(b)のように，流体と阻害物体の表面付近に粘性的なせん断力がはたらき，その付近において速度が非常に小さい境界層を形成する．空気も粘性体であるため，風の流れには境界層の性質が現れる．上空には障害物がないので気流もかなり速く，地面に近いところの気流は障害物による境界層の影響のため速度がかなり小さい．また，図2.18のように，さまざまな建築物が立ち並んでいる市街地では気流がさらに遅くなる．地形や建築物，樹木などにより地表付近が凹凸する度合いを地表面粗度という．風荷重は検討対象の高さと地表面粗度や周辺環境に左右される．

まとめると，風荷重を左右する要因は，つぎのとおりである．

① 風速，地域の気象特性
② 対象部分の形状，受風面と風向きの角度関係
③ 対象部分の高さ
④ 地表面粗度と周辺環境
⑤ 建築物の固有周期（特別の場合）

建築基準法施行令や，日本建築学会などの学会が風荷重の具体的な計算方法を示しているが，どちらもこれらの要因にもとづいた計算方法である．本書では，建築基準法施行令で定められている風荷重の計算方法を説明する．

2.5.2 建築基準法施行令による風圧力の計算

(1) 基本計算式

建築基準法施行令では，建築物のある面（受風面）に対する風の圧力のことを風圧力とよび，分布荷重としての算出方法を定めている．単位面積あたりの風圧力 $P[\text{N/m}^2]$ は下記の式で算出する．

$$P = C_f q \tag{2.7}$$

$$q = 0.6 E V_0^2 \tag{2.8}$$

$$E = E_r^2 \cdot G_f \tag{2.9}$$

$$E_r = \begin{cases} 1.7\left(\dfrac{Z_b}{Z_G}\right)^\alpha & (H \leqq Z_b) \\ 1.7\left(\dfrac{H}{Z_G}\right)^\alpha & (H > Z_b) \end{cases} \tag{2.10}$$

$$H = \frac{1}{2}(\text{高さ}+\text{軒高}) \tag{2.11}$$

ここに，C_f：風力係数であり，形状や風向きの影響を反映する係数である．その求めかたは(4)で解説する．
q：速度圧 $[\text{N/m}^2]$
V_0：建設地の基準風速 $[\text{m/s}]$ である．

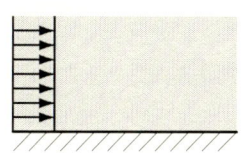
(a) 粘性のない理想流体の境界層

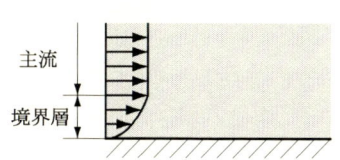
(b) 粘性のある流体の境界層

図2.17 流体の境界層

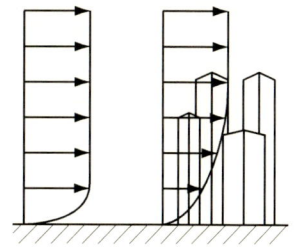

図2.18 地面の影響

表 2.9 地表面粗度区分による諸係数の値

(a) ガスト影響係数 G_f

地表面粗度区分 \ H	① 10 以下の場合	② 10 を超え 40 未満の場合	③ 40 以上の場合
I	2.0	①と③に掲げる数値を直線的に補間した数値	1.8
II	2.2		2.0
III	2.5		2.1
IV	3.1		2.3

(b) Z_b, Z_G, α の値

地表面粗度区分	Z_b [m]	Z_G [m]	α
I	5	250	0.10
II	5	350	0.15
III	5	450	0.20
IV	10	550	0.27

建築基準法施行令第 87 条第 2 項で，地域ごとに定められた数値とする．

G_f：ガスト影響係数といい，表 2.9(a) のように，地表面粗度区分に応じて建築基準法施行令でその値を定めている．

E：当該建築物の屋根の高さおよび周辺の地域に存在する建築物その他の工作物，樹木その他の風速に影響を与えるものの状況に応じて算出した数値である．

E_r：平均風速度の高さ方向の分布係数（式 (2.10)，図 2.19）

H：建築物の高さと軒高さの平均値 [m]

Z_b, Z_G, α：高さ方向における風速の分布を反映する係数であり，その値は表 2.9(b) で示す．

(2) 地表面粗度区分

2.5.1 項で説明したように，空気も粘性体であり，凹凸などの不整形な地形や地表面付近の建築物，植物などが風の流れを阻害するため，上空では風速が大きく，地表面付近では風速が小さい．このような要因が風圧力の計算に与える影響を反映するために，Z_b, Z_G, α，そしてガスト影響係数 G_f を導入している．これらの係数は，地表面粗度区分によって定められている．この地表面粗度区分を，表 2.10 に示す．

(3) 基準風速

基準風速とは，過去の台風などの記録にもとづく風被害の程度を分析して，地域ごとに国道交通大臣が決めたものである．図 2.20 は基準風速の分布図であり，その基本となっているデータは建設省告示第 1454 号に記載されている．

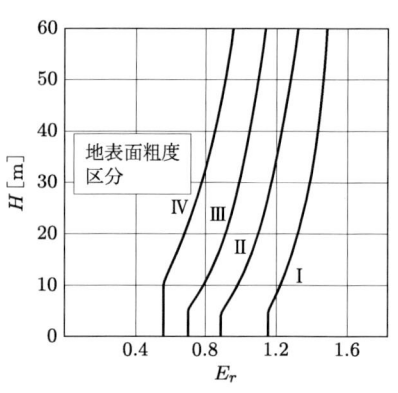

図 2.19 平均風速の高さ方向分布係数 E_r

○内の数値は基準風速 V_0 [m/s] を示す

図 2.20 基準風速分布図

表2.10 地表面粗度区分

地表面粗度区分	イメージ	定義・地表面の状態など
I		都市計画区域外にあって，極めて平坦で障害物がないものとして特定行政庁が規則で定める区域
II		都市計画区域外にあって地表面粗度区分Iの区域以外の区域（建築物の高さが13 m以下の場合を除く）または都市計画区域内にあって地表面粗度区分IVの区域以外の区域のうち，海岸線または湖岸線（対岸までの距離が1500 m以上のものに限る．以下同じ）までの距離が500 m以内の地域（ただし，建築物の高さが13 m以下である場合または当該海岸線もしくは湖岸線からの距離が200 mを超え，かつ，建築物の高さが31 m以下である場合を除く）
III		地表面粗度区分I，またはII，IV以外の区域
IV		都市計画区域内にあって，都市化が極めて著しいものとして特定行政庁が規則で定める区域

(4) 風力係数

2.5.1項で説明したように，風圧は，風向きや，対象となる物体の形状などの要因に左右される．風力係数とは，これらの要因の影響を反映する係数である．その値は，建設省告示第1454号で決められている．その告示に掲載した風力係数の一部分を抜粋したものを表2.11に示す．ただし，後述の風洞実験の結果にもとづいて算出する場合は，風力係数や風荷重などの値は実験値とすることができる．

風力係数 C_f の基本的な計算式は次式になる．

$$C_f = C_{pe} - C_{pi} \tag{2.12}$$

ここに，C_{pe}：閉鎖型および開放型の建築物の外圧係数（表2.11）
C_{pi}：閉鎖型および開放型の建築物の内圧係数（表2.12）

外圧係数 C_{pe} は屋外から当該部分を垂直に押す方向を正とする．内圧係数 C_{pi} は室内から当該部分を垂直に押す方向を正とする．表2.11，2.12

表2.11 閉鎖型および開放型の建築物の外圧係数

(a) 壁面の C_{pe}

部位	風上壁面	側壁面 風上端部より0.5aの領域	側壁面 左に掲げる領域以外の領域	風下壁面
C_{pe}	$0.8k_z$	-0.7	-0.4	-0.4

(b) 陸屋根面の C_{pe}

部位	風上端部より0.5aの領域	左に掲げる領域以外の領域
C_{pe}	-1.0	-0.5

(c) 切妻屋根面,片流れ屋根面およびのこぎり屋根面の C_{pe}

部位 θ	風上面 正の係数	風上面 負の係数	風下面
10°未満	—	-1.0	
10°	0	-1.0	
30°	0.2	-0.3	-0.5
45°	0.4	0	
90°	0.8	—	

* θ の数値以外の θ に応じた C_{pe} は,表に掲げる数値をそれぞれ直線的に補間した数値とする.ただし,θ が10°未満の場合は,正の係数を,θ が45°を超える場合は,負の係数を用いた計算は省略できる.

(d) 円弧屋根面の C_{pe}

部位 f/D	R1部 h/Dが0の場合 正の係数	R1部 h/Dが0の場合 負の係数	R1部 h/Dが0.5以上の場合 正の係数	R1部 h/Dが0.5以上の場合 負の係数	R2部	R3部
0.05未満	—	0	—	-1.0		
0.05	0.1	0	0	-1.0		
0.2	0.2	0	0	-1.0	-0.8	-0.5
0.3	0.3	0	0.2	-0.4		
0.5以上	0.6	—	0.6	—		

* h/D および f/D の数値以外の当該比率に応じた C_{pe} は,表に掲げる数値をそれぞれ直線的に補間した数値とする.ただし,R1部において f/D が0.05未満の場合は正の係数を,f/D が0.3を超える場合は負の係数を用いた計算は省略できる.
また,図2.21(a)における円弧屋根面の境界線は,弧の4分点とする.

表2.12 閉鎖型および開放型の建築物の内圧係数 C_{pi}

形式	閉鎖型	開放型 風上開放	開放型 風下開放
C_{pi}	0 および -0.2	0.6	-0.4

を利用する場合，下記の記号を理解して，その値をあらかじめ決める必要がある．

H：建築物の高さと軒の高さとの平均[m]，計算方法は式(2.11)と同じ
Z：当該部分の地盤面からの高さ[m]
B：風向に対する見付幅[m]
D：風向に対する奥行[m]
a：BとHの2倍の数値のうちのいずれか小さな数値[m]
h：建築物の軒の高さ[m]
f：建築物の高さと軒の高さとの差[m]
θ：屋根面が水平面となす角度[°]
ϕ：充実率（受風面が多孔的，ラチス状である場合，風を受ける部分の最外縁により囲まれる面積に対する見付面積の割合．詳細は関係専門書物を参考する）
k_Z：表2.13によって計算した数値

表2.13　k_zの値

		k_zの値
HがZ_b以下（$H \leqq Z_b$）の場合		1.0
HがZ_bを越える（$H > Z_b$）場合	ZがZ_b以下の場合	$\left(\dfrac{Z_b}{H}\right)^{2\alpha}$
	ZがZ_bを越える場合	$\left(\dfrac{Z}{H}\right)^{2\alpha}$

＊ Z_bおよびαは表2.9(b)に掲げる数値とする．

これらの必要記号の注釈およびその値を，図2.21に示す．

(5) 風圧力の計算手順

風圧力を定める際には，風力係数や周辺環境などを検討しなければならない項目が多いため，熟練設計者や技術者の判断が欠かせない．風圧力の計算は固定荷重や積載荷重より複雑であるため，図2.22にその手順を簡単にまとめる．

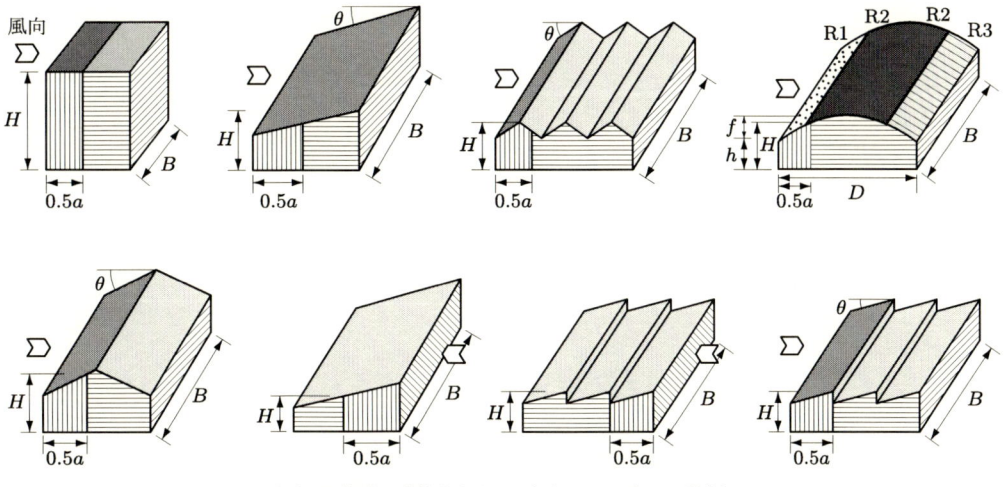

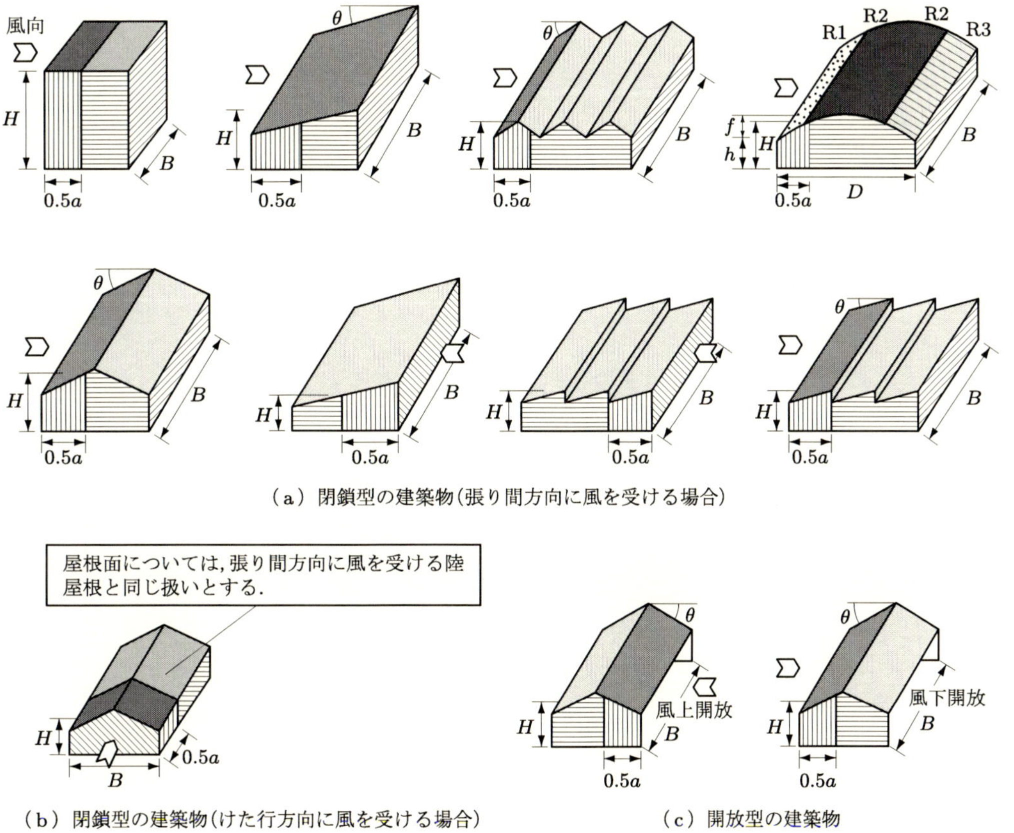

図2.21　必要記号の注釈と値

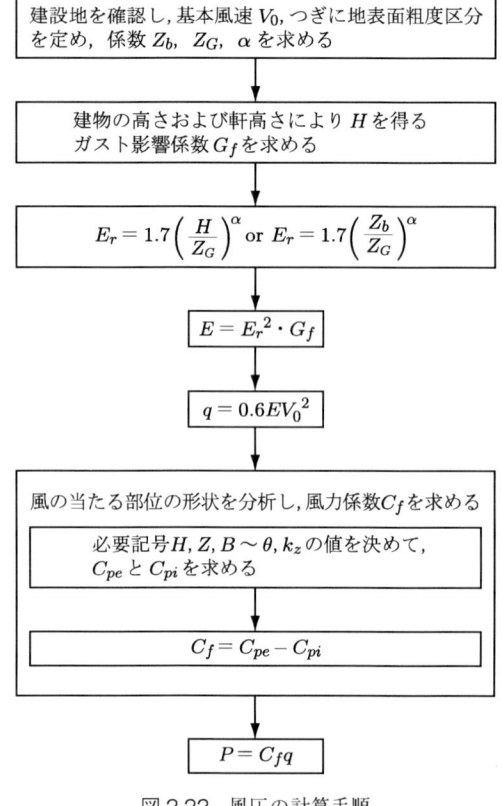

図 2.22 風圧の計算手順

2.5.3 風洞実験

実験やコンピュータ手法によるシミュレーションなどの方法で風荷重を求めることができる．コンピュータ手法により気流をシミュレーションする方法は高度な数値解析知識が必要であり，本書では紹介しない．実験は，一般に風洞実験である．風洞（wind tunnel）は，実際の風の流れを実験で再現して，試験体に当たる風の風速，風圧，振動を計測したり，気流を目にみえるように可視化したり，またはその他の流体力学実験を行ったりするための大型実験装置である．装置全体の規模は 2 階か 3 階建ビルに相当するものもあれば，より大きな風洞もある．飛行機，車，新幹線などの車体の風に対する挙動を調べるためにも，建築物や吊り橋の風に対する挙動を調べるためにも風洞実験を行う．

風洞のイメージ図が図 2.23 である．ターンテーブルを回転することで，風向きを変化させられる．固定模型の代わりに振動できる模型（振動天秤装置）を設置すると，建築物の風揺れに関する研究や観測もできる．

2.6 地震荷重

日本は数々の震災を経験してきた地震国であり，構造設計の規定や手法もその教訓を踏まえて発展してきた．そのため，日本における構造設計の大半は耐震設計であり，建築物が地震に対して十分な安全性をもっていることを検証しなければならない．設計者は地震に関する知識，地震により建築物に加わる荷重を理解して，建築物の安全性を構造計算で検証する必要がある．地震による荷重を十分に評価しないままで建築物を設計し，耐力が不十分であれば，地震により倒壊するおそれがある．このように，地震に関する知識や地震荷重の計算方法は非常に重要である．本節では，地震

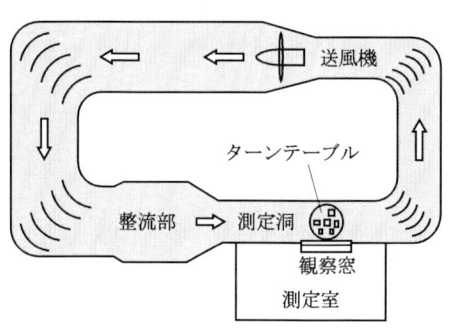
（a）平面イメージ

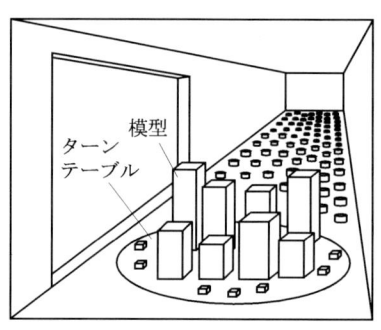
（b）測定洞内部イメージ

図 2.23 風洞実験

と地震荷重の計算方法について説明する．

2.6.1 地震の基礎知識
(1) 地震発生のメカニズム

地震はその起こる仕組みによって分類すると，「海洋型地震」と「内陸型地震」の二つに大別できる．海洋型地震とは，図 2.24 に示すように，陸側プレートと海側プレートの境界で起こる地震（海溝型地震），海側プレート内で起こる地震の総称である．内陸型地震とは，陸側プレート内の活断層の滑りにより起こる地震のことである．

まず，海洋型地震の仕組みを説明する．地球表面を覆っているプレートは常に運動している．図 2.25(a)に示すように，陸側プレートと海側プレートの境目において大きな力を蓄えた状態になり，プレートが変形することでひずみエネルギーを蓄積し，やがてその境目がこの大きな力（ひずみ）に耐えられなくなり突然滑り出し，もとの形に戻ろうとする．この動きが海洋型地震の原因である．図 2.25(b)に示すように，日本列島にはユーラシアプレート，太平洋プレート，フィリピン海プレートが押し寄せているため，海洋型地震が起こりやすい．

一方，内陸型地震は，陸のプレート内の活断層

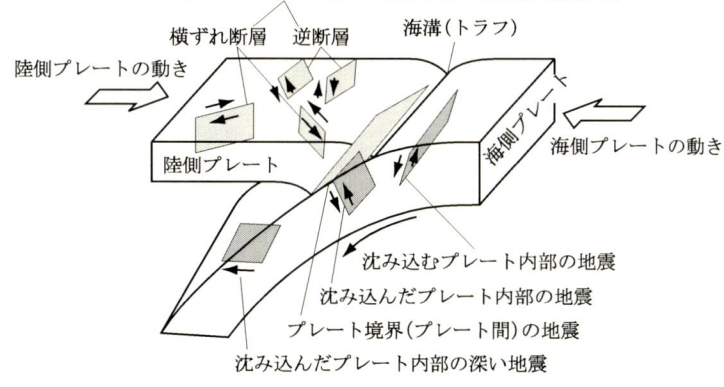

図 2.24 地震の種類 [2.2]

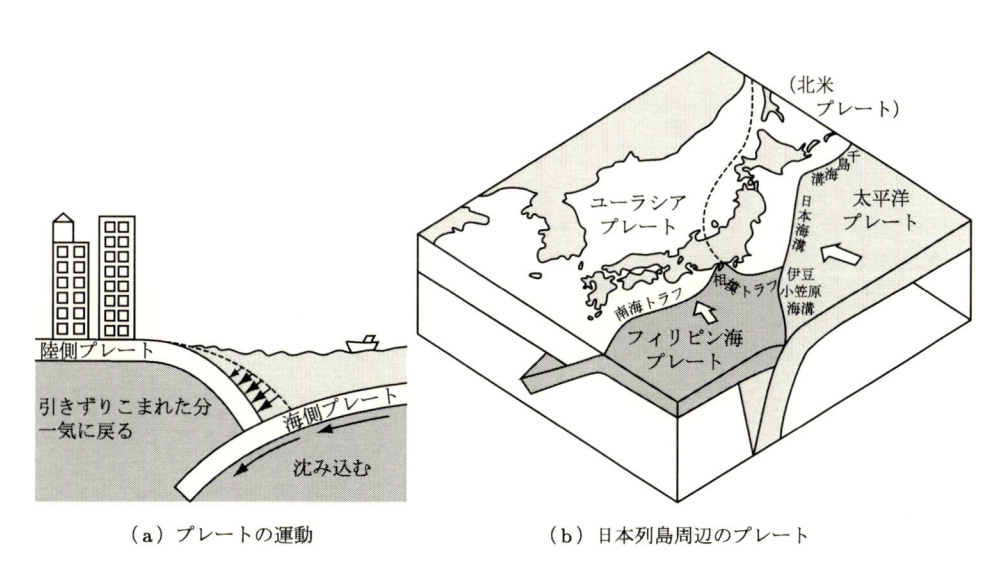

(a) プレートの運動　　(b) 日本列島周辺のプレート

図 2.25 プレートの運動と地震の原因

のずれや，滑りによって起こる地震のことである．断層とは，地殻の運動により岩盤に力が加わることによって生じる岩盤のずれ（割れ目）のことである．最近の時代（数万～数千年前）まで変動を繰り返し，現在も力とひずみを受け続け，今後も活動する可能性がある断層を活断層という．これらの活断層の運動により岩盤に力やひずみが加わり，岩盤の耐えられる限度を超えたときに，突然破断が起こることが内陸型地震の原因である．

都市の直下で発生する内陸型地震は，直下型地震とよぶ．直下型地震の規模は，海洋型地震に比べて一般に小さいが，震源が都市部に近いので大きな被害をもたらすことになる場合が多い．

(2) 地震波の種類と伝わりかた

震源に発生した地震動は震源から東西，南北，上下の成分で立体的に伝播し，さまざまな伝播機構で伝達される．地震発生から最初に観測地点にやってくる波をP波（primary-wave），つぎにくる波をS波（secondary-wave）とよぶ．P波は縦波の特性をもち，図2.26に示すように，物体が伸びたり縮んだりすることにより生じる局所の体積変化と密度変化で波を伝える．P波は振動方向がその伝播方向と同じである．S波は，伝播方向の垂直方向に物体が振動する波である．S波の速度はP波より遅いため，地震時にはS波が到達する前にP波が到着する．P波が到着してからS波が到着するまでの初期微動の時間（初期微動継続時間）が長いほど，震源までの距離が遠い．P波とS波は地盤内部を伝わる波であるため，実体波ともよばれる．

一方，地表面における地震波の伝播を表面波といい，その機構は実体波と異なる特性をもつ．まず，表面波は実体波と比べて進む速度が遅い．図2.27に示すように，表面波はレイリー波とラブ波に大別される．レイリー波（Rayleigh wave）は，1885年にイギリスの物理学者のレイリー卿（3rd Baron Rayleigh，本名 John William Strutt）によってその存在が理論的に証明され

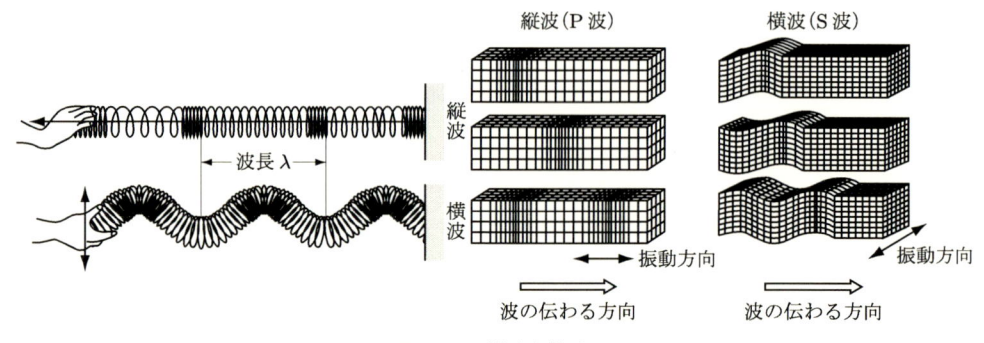

図2.26 縦波と横波

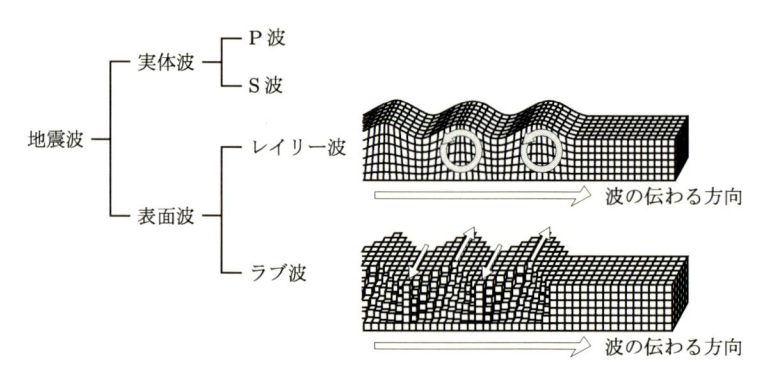

図2.27 地震波の種類

た，上下と水平方向の振動からなる楕円振動である．ラブ波（Love wave）は，1911 年にイギリスの数学者，物理学者のオーガストゥス・ラヴ（Augustus Edward Hough Love）によって理論的に証明された地面の水平蛇行運動であり，波の進行方向と水平面上の直角方向に起こるせん断（蛇行）運動である．

(3) 地震に関する用語

構造設計で，建設地の調査資料や地震被害に関する報告などを参考する際に，地震に関する用語が出てくる．そのため，地震に関する用語を説明する（図 2.28）．

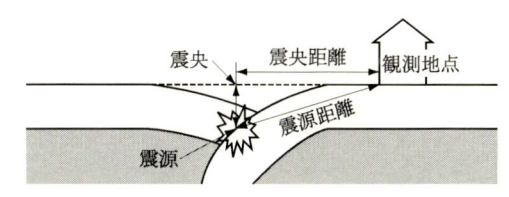

図 2.28 地震の位置関係に関する用語

震源：岩盤の破壊（あるいは断層のずれ）により，地震を起こす地中の箇所である．震源は地震波を最初に放射する場所である．

震央（震源地）：震源の真上にあたる地表面の地点をいう．震央の位置は緯度と経度，または地名（震央地名）で表示される．

震源距離：震源からある地表の観測地点までの直線距離をいう．

震央距離：震央からある地表の観測地点までの距離をいう．

マグニチュード：地震を総合的に評価する場合の「地震の大きさ」や「地震の規模」の尺度である．そして，観測地によらず，1 回の地震においては一つのマグニチュードを用いてその規模を表す．現在は，さまざまなマグニチュードが提案されているが，断層のすべり量とそのすべり面積にもとづいて考案された「モーメントマグニチュード（Mw）」が広く使用されている．しかし，断層のすべり量を正確に推定するのに長い時間が必要であるため，モーメントマグニチュードの計算方法では地震の規模を速報できない．そのため，日本の気象庁では，観測された地震の記録（最大振幅，震央距離など）を用いて，速報できる方法として「気象庁マグニチュード（Mj）」を導入している．日本では，気象庁マグニチュードが一般に用いられ，しばしば M を用いてその単位を表記する．

また，気象庁はマグニチュードによって地震の規模を大地震（$M \geq 7$），中地震（$5 \leq M < 7$），小地震（$3 \leq M < 5$），微小地震（$1 \leq M < 3$）に分類している．

マグニチュードは震源から放出した地震エネルギーのトータル量を表す指標の一つにもなる．そして，地震が発するエネルギーの大きさを E [erg（エルグ）] とすると，マグニチュード M と E の関係は次式で表される．

$$\log_{10} E = 11.8 + 1.5M \quad (2.13)$$

式(2.13)は地震エネルギー E が $10^{1.5M}$ に比例することを示している．マグニチュードが 1 増えると，エネルギーは $10^{1.5 \times 1}$ 倍，つまり 31.62 倍になる．

震度階級：ある観測地点での地面揺れの強さを表す尺度である．電球光源にたとえると，図 2.29 のように，光源からの距離が近い観測地点は明るく，遠い観測地点は暗くなる．震源から近い観測地点では激しい揺れが観測され，震度階級も大きくなる．当然，震源から遠い観測地点では震度階級は小さくなる．したがって，震度階級はマグニチュード（1 回

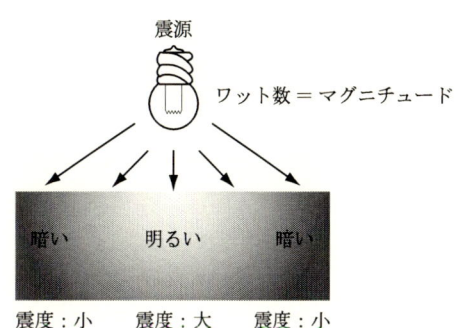

図 2.29 マグニチュードと震度階級のイメージ

の地震が一つの値をもつ）と違い，観測地点によって異なる．

震度階級の値は「震度」という単位で表す．かつて，震度階級の値は体感および周囲の状況から推定したものであった．しかし，1996年からは，日本各地に震度計が設置され，地震の揺れにもとづく震度を自動的に観測して速報できるようになった．現在の震度階級は，震度0，1，2，3，4，5弱，5強，6弱，6強，7の10階級となっている．

「震度」という用語は後述する地震力を計算するときに別の意味で使う場合もあるので，震度階級の「震度」と地震力計算時に用いる「震度」を混同しないように注意が必要である．

2.6.2 地震荷重の算出のための基礎知識

地盤が振動すると，なぜ建築物が揺れるのか，地震荷重がどのようにして生じるのかを知れば，地震荷重およびその計算方法を理解できる．地震による建築物の揺れは，振動にかかわる力学理論にもとづいて説明できる．質量，剛性，慣性力，固有周期などの基礎知識の復習からはじめ，地震荷重の計算原理や計算手法を解説する．

(1) 慣性力の効果

物体を加速させる場合，外部からの作用力が必要である．図2.30に示すように，加速された物体は慣性力をもち，この慣性力は作用力と大きさが等しく，作用方向が反対となる．

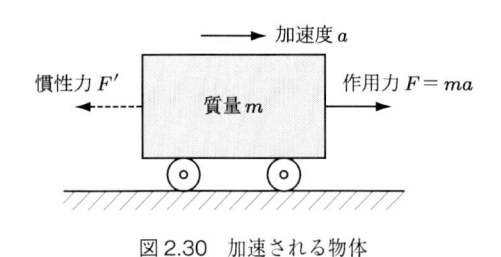

図2.30 加速される物体

図2.31(a)に示すように，走っている車が急ブレーキや急加速をすると加速度が生じ，乗っている人間や荷物に慣性力が発生する．地盤を車，建物をその車の上に乗っている荷物と考えると，図

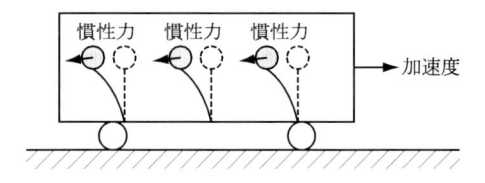

(a) 加速度による慣性力

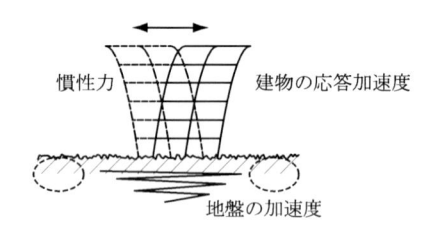

(b) 揺れの加速度による地震荷重

図2.31 慣性力と地震荷重

(b)に示すように，地盤の揺れは車の急ブレーキや急加速と同じような加速効果を建物に与えると解釈できる．荷物に相当する建物には大きな慣性力が発生し，これが建物に加わる地震荷重となる．質量の大きい建築物のほうが受ける地震荷重が大きい．質量の小さい建築物に生じる地震荷重は比較的に小さいので，建物の軽量化は地震荷重の低減に有効である．

(2) 振動の知識

振動にかかわる力学の研究では，複雑な振動物体を質点とバネにモデル化した質点系という分析モデルを用いて振動現象を分析する．したがって，1階建ての建築物の振動は図2.32に示す1質点系で表現でき，2階以上の建築物の振動は図2.33に示す多質点振動系を用いて表現できる．

1質点振動系は，一つの質点と一つのバネで構成される．建築物の質量を屋根高さ付近に集中さ

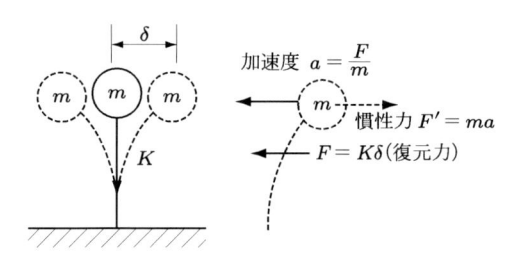

図2.32 加速度，慣性力，振動

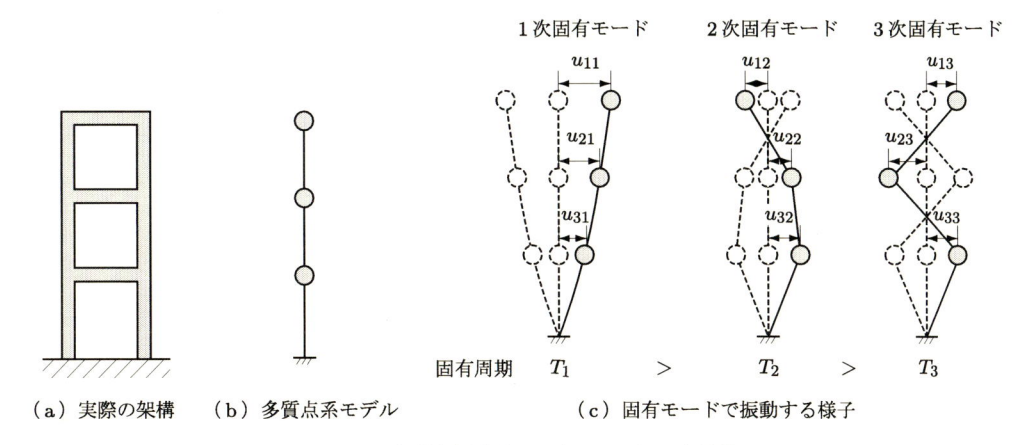

図 2.33 多質点振動系の固有モードと固有周期

(a) 実際の架構　(b) 多質点系モデル　(c) 固有モードで振動する様子

1次固有モード　2次固有モード　3次固有モード

固有周期　T_1 > T_2 > T_3

せて質点とみなし，架構の水平剛性をバネ定数とする．図 2.32 に示した一つの質点と一つのバネで構成した振動系について考える．振動中の質点 m に変位 δ が生じたとき，質点を中央のもとの位置へ戻すように，バネの力 $F = K\delta$ がはたらく．ここに，K はバネ定数であり，中央のもとの位置へ戻る力 F のことを「復元力」という．復元力のはたらく効果は加速度になり，その大きさは $a = F/m$ である．この加速度の反対方向に F と同じ大きさの慣性力 $F' = ma$ が存在する．バネのはたらきは常に中央に向いているので，加速度の方向も常に中央に向いている．質点が中央から遠ざかる場合は，その運動（速度と変位）方向は加速度と反対方向になるので，質点は減速運動となる．質点が中央を遠ざかって減速していくと，速度がゼロになる時点ではすべての運動エネルギーがバネの弾性エネルギーに変換されてバネに蓄積され，同時にバネの復元力 $F = K\delta_{max}$ も最大になる．そして，バネの復元力により質点は中心へ戻る運動がはじまり，バネに蓄積された弾性エネルギーは運動エネルギーへ変換される．摩擦など振動系外部へのエネルギー損失がなければ，振動系は永遠に繰り返し振動することとなる．その振動の固有周期は $T = 2\pi\sqrt{m/k}$ と計算できる．

2 階建て以上の建築物の振動は図 2.33 に示す多質点振動系を用いて分析できる．この場合，各層の質量はその層の床面あたりの高さに集中させ，層と層の間の水平剛性をバネ定数として，架構を多質点振動系にモデル化できる．

多質点振動系において，外力もなく，エネルギーの損失もない場合，その振動系（振動機構）は一定の形と一定の周期で振動する．その振動の形はいくつかの単純な形の組合せで表され，それらを「固有モード」という．個々の固有モードはそれぞれユニークな形になっている．つまり，ある一つの固有モードはほかの固有モードにより合成することができず，固有モードは互いに独立している．振動系は自由度の数だけの固有モードをもっている．

振動系がある一つの固有モードで振動する場合の振動周期を「固有周期」という．固有モードと固有周期は，振動系そのものの剛性と質量の分布により決まる固有の性質であり，外部の影響とは関係ない．固有周期の長い順で，1 次，2 次，…という番号をつけて，それぞれ 1 次固有周期と 1 次固有モード，2 次固有周期と 2 次固有モード，…とよぶ．1 次固有モードはもっとも単純な形であり，固有周期はもっとも長い．次数が大きくなるにつれて固有モードの形が複雑になり，固有周期が短くなる．

実際の複雑な振動は，個々の独立している固有モードの合成として考えられる．つまり，振動系の実際の振動の変位は，図 2.34 に示すように，各次の固有モードを足し合わせて表されるもので

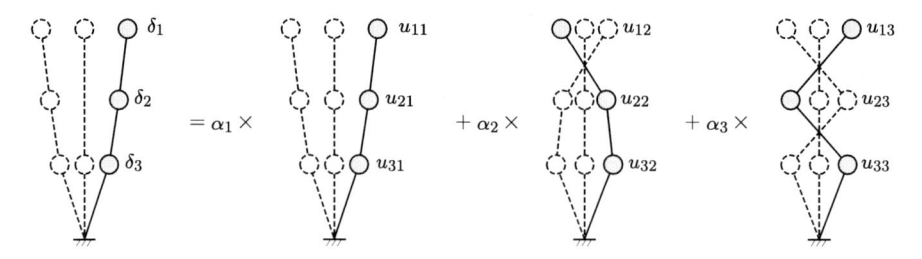

図 2.34 実際の振動は独立している固有モードの合成

あり，モード重合法でつぎのように計算できる．

$$\begin{pmatrix}\delta_1\\\delta_2\\\delta_3\end{pmatrix}=\alpha_1\begin{pmatrix}u_{11}\\u_{21}\\u_{31}\end{pmatrix}+\alpha_2\begin{pmatrix}u_{12}\\u_{22}\\u_{32}\end{pmatrix}+\alpha_3\begin{pmatrix}u_{13}\\u_{23}\\u_{33}\end{pmatrix}$$
(2.14)

(3) 地震応答スペクトル

地盤が静止していると建築物も静止しており，地盤が振動すると，その上に載っている建築物もそれに応えるように振動する．このように，振動系に動的力や加速度を加えることを「加振」という．振動系が加振に反応して振動し，変位，速度，加速度を表すことを「応答」という．加振された振動系の応答は，固有モードの合成として考えられるため，各固有モードの応答に対する影響の度合いを調べることが重要である．この度合いを理解するため，図 2.35 のような実験装置を考えてみる．図では各振動系の質量 m が同じ，支持棒の高さが高，中，低の 3 種類，つまりバネ剛性が小，中，大の 3 種類の振動系を示してあり，背が高いほど棒の剛性が低く，固有周期も長い（固有振動数が小さい）．そして，実験装置の基盤を揺らして，各振動系を加振してみる．加振周期が短いと，短い固有周期をもつ背の低い振動系が共振して強く反応する．一方，加振の周期を長くすると，背の高い振動系が強く反応する．そして，加振の周期を中程度のものにすると，背の高さが中程度である振動系が強く反応する．

図 2.36 に示す装置は，固有周期がゼロに近い振動系からかなり長い振動系を並べたもので，背の高い振動系ほど固有周期が長い．地震波もさまざまな周期をもつ振動波の合成として考えられる．この装置を地震波で加振したとき，個々の振動系の応答の最大値をその下のグラフで表す．グラフの縦軸は加速度応答の最大値，横軸は各振動系の固有周期である．このグラフから，どの振動系（どの固有周期）が強く反応するかが一目でわかる．横軸に固有周期 T，縦軸に加速度，速度，変位の応答の最大値を示したグラフを応答スペクトルとよぶ．

応答値には加速度，速度，変位の 3 種類があるので，応答スペクトルにもそれぞれ加速度応答スペクトル，速度応答スペクトル，変位応答スペクトルの 3 種類があり，それぞれ S_A，S_V，S_D

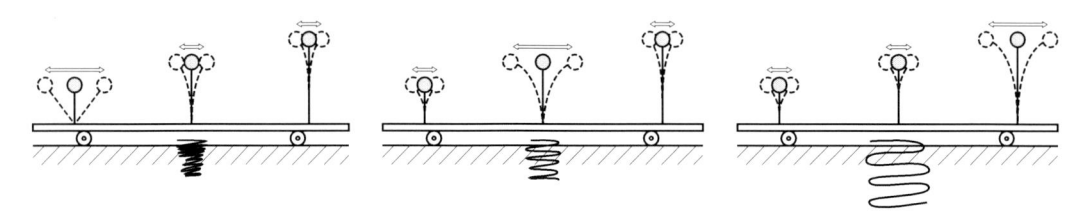

（a）短い周期で加振する場合　　（b）中程度の周期で加振する場合　　（c）長い周期で加振する場合

図 2.35 固有周期の異なる振動系の応答

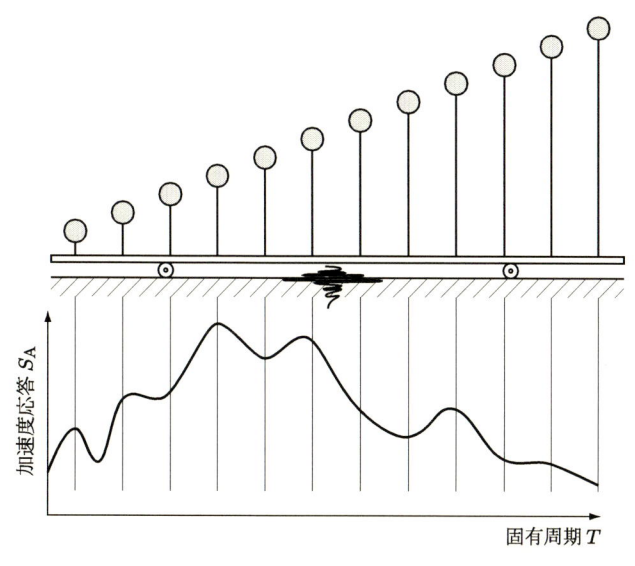

図 2.36 さまざまな周期をもつ振動系の応答

で表す.図 2.37 は,1940 年にアメリカのエルセントロで記録された地震波の応答スペクトルである.図中の h は減衰定数である.減衰とは空気や振動体の分子間の摩擦などにより振動エネルギーが損失され,外部からの加振やエネルギー補給がない限り,振動がしだいに小さくなっていき,やがて振動が止まってしまう現象である.減衰定数は減衰の指標値になっている(詳しくは第 5

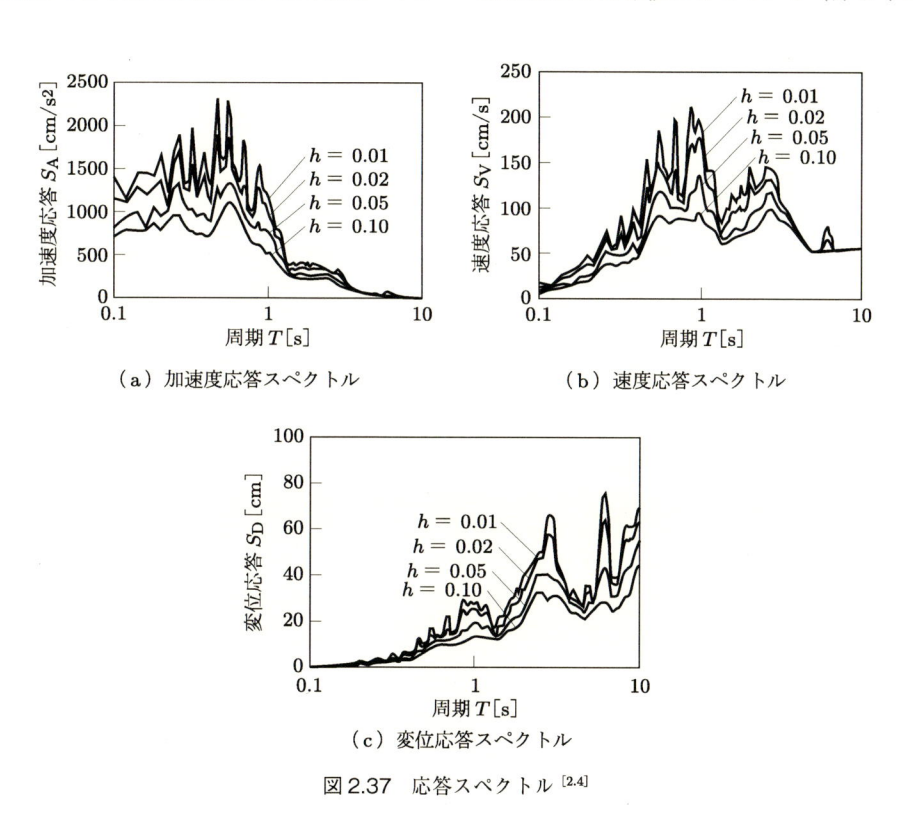

(a) 加速度応答スペクトル

(b) 速度応答スペクトル

(c) 変位応答スペクトル

図 2.37 応答スペクトル [2.4]

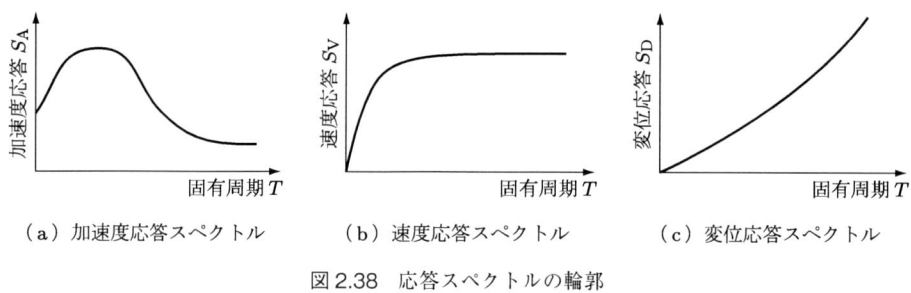

(a) 加速度応答スペクトル　　(b) 速度応答スペクトル　　(c) 変位応答スペクトル

図 2.38　応答スペクトルの輪郭

章で説明). 実際の応答スペクトルは図 2.37 のようなギザギザな曲線であるが, その傾向を表す曲線は図 2.38 のようになる.

応答スペクトルは, さまざまな固有周期をもつ一連の 1 質点振動系がその地震波に対する反応の強さを示し, 地震動の特性を反映している. S_A, S_V, S_D はさまざまな 1 質点振動系が加振された場合の加速度, 速度, 変位のそれぞれの最大値, よい近似値とみなすことができる. そして, S_A, S_V はそれぞれ擬似加速度スペクトル, 擬似速度スペクトルとよばれる. 応答スペクトルを導入するメリットは, 複雑な動的応答解析を行わずに, 構造物の固有周期と減衰定数から加速度, 速度の最大値を推定できることである.

- 地震応答スペクトルとは, 弾性 1 質点 (1 自由度) 振動系の最大応答値を縦軸に, 固有周期を横軸にとり, 減衰定数をパラメータとするグラフである.
- 地震応答スペクトルの傾向
  ① 加速度応答は周期が短い領域で大きく, 周期が一定値を超えると小さくなる.
  ② 速度応答は短周期領域において応答が周期に比例して増大し, ある周期以上になると応答値がほぼ一定になる.
  ③ 変位応答は固有周期が長くなると大きくなる傾向がある.
- 建物の固有周期と減衰がわかれば, 複雑な動的応答解析を行わなくても, 応答スペクトルにより, 最大応答値を推測できる.

当然だが, 地盤は地震動に対して応答する. 建築物は地盤の上に乗っているので, 地盤の振動は建築物の応答に影響を与える. 建築物と地盤の相互作用も存在するが, 本書ではこれについての解説を省略する. 地盤は振動するので, 固有周期をもっている. 地盤の地震応答は 1 質点振動系に似た傾向をもつ. つまり, 剛性の高い硬質地盤は固有周期が短く, 剛性の低い軟弱地盤は固有周期が長い. さらに, 図 2.39 のように, 硬質地盤では固有周期の短い建築物が共振し, 軟弱地盤 (軟

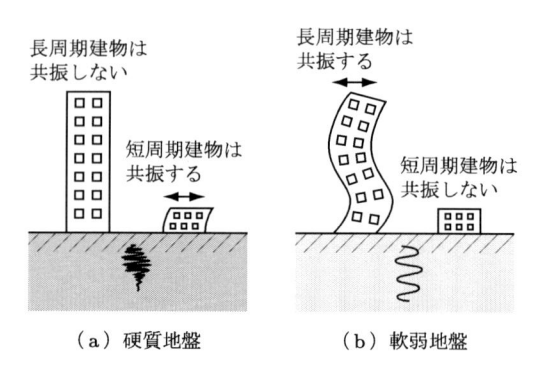

(a) 硬質地盤　　(b) 軟弱地盤

図 2.39　地盤と建築物の振動関係

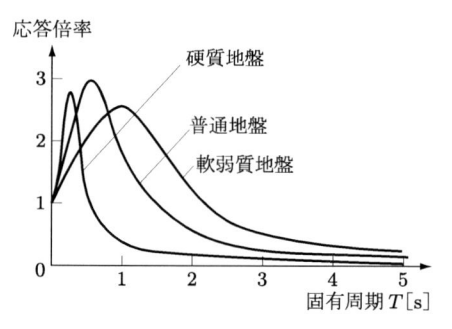

図 2.40　地盤種別の加速度応答スペクトルの傾向

弱でその層が厚い地盤）は固有周期の長い建築物の振動を増幅する．図 2.40 に，地盤種別により建築物の加速度応答スペクトルの傾向を表す．

(4) 地震荷重の概念および計算原理

これまで説明した，振動にかかわる知識や建築物の地震に対する応答にもとづいて，地震荷重の計算原理を説明する．まず，地震荷重にかかわる用語と概念を説明する．地震荷重は地震動による建築物に加わる力の総称であり，さらに水平方向の地震荷重と上下方向の地震荷重が存在する．上下方向の地震動による建築物の上下方向の振動や，大スパン構造物や片持ち梁の上下方向の地震応答により上下方向の地震荷重が生じる．大スパンや大規模建築物の構造設計では高度な動的解析が必要であり，そのうち上下方向の振動を考慮しなければならないが，本書では上下方向の地震荷重についての解説を省略する．現在，地震荷重というと，一般に水平方向の地震荷重のことをいい，これは水平方向の地震動により建築物に加わる力のことである．

水平方向地震荷重には，さらに各層の「水平地震力」と「層せん断力」という概念がある．地震荷重は建築物の振動加速度により生じた慣性力であり，これは質量と加速度の積で求められる．ある層の水平地震力とは，その層の最大加速度とその層の質量の積として算出され，これは図 2.41 (a) に示すように P_i で表す（i は第 i 層を示す．）．これに対して，層せん断力とは，地震時に層と層（上下床）の間に生じる水平せん断力をいい，これはある層の上部すべての部分から当該層に伝達してきた水平力の総和であり，Q_i で表す．たとえば，2 階に作用している層せん断力 Q_2 は，2 階の床と 3 階の床の中央付近に生じる水平せん断力で，その値は 2 階以上の水平地震力の合計になり，$Q_2 = P_3 + P_2$ である．つまり，2 階以上部分のすべての水平地震力が上から下へ伝達し，2 階はそれ以上の階の水平地震力の合計 Q_2 に耐えなければならない．

層せん断力の概念がわかったところで，その計算原理を説明する．1916 年に佐野利器は「家屋耐震構造論」を発表し，水平地震力の計算方法として，つぎのような震度 k を提唱した．

$$水平地震力 = 震度 k \times 重量 W$$

ここに，「重量＝質量×重力加速度」であるので，佐野の震度は「k ＝最大加速度応答／重力加速度」を意味する．つまり，日本の古い耐震設計法では震度を用いて水平地震力を表していた．ただし，震度 k の値，つまり最大加速度応答の値を定めることが一つの課題である．ところが，(3) で学習した「加速度応答スペクトル」で表されている加速度応答と建築物の固有周期の関係から，地震により建築物に発生する最大加速度を精度よく予測できる．そして，1981 年に制定された新耐震設計法で，建築物の固有周期に依存した地震荷重の計算方法が確立された．

新耐震設計法では，最大加速度応答は固有周期

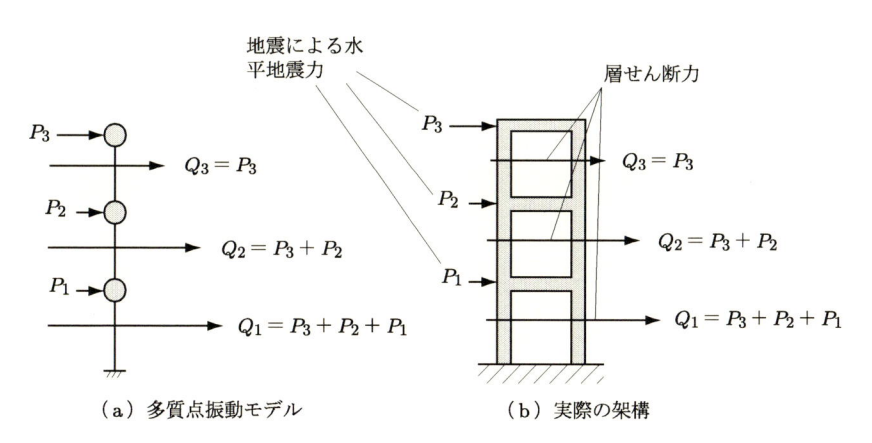

（a）多質点振動モデル　　　　（b）実際の架構

図 2.41　層せん断力の概念

と加速度応答スペクトルより求められる.ただし,そのままの加速度応答スペクトルを使用せず,図2.42のように,標準化した加速度応答のグラフを用いている.このグラフは加速度応答スペクトル曲線の包絡線の形状(傾向)をモデル化して利用したものであり,縦軸は「振動特性係数 R_t」を表す.振動特性係数 R_t とは,地盤の種類ごとに表した加速度応答スペクトルを最大値を 1.0 として標準化したものである.また,振動特性係数 R_t を表す曲線は加速度応答スペクトルの形状の標準化だけではなく,地盤や建物の振動特性など,さまざまな要因を総合的工学的に分析して定められたものである.

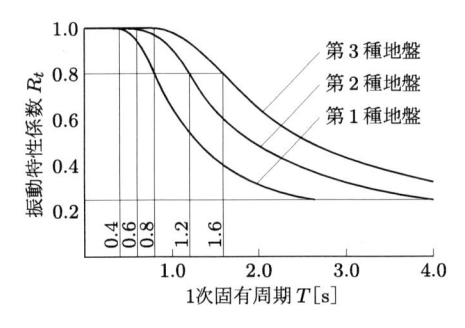

図 2.42 振動特性係数 R_t

上記の応答スペクトル,そして振動特性係数 R_t を定める基本理論は弾性領域のものである.なお,大地震に対する建物の弾塑性挙動を考慮する場合には,適切な取扱い方法を考える必要がある(詳しくは第 5 章で説明する).

第 1 章で説明したように,新耐震設計法では中小地震と大地震に対する 2 段階の設計理念があるが,標準化された振動特性係数 R_t だけでは,中小地震と大地震の加速度応答スペクトル特性は表現できない.そこで,中小地震と大地震に対応するために,標準せん断力係数 C_0 という係数を導入する.中小地震の場合は $C_0 \geq 0.2$ とし,大地震で架構の崩壊状況を確認する場合は $C_0 \geq 1.0$ とする.これは,「水平地震力=震度 k ×重量 W」という理論から発展してきたもので,層せん断力の計算の基本的な考えかたも「層せん断力=必要な係数× $R_t \cdot C_0$)×重量」という形になる.そし

て,$R_t \cdot C_0$ は震度(最大加速度応答/重力加速度)に相当するものとすると,建築物の固有周期が短い場合,$R_t = 1.0$ であり,C_0 の値は中小地震の場合 0.2,大地震の場合 1.0 とする.このとき,最大加速度応答=震度×重力加速度= $R_t \cdot C_0$ × 980 [cm/s²] より,中小地震の最大加速度応答 = $1.0 \times 0.2 \times 980 = 196$ [cm/s²](およそ 200 gal),大地震の最大加速度応答= $1.0 \times 1.0 \times 980 = 980$ [cm/s²](およそ 1000 gal)と推定できる.標準せん断力係数 C_0 の設定により対応する建築物の最大加速度応答は,中小地震の場合はおよそ 200 gal,大地震の場合は中小地震のおよそ 5 倍の 1000 gal であり,固有周期が長くなるにつれて,その値が小さくなることがわかる(図 2.42).

上述のように,「層せん断力=必要な係数× $(R_t \cdot C_0)$ ×重量」は層せん断力の計算の基本的な考えかたとなっている.

$$層せん断力 = \begin{pmatrix} さまざまな工学的 \\ 判断のための係数 \end{pmatrix} \times (R_t \cdot C_0) \times 重量 W$$

上記の「さまざまな工学的判断のための係数」は,おもに 2 種類の要因を考慮する.一つは建設地域の地震発生頻度および過去の震災状況である.これは地域係数 Z($Z \leq 1.0$)として反映する.つぎに,各階の水平地震力(加速度)の高さ方向の分布である.ここで,高さ方向分布係数(層せん断力係数の建物高さ方向の分布係数)A_i を導入している.Z および A_i の定める方法については 2.6.3 項で説明する.

以上より,建築物の第 i 層の上下構造面(床面)間に作用する層せん断力 Q_i は次式で計算できる.

$$Q_i = ZA_iR_tC_0W_i \tag{2.15}$$

ここに,W_i は第 i 層以上の各階の重量の総和を示す.床面付近に作用する水平地震力は,その上下の層せん断力の差 $P_i = Q_i - Q_{i+1}$ で算出できる.

このようにして,動的荷重である地震荷重を,静的な力として簡単に計算できるようになった.

2.6 地震荷重

```
┌─────────────────────────────────────┐
│  慣性力 ＝ 加速度 × 質量              │
│           ↓                          │
│  地震力 ← 加速度応答の最大値 × 質量   │
│           ↓                          │
│  地震力 ← 加速度応答スペクトル × 質量 │
└─────────────────────────────────────┘
                  ↓
┌─────────────────────────────────────────────────┐
│ 加速度応答スペクトルに工学的判断を加味（最大値＝1.0）⇒ 振動特性係数 $R_t$ │
└─────────────────────────────────────────────────┘
                  ↓
┌─────────────────────────────────────────────────┐
│ 地震規模を示すため標準せん断力係数 $C_0$ を導入      │
│   中地震に対して $C_0 \geqq 0.2$，大地震に対して $C_0 \geqq 1.0$ │
│   $R_t \cdot C_0$ ⇒ 最大加速度／重力加速度，これは震度に相当するものとする │
│   この方法を用いて固有周期に依存した地震力の算出が可能となる │
└─────────────────────────────────────────────────┘
                  ↓
┌─────────────────────────────────────────────────┐
│ 力 ＝ $(R_t \cdot C_0)$ × 重量 $W$ ⇒ 「震度 × 重量」に相当するもの │
│ 地震力 ＝（他の工学的判断のための係数）×$(R_t \cdot C_0)$ × 重量 $W$ │
└─────────────────────────────────────────────────┘
                  ↓
┌─────────────────────────────────────────────────┐
│ 他の工学的判断のための係数 ⇒ 地域係数 $Z$ × 高さ方向分布係数 $A_i$ │
│ 第 $i$ 層の層せん断力：$Q_i = ZA_iR_tC_0W_i$        │
└─────────────────────────────────────────────────┘
```

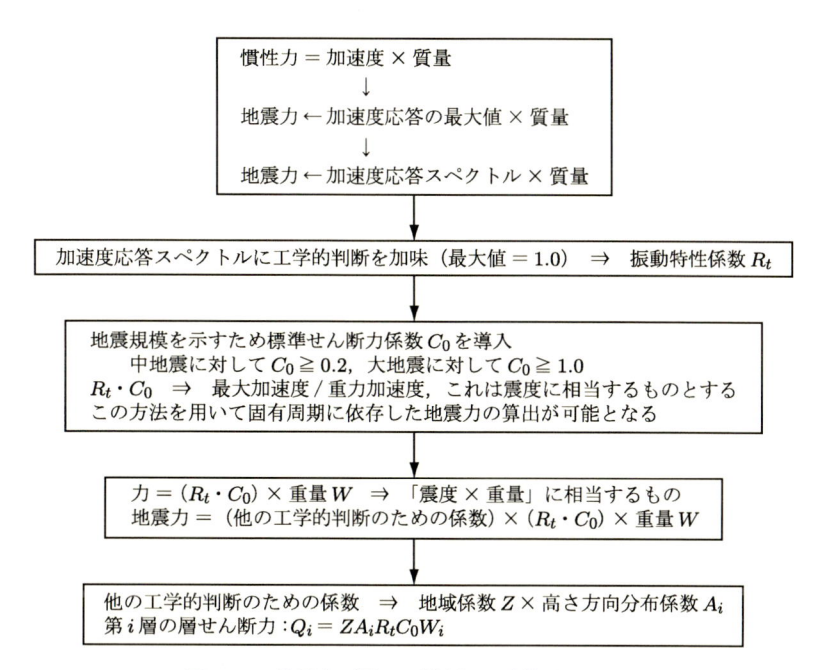

図 2.43 地震力（層せん断力）の計算原理の流れ

これまで説明した新耐震設計法の地震荷重（層せん断力）の計算原理を図 2.43 にまとめる．これらの計算方法の詳細については次項で解説する．

2.6.3 地上部分の層せん断力

本項では，建築基準法施行令にもとづいて層せん断力の具体的な計算方法や手順を説明する．建築基準法施行令では地震荷重のことを地震力といい，建築物の地上部分と，地下室などの地下部分，そして屋上に設置された設備などの屋上突出部分に分けてその計算方法を定めている．そのうち，地上部分の地震力は層せん断力のことである．本項では層せん断力の計算方法を説明し，屋上突出部分と地下に生じる地震力は 2.6.4 項において説明する．

(1) 層せん断力の基本計算式

2.6.2 項で説明したように，地震による層せん断力とは建築物のある高さ部分において地震により生じる水平せん断力をいう．これまで解説してきた計算原理に従って，第 i 層に作用する層せん断力は式(2.15)により算出できる．ここに，第 i 層の層せん断力係数 C_i を次式のように導入する．

$$C_i = ZA_iR_tC_0 \quad (2.16)$$

したがって，第 i 階の層せん断力 Q_i は次式のように表現できる．

$$Q_i = C_iW_i \quad (2.17)$$

また，建築物の第 1 層は建築物の地上部分全体の地震力を負担するので，第 1 層の層せん断力係数 C_1 を C_B と表す．この C_B を「ベースシャー係数」という．したがって，建物全体に作用する地震力 Q_B（第 1 層の層せん断力）は次式で定式化できる．

$$Q_B = C_BW \quad (2.18)$$

ここに，W は建物の地上全体の総重量であり，ベースシャー係数は $C_B = ZA_1R_tC_0$ である（後述では $A_1 = 1.0$).

(2) 重量 W_i

重量は固定荷重と積載荷重との和（多雪区域においては，さらに積雪荷重を加えたもの）である．建築物の階数を n，第 j 階の重量を w_j とすると，第 i 階以上の各階の重量の総和 W_i は次式で計算

できる.

$$W_i = \sum_{j=i}^{n} w_j \qquad (2.19)$$

W_i と w_j の重量計算の範囲を図 2.44 に示す.

(3) 標準せん断力係数 C_0

2.6.2 項で説明した標準せん断力係数 C_0 は，表 2.14 に示すように，0.2 以上としなければならない．ただし，特定行政庁が国土交通大臣の定める基準にもとづいた規則で指定する地盤が著しく軟弱な区域内における木造の建築物にあっては，0.3 以上としなければならない．また，必要保有水平耐力（第 4 章で解説する）を計算する場合，標準せん断力係数は 1.0 以上としなければならない．

(4) 振動特性係数 R_t

2.6.2 項で説明したように，R_t は加速度応答スペクトルにもとづいて，地盤や建物の振動特性を総合的工学的に分析して定められたものである．その値は，次式によって算出する.

$$R_t = \begin{cases} 1 & (T < T_c) \\ 1 - 0.2\left(\dfrac{T}{T_c} - 1\right)^2 & (T_c \leqq T < 2T_c) \\ \dfrac{1.6 T_c}{T} & (2T_c \leqq T) \end{cases}$$

$$(2.20)$$

ここに，T は建物の 1 次固有周期 [s] を示す．T_c は地盤種別の応答スペクトルをモデル化するときに導入した周期で，地盤の固有周期の境界値であり，表 2.15 にその値を示す．式 (2.20) をもとにして作成したグラフが図 2.45 である.

ただし，特別の調査または研究の結果にもとづき，建築物の振動特性を表す数値が式 (2.20) によって算出した数値を下回ることが確かめられた場合は，当該調査または研究の結果にもとづく数値（その数値が式 (2.20) によって算出した数値に 3/4 を掛けた数値に満たないときは，当該数値）まで下げることができる.

(5) 固有周期 T の略算法

振動特性係数 R_t の計算式 (2.20) では，T は建

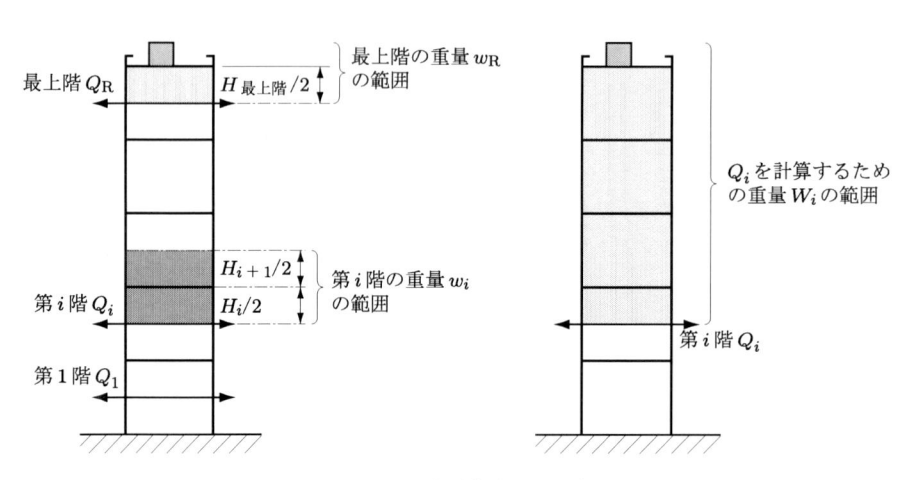

図 2.44 地震力計算時の重量範囲

表 2.14 標準せん断力係数 C_0

対応する計算	C_0 の値
一般（中小地震に対する許容応力度計算）	0.2 以上
地盤が著しく軟弱な区域として特定行政庁が国土交通大臣の定める基準にもとづいて規則で指定する区域内における木造の建築物	0.3 以上
保有水平耐力計算時（必要保有水平耐力の計算時）	1.0 以上

2.6 地震荷重　43

表 2.15 地盤種別による T_c の数値

地盤種別	該当地盤	T_c [s]
第1種地盤	岩盤，硬質砂れき層，その他主として第三紀以前の地層によって構成されているもの，または地盤周期などについての調査もしくは研究の結果にもとづき，これと同程度の地盤周期を有すると認められるもの	0.4
第2種地盤	第1種地盤および第3種地盤以外のもの	0.6
第3種地盤	腐葉土，泥土，その他これらに類するもので大部分が構成されている沖積層（盛土がある場合においてはこれを含む）で，その深さがおおむね30m以上のもの，沼沢，泥海などを埋め立てた地盤の深さがおおむね3m以上であり，かつ，これらで埋め立てられてからおおむね30年経過していないもの，または地盤周期などについての調査もしくは研究の結果にもとづき，これらと同程度の地盤周期を有すると認められるもの	0.8

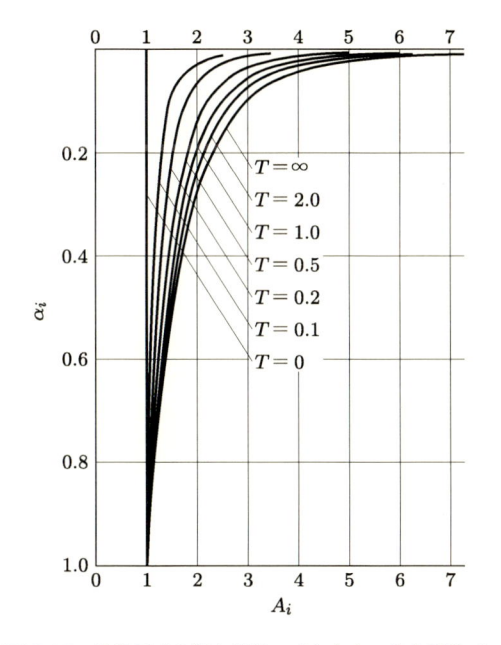

図 2.45　地震層せん断力係数の高さ方向の分布係数 A_i

物の弾性域における1次固有周期 [s] である．本来ならば，固有値解析によって構造物の固有周期を正確に求めなければならないが，一般的な建築物の1次固有周期は，つぎの式によって略算できる．

$$T = h(0.02 + 0.01\alpha) \quad (2.21)$$

ここに，h は建築物の高さ [m] であり，建物架構の振動性状に有効な部分の高さとする．たとえば，頂部横材の天端，山型架構の場合，屋根の平均高さをこの高さとする．また，建物下部を剛強な部分によって拘束している場合，その部分の頂部を地盤面とみなして，h を算出する．α は当該建築物のうち，柱および梁の大部分が木造または鉄骨造である階（地階を除く）の高さの合計の h に対する比である．

$$\alpha = \frac{\text{木造または鉄骨造の階の高さの合計}}{h} \quad (2.22)$$

したがって，式 (2.21) は次式のように表現できる．

$$T = \begin{cases} 0.02h & (\text{RC造の場合}) \\ 0.03h & (\text{S造の場合}) \\ h(0.02 + 0.01\alpha) & (\text{その他の場合}) \end{cases} \quad (2.23)$$

(6) 高さ方向の分布係数 A_i

多層建築物の場合，加速度応答の最大値は，高さ方向の位置によって異なり，その発生時刻もまちまちである．地震応答スペクトルは1質点振動系で表した振動特性であり，建築物の高さ方向の加速度の分布状態を表せない．そのため，加速度応答スペクトルより誘導された振動特性係数 R_t だけでは，地震力の高さ方向の分布を評価できない．

水平地震力の高さ方向の分布は重要な課題であり，現在も研究されている．この問題についてはさまざまな提案があるが，本書は現行の建築基準法施行で定めている層せん断力係数の建物高さ方向の分布係数 A_i を説明する．

第 i 層の層せん断力を計算するための係数 A_i

は，次式により算出できる．

$$A_i = 1 + \left(\frac{1}{\sqrt{\alpha_i}} - \alpha_i\right)\frac{2T}{1+3T} \quad (2.24)$$

ここに，α_i は最上階から i 階までの固定荷重と積載荷重の和（多雪区域においては，さらに積雪荷重を加えるものとする）を，地上各階の固定荷重と積載荷重の総和で割った数値である（次式中の n は建築物の階数を示す）．

$$\alpha_i = \frac{\text{最上階から}i\text{階までの固定荷重と積載荷重の和}}{\text{地上各階の固定荷重と積載荷重の総和}}$$

$$= \frac{\sum_{j=i}^{n} w_j}{\sum_{l=1}^{n} w_l} = \frac{W_i}{W} \quad (2.25)$$

A_i は，1階においては1.0となり，上層階へ上がるにつれて大きくなる．また，高さが同等な建築物の場合は，固有周期の小さい建築物よりも大きな建築物のほうが，A_i は大きくなる．ただし，A_i は，建築物の振動特性についての特別な調査または研究の結果にもとづいて算出する場合は，その算出値を用いてよい．

(7) 地震地域係数 Z

地震地域係数 Z は，建築物の建設地域における過去の地震の記録にもとづく，被害の程度および地震活動の状況などに応じて，国土交通大臣が定めている．図2.46に示すように，1.0～0.7の範囲内に定められている．建築基準法施行令には地震地域係数 Z の一覧表が記載してある．

(8) 地上部分の層せん断力の計算手順

ここまで説明してきたことをふまえて層せん断力の計算手順を図2.47にまとめる．

2.6.4 屋上突出部分と地下部分の地震力

地震が起こると，屋根上の突出部分や地下部分にも地震力が生じる．屋上突出部分は建築物全体と比べて規模は小さいが，高所に設置され，その剛性や形状が建築物全体と異なるので，振動性状も建築物全体と異なる．また，地下部分は周辺地盤の土や地下水に囲まれて，内部が空洞となって

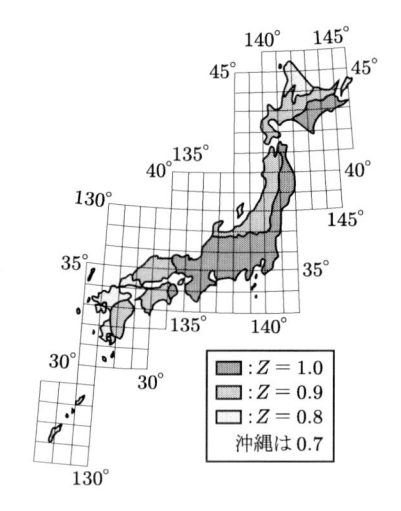

図2.46 地震地域係数 Z

いるので，周辺との質量変化が存在し，地上部分と全く異なる振動性状を表す．したがって，屋上突出部分と地下部分の地震力の計算原理および手法は，2.6.2項までに紹介したものとは異なる．本項では，建築基準法にもとづいた，屋上突出部分と地下部分の地震力の計算方法を簡単に説明する．

(1) 屋上突出部分の水平地震力

まず，建築基準法に従って「階数」として算入できる部分に作用する地震力については，これまで紹介した層せん断力の計算方法と同様に算出する．ただし，パラペット，水槽やその他の部分など，層や階数として算入できない屋上突出部分に作用する地震力は局部地震力として計算する．屋上突出部分に作用する局部地震力は，特別な調査または研究の結果にもとづいて定めることができるが，国土交通省の告示（平成12年1389号）では水平震度 k を用いて水平地震力 P としての計算方法を定めている．その計算式は次式になる．

$$P = kw \quad (2.26)$$

ここに，k：水平震度（地震地域係数 Z に1.0以上の数値を掛けて得た数値）
w：対象となる部分の固定荷重と積載荷重の和（多雪区域においては，さらに積雪荷重を加えたもの）[N]

一般に，屋上突出部分の地震応答は建築物本体

2.6 地震荷重

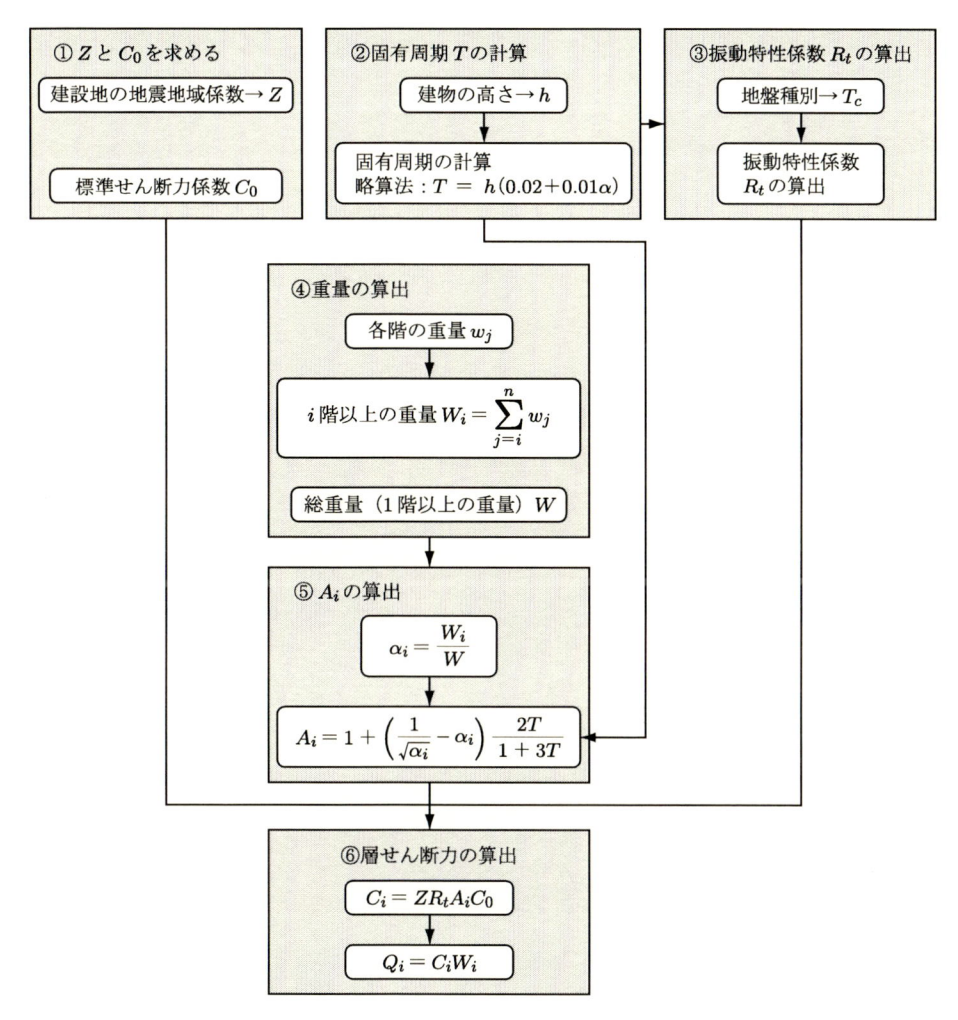

```
①ZとC₀を求める
  建設地の地震地域係数→Z
  標準せん断力係数 C₀

②固有周期Tの計算
  建物の高さ→h
  固有周期の計算
  略算法：T = h(0.02 + 0.01α)

③振動特性係数 Rₜ の算出
  地盤種別→Tc
  振動特性係数 Rₜ の算出

④重量の算出
  各階の重量 wⱼ
  i階以上の重量 Wᵢ = Σⱼ₌ᵢⁿ wⱼ
  総重量（1階以上の重量）W

⑤Aᵢの算出
  αᵢ = Wᵢ/W
  Aᵢ = 1 + (1/√αᵢ − αᵢ) · 2T/(1+3T)

⑥層せん断力の算出
  Cᵢ = ZRₜAᵢC₀
  Qᵢ = CᵢWᵢ
```

図 2.47 地上部分の層せん断力の計算手順

より大きい．さらに，建築物本体と共振する可能性もあるので，設計時には十分な注意が必要である．

(2) 地下部分の水平地震力

ここでは，地下部分の地震荷重の計算方法を紹介する．地震に対する建築物の地下部分の振動性状は地上と異なる．地震応答加速度は一般に地上より小さく，深さが深くなるにつれて，さらに小さくなる．地下部分の地震に対する挙動については未解明の部分が多く，その地震力の評価については多くの課題が残されている．本書では，現行の建築基準法施行令に示している地下部分の地震力の計算方法を説明する．

建築基準法施行令の方法では，水平震度を用いて地下第 i 層の水平地震力 P_i をつぎのように求める．

$$P_i = k_i W_{Bi} \qquad (2.27)$$

ここに，W_{Bi}：地下部分の重量であり，当該部分の固定荷重と積載荷重の和

k_i：地下第 i 層の水平震度であり，次式で計算する

$$k_i \geqq 0.1\left(1 - \frac{H_i}{40}\right)Z \qquad (2.28)$$

H_i：建築物の地下の各部分の地盤面か

46　第2章　荷　重

らの深さ[m]．ただし，H_i が20 m を超えるときは20 m とする
　Z：　地震地域係数

k_i の下限値は，図2.48のように，地盤面では $0.1Z$，地下20 m以深では $0.05Z$ となる．

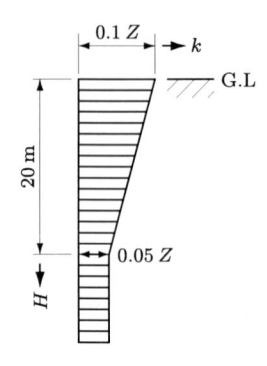

図2.48　地下水平震度

ただし，図2.49のように，地下部分の層せん断力 Q_{Bi} は，地上部分から伝わる層せん断力 Q_1 を加えた値とする．そして，地下部分の地震層せん断力は次式で計算される．

　　地下部分の層せん断力
　　＝1階の層せん断力
　　＋検討部分上部の地下部分の水平地震力の和

地下第 i 層の層せん断力 Q_{Bi} は次式で計算する．

$$Q_{Bi} = Q_1 + \sum_{j=1}^{i} k_j W_{Bj} \qquad (2.29)$$

地下でなくても，振動性状などを考慮したうえで，計算にあたって地下部分とみなすことができる部分は地下部分として扱う．また，地震時における建築物の振動の性状を適切に評価して計算を

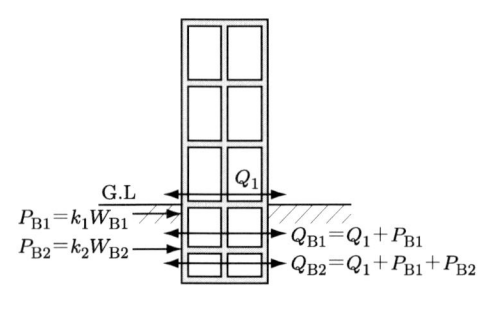

図2.49　地下地震層せん断力

することができる場合は，その計算方法を用いてもよい．

□**例題2.5 地震層せん断力の計算例**

中小地震の地震力の計算において，図2.50に示す建築物の各階に作用する層せん断力を計算せよ．当該建築物は，鉄筋コンクリート構造であり，建設地の地震地域係数は1.0，地盤は第2種地盤とする．また，塔屋（PH）は建築基準法上の階数に算入しないものであり，これを屋上突出物としてその地震力を計算せよ．さらに，その地階の層せん断力を計算せよ．

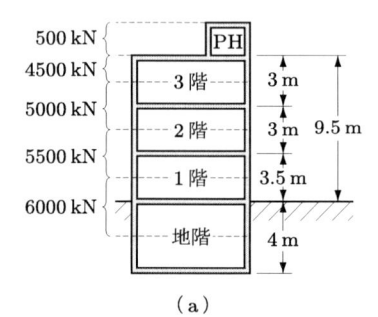

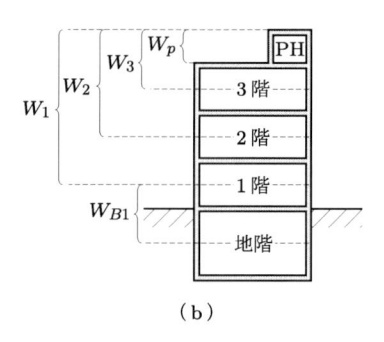

図2.50

□**解答**
（1）地上部分の層せん断力の計算
① 地震地域係数 Z と標準せん断力係数 C_0 に関する調査分析の結果

地震地域係数は $Z = 1.0$ とし，中小地震に対する計算なので標準せん断力係数 $C_0 = 0.2$ とする．
② 固有周期 T の略算

建物の高さ $h = 9.5$ [m]，鉄筋コンクリート構造であるため，$\alpha = 0$

固有周期　$T = h(0.02 + 0.01\alpha) = 9.5 \times 0.02 = 0.19$ [s]

③ 振動特性係数 R_t の算出

第2種地盤なので，$T_c = 0.6$ [s]

$T < T_c$ であるので，$R_t = 1.0$

④ 重量の算出

$W_3 = W_p + w_3 = 500 + 4500 = 5000$ [kN]

$W_2 = W_p + w_3 + w_2 = 500 + 4500 + 5000$
$= 10000$ [kN]

$W_1 = W_p + w_3 + w_2 + w_1 = 500 + 4500$
$\quad + 5000 + 5500 = 15500$ [kN]

全体総重量は，$W = W_1 = 15500$ [kN]

⑤ 高さ方向の分布係数 A_i の算出

式(2.24)を用いるが，そのうち $2T/(1+3T) = (2 \times 0.19)/(1 + 3 \times 0.19) = 0.242$ は一定の値となっている．

$\alpha_3 = \dfrac{W_3}{W} = \dfrac{5000}{15500} = 0.323$

$A_3 = 1 + \left(\dfrac{1}{\sqrt{0.323}} - 0.323\right) \times 0.242 = 1.348$

$\alpha_2 = \dfrac{W_2}{W} = \dfrac{10000}{15500} = 0.645$

$A_2 = 1 + \left(\dfrac{1}{\sqrt{0.645}} - 0.645\right) \times 0.242 = 1.145$

$\alpha_1 = \dfrac{W_1}{W} = \dfrac{15500}{15500} = 1.0$

$A_1 = 1 + \left(\dfrac{1}{\sqrt{1.0}} - 1.0\right) \times 0.242 = 1.00$

⑥ 層せん断力の算出

式(2.16)，(2.17)を用いて，層せん断力係数および層せん断力を算出する．

$C_3 = 1.0 \times 1.0 \times 1.348 \times 0.2 = 0.270$

$Q_3 = C_3 W_3 = 0.270 \times 5000 = 1350$ [kN]

$C_2 = 1.0 \times 1.0 \times 1.145 \times 0.2 = 0.229$

$Q_2 = C_2 W_2 = 0.229 \times 10000 = 2290$ [kN]

$C_1 = 1.0 \times 1.0 \times 1.00 \times 0.2 = 0.2$

$Q_1 = C_1 W_1 = 0.2 \times 15500 = 3100$ [kN]

(2) 塔屋の地震力の計算

式(2.26)を用いて計算する．ただし，水平震度 k は地震地域係数 Z の数値に1.0以上の数値を乗じて得た数値であるので，ここでは $Z = 1.0$，$k = 1.0$ とする．塔屋の地震力は，

$P = k W_p = 1.0 \times 500$ [kN] $= 500$ [kN]

となる．

(3) 地下部分の層せん断力の計算

地震地域係数が $Z = 1.0$ であり，地下1階部分であるので，式(2.28)より水平震度を $k = 0.1$ とする．ここでは地下部分の重量を 6000 [kN] とし，地上からの水平力は，

$Q_1 = 3100$ [kN]

である．式(2.29)より，地下部分の層せん断力は下記のとおりに求められる．

$Q_{B1} = Q_1 + k \cdot W = 3100 + 0.1 \times 6000$
$\quad = 3700$ [kN]

実務上の構造計算では，上記の計算過程を表にまとめることが一般的である．その場合，使用した計算式および必要な説明を明記することが必要である．屋上突出物および地下部分の地震力の計算は，各階の地震力計算表とは別に計算する．この計算例を表2.16にまとめて示す．

表2.16　例題2.5の地震力の計算

階	各部分重量 w_i [kN]	重量合計 W_i [kN]	α_i	A_i	C_i	Q_i [kN]
PH	−	500	−	−	$k = 1.0$	500
3	4500	5000	0.323	1.348	0.270	1350
2	5000	10000	0.645	1.145	0.229	2290
1	5500	15500	1.00	1.00	0.2	3100
地階	−	6000	−	−	$k = 0.1$	3700

第3章
許容応力度等計算

第1章で説明したように，構造計算の方法としては許容応力度等計算，保有水平耐力計算，限界耐力計算，国土交通大臣が認定した計算方法という4種類の方法が定められている．設計者は，建築物の規模によって，これらの計算方法のなかから適切なものを採用する．

許容応力度等計算は，各部材の安全性を確認したうえで構造体全体の安全性を確認する計算方法である．本章では，その計算の原理および方法を解説する．

3.1 許容応力度等計算の概要

「許容応力度等計算」は建築構造の安全性を確認する計算方法の一つである．この計算方法は，各部材と構造体全体に分けて行う．

各部材の安全性の確認は「許容応力度計算」で行う．そのおもな内容は，長期荷重と短期荷重のそれぞれの荷重により部材断面に生じる最大応力度がその部材の許容応力度を超えないことを確認することである．具体的には，鉄筋コンクリート造や鋼構造，そして鉄骨鉄筋コンクリート構造など，各構造種別の部材断面を算定することであるが，本書ではその解説はしない．

構造体全体の安全性の確認は，つぎの三つに大別される．
① 層間変形角の確認：地震などによる建築物の水平変位に対する確認計算
② 剛性率の確認：各層の水平剛性の不均等性に対する確認計算
③ 偏心率の確認：建築物のねじりに対する確認計算

つまり，「許容応力度等計算」とは，各部材の「許容応力度計算」と，構造全体に対する層間変形角，剛性率，偏心率という一連の確認の計算のことである[3.1, 3.2]．

一般に，許容応力度計算を行って部材断面を決定することを「一次設計」という．一次設計で決まった部材により構成した骨組の層間変形角，剛性率，偏心率を確認すること，大地震に対する構造体の最大耐力を確認すること（第4章で説明する）を「二次設計」という．

建築基準法では，高さ31 m以下の建築物に対して「許容応力度等計算」を用いてその安全性を確認することを定めている．ただし，高さ31 m以下の建築物でも，剛性率と偏心率などの計算の代わりに，保有水平耐力計算あるいは限界耐力計算を行うことができる．また，「許容応力度等計算」において剛性率や偏心率に関する規定を満たさない場合でも，保有水平耐力計算あるいは限界耐力計算を行って，その安全性が確認されれば，その建築物は安全であると判断できる．

許容応力度等計算の手順を図3.1に示す．手順①の構造計画は第7章において解説する．手順②，⑤は鉄筋コンクリート造，鋼構造，そして鉄骨鉄筋コンクリート構造などの各構造種別にかかわる規定に従う．手順④の「荷重の組合せと力学計算」は，荷重を与えて力学計算により応力と変位を求めることである．手順⑥，⑦は許容応力度等計算の主要な内容であり，3.3節において詳しく解説する．

3.2 荷重の組合せ

許容応力度等計算では，さまざまな荷重の同時作用を想定して，力学計算により構造各部の応力

3.2 荷重の組合せ

```
          ┌──────────────────────────┐
          │ ①構造計画                │
          │ ②仮定断面                │
          │ ③力学計算ための骨組モデル化 │
          │ ④荷重の組合せと力学計算   │
          └──────────────────────────┘
                     │ Yes
         No    ┌─────◇─────┐
        ←─────│ ⑤許容応力度計算    │
              │ 各部分の応力度 ≦  │
              │ その部分の許容応力度 │
              └─────┬─────┘
                    │ Yes
         No    ┌─────◇─────┐
        ←─────│ ⑥層間変形角規制    │
              │ 層間変形角 ≦ 1/200 or │
              │ 法規に従って 1/120  │
              └─────┬─────┘
                    │ Yes
         No    ┌─────◇─────┐
     ┌判断┐←──│ ⑦剛性率・偏心率の規制 │
     └─┬─┘    │ 剛性率 ≧ 0.6      │
       │      │ 偏心率 ≦ 0.15    │
       ↓      └─────┬─────┘
  ┌──────────┐      │ Yes
  │保有水平耐力│      ↓
  │計算(第4章)│   ┌──────────┐
  └──────────┘   │その他の計算へ│
                 └──────────┘
```

一次設計／二次設計／許容応力度等計算

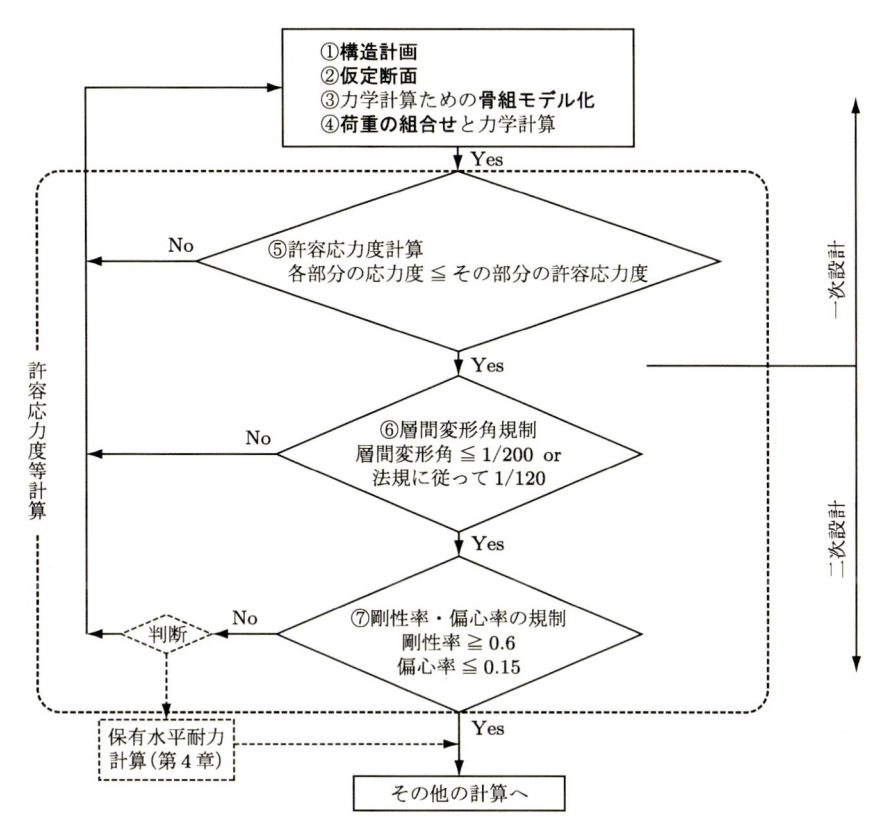

図 3.1　許容応力度等計算の手順

や変位を求める必要がある．ただし，2.1 節で説明したように，荷重にはさまざまな種類があり，発生する時期や頻度が異なる．たとえば，固定荷重と積載荷重は常に構造体に作用しているので，地震時の応力や変位を求めるためには，固定荷重と積載荷重に地震荷重を加えて力学計算を行うべきである．また，ちょうど暴風が生じているときに地震が発生する確率は非常に小さいので，地震荷重と風荷重の同時作用は考慮しなくてもよい．積雪荷重と風荷重の同時作用を考慮する場合，雪は風により飛ばされるので，積雪荷重を低減できる．許容応力度等計算では，このような荷重の頻度と同時発生の確率などの要因を考慮して，荷重を組み合わせる．

許容応力度等計算時に想定する荷重の組合せを表 3.1 に示す．これらの荷重の組合せは，固定荷重 G，積載荷重 P，積雪荷重 S，風荷重 W，地震荷重 K がそれぞれ建築物に作用する場合に生じた応力と変位の組合せになっている．これらの荷重の組合せに対する力学計算により得た応力と変位を用いて，許容応力度計算（部材断面算定など）を行い，層間変形角，剛性率，偏心率を算出して，諸規定を満たしているかを確認する．

荷重の組合せと力学計算は下記の二つの手法のどちらかを用いて行う（図 3.2）．

・組合せ手法 1：先に荷重の組合せを行い，その結果を用いて力学計算をする
・組合せ手法 2：荷重ごとに力学計算し，その解析結果（応力と変位など）を組み合わせる．

鋼構造や鉄筋コンクリート構造などの耐震設計では，地震荷重のみ，あるいは風荷重のみによる応力を用いる場合があるので，実務の構造計算では，組合せ手法 2 をよく用いている．

許容応力度等計算における力学計算は弾性解析（線形解析）であり，結果の重ね合わせができるため，上記の二つの手法の計算結果は同じとなる．

表3.1 許容応力度等計算時の荷重の組合せ

荷重		一般の区域	多雪区域	備考
長期	常時	$G+P$	$G+P$	
	積雪時		$G+P+0.7S$	
短期	積雪時	$G+P+S$	$G+P+S$	転倒や柱の引き抜けなどを検討する場合，Pは適当に低減する
	暴風時	$G+P+W$	$G+P+W$	
			$G+P+0.35S+W$	
	地震時	$G+P+K$	$G+P+0.35S+K$	
地震力Kを計算するための標準せん断力係数		$C_0 \geq 0.2$ （木造建築で軟弱地盤の場合は0.3以上）		

* G：固定荷重，P：積載荷重，S：積雪荷重，W：風荷重，K：地震荷重

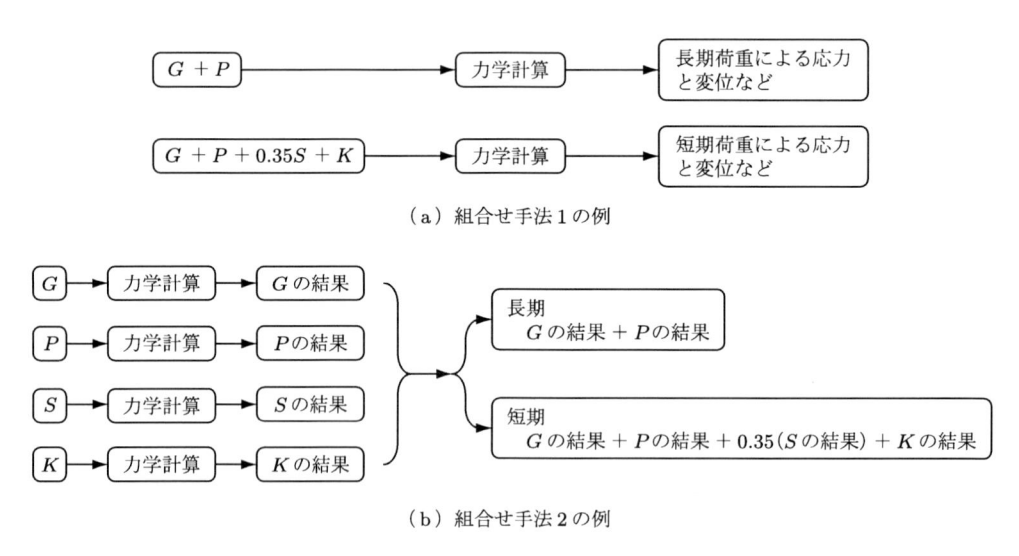

（a）組合せ手法1の例

（b）組合せ手法2の例

図3.2 荷重の組合せの手法

3.3 層間変形角，剛性率，偏心率

前述のように，許容応力度等計算では長期荷重，短期荷重の組合せによる建築物各階の変位などを求めて，層間変形角，剛性率，偏心率を算出して，諸規定を満たしているかを確認する．本節では，層間変形角，剛性率，そして偏心率の概念および計算方法，関連規定を解説する．

3.3.1 層間変形角

地震荷重などの水平力によって建築物は水平方向に変形を生じる．この水平変形が大きくなると，内装材，外装材，非構造部材の剥落や破損，設備の変形などの被害が発生するおそれがある．地震被害の実例として，架構の変形が大きくなり，地震時に避難経路のドアの開閉障害といった各種設備機器が機能しなくなることがあった．したがって，地震により生じる水平変形を一定限度内に制限することが必要である．このために導入されたのが層間変形角の制限値である．

図3.3と図3.4に示すように，建築物の第i層の上下構造面（床面）の相対水平変位δ_iを「層間変位」といい，鉛直柱の芯線の変形角γ_iを「層間変形角」という．層間変形角は次式で求める．

$$\gamma_i = \frac{\delta_i}{h_i} \tag{3.1}$$

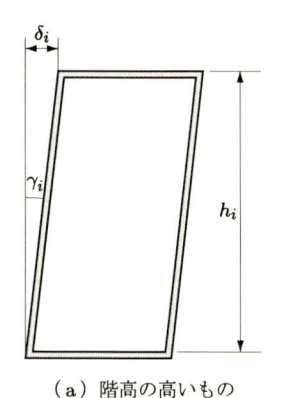

3.3 層間変形角・剛性率・偏心率

図3.3 層間変形と層間変形角

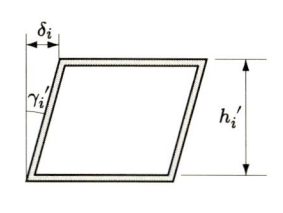

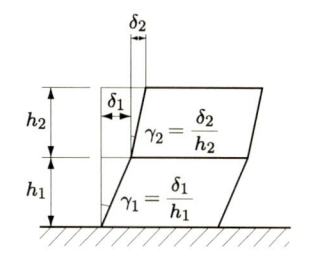

図3.4 層間変形角

つまり，層間変形角とは，各階に生じる層間変位の当該階の階高に対する割合と定義されている．図 3.3(a) に示すように，同等な層間変位に対して，階高の高い建築物の場合柱の層間変形角 γ は小さく，損傷を与えにくい．これに対して，図(b)に示す階高の小さい建築物のほうは層間変形角 γ' が大きく，損傷しやすい．すなわち，層間変位だけではなく，層間変形角が水平変形の重要な判定値になっている．

建築基準法施行令では，原則として層間変形角を 1/200 以下に抑えることを定めている．ただし，帳壁，内外装材，設備などに相応の措置を講じた場合には，1/120 以下に緩和できる．層間変形角規制の緩和には原則として実験または解析計算が必要であるが，経験的に安全性が確認されている金属板，ボード類，その他これに類する材料で仕上げられているものについても 1/120 まで緩和できる．たとえば，ALC パネルによる縦壁ロッキング構法や横壁カバープレート構法，縦壁スライド構法を用いた場合は層間変形角は 1/120 まで，その他十分に安全であることが確かめられた取り付け構法では通常 1/150 程度まで緩和できる．

各階の階高や水平地震力によって，各階の層間変形角は異なる．また，建築物の平面上の X 方向と Y 方向の水平剛性が異なるため，同じ階において X 方向と Y 方向の層間変形角が異なる場合もある．そのため，層間変形角の確認計算は次式のように各層の X, Y 方向のそれぞれに対して行う必要がある．

$$\gamma_{iX} = \frac{\delta_{iX}}{h_i} \leq \frac{1}{200} \quad \text{（法規に従って支障がない場合，1/120 まで緩和できる）} \tag{3.2a}$$

$$\gamma_{iY} = \frac{\delta_{iY}}{h_i} \leq \frac{1}{200} \quad \text{（法規に従って支障がない場合，1/120 まで緩和できる）} \tag{3.2b}$$

□ 例題 3.1 層間変形角の計算

図 3.5 に示す 3 階建ての構造物において，力学計算の結果，X 方向と Y 方向の層間変位は等しく，各階の最大層間変位はそれぞれ $\delta_1 = 11.0$ [mm], $\delta_2 = 8.5$ [mm], $\delta_3 = 5.5$ [mm] である．各階の階高はそれぞれ $h_1 = 3.5$ [m], $h_2 = 3.0$ [m], $h_3 = 3.0$ [m] である．各階の層間変形角を求め，その適否を検討せよ．

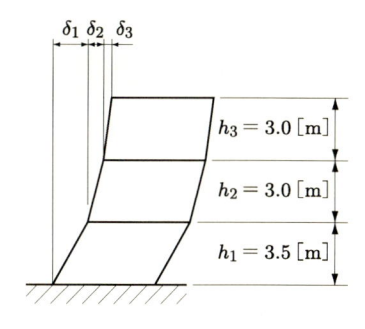

図 3.5 層間変形角の計算例

□解答

3階の層間変形角：
$$\gamma_3 = \frac{\delta_3}{h_3} = \frac{5.5}{3000} = \frac{1}{545} < \frac{1}{200} \quad \text{OK}$$

2階の層間変形角：
$$\gamma_2 = \frac{\delta_2}{h_2} = \frac{8.5}{3000} = \frac{1}{353} < \frac{1}{200} \quad \text{OK}$$

1階の層間変形角：
$$\gamma_1 = \frac{\delta_1}{h_1} = \frac{11.0}{3000} = \frac{1}{318} < \frac{1}{200} \quad \text{OK}$$

したがって，すべての階の層間変形角は規制値を満足している．

3.3.2 剛性率

過去の大地震で崩壊した階は，駐車場や店舗など，比較的広い空間として利用されていたものが多い．このような階は，耐力壁の量がほかの階と比べて少ないため，剛性，耐力が小さい可能性がある．さらに，耐力壁の量が著しく少ない層は，地震時には，剛性の大きい直上階から柱に伝達してくる軸力の変動が非常に大きくなる．このような建築物では，ピロティ階が崩壊することが多い．図3.6に示すように，階の剛性に偏りがあると，水平剛性の低い階に変形や損傷が集中するおそれがある．そこで，検討対象となる層の水平剛性が全体の水平剛性の平均値に近いか遠いかを調べることで，建築物全体の水平剛性の高さ方向の均等性を確認する必要がある．このため，「剛性率」を導入し，対象となる層の水平剛性と全体の水平剛性の平均の比で当該層の水平剛性の偏りを評価する．

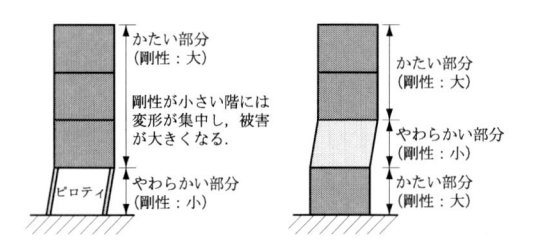

図3.6 各層の水平剛性の不均等分布

建築物の水平剛性の評価方法を解説しよう．広い意味では，剛性はバネ定数，ヤング率，荷重－変位曲線の接線勾配（応力の変位に対する変化率）で表現される場合が多い．構造工学において，剛性が高いということは同等の荷重に対して変位が小さいことを示すため，与えられた荷重に対する変位を用いて剛性を判断することができる．しかし，剛性率の規制は地震による同じ建物の各層の水平剛性が均等であるかの確認を目的としている．したがって，同等の地震力に対する層間変形角の大きさを用いて，各層の水平剛性を比較するという方法を導入している．この近似的な考えかたは下記のように表現できる．

・層間変形角が大きい → 当該層の水平剛性が小さい
・層間変形角が小さい → 当該層の水平剛性が大きい

上記の表現は下記の表現と同じである．

・層間変形角が大きい → 「1/層間変形角」が小さい → 当該層の水平剛性が小さい
・層間変形角が小さい → 「1/層間変形角」が大きい → 当該層の水平剛性が大きい

したがって，層間変形角の逆数はその層の水平変形のしやすさを表し，この値を用いて層の水平剛性を相対的に比較できる．構造計算上では，第 i 層の層間変形角の逆数 r_{si} は次式になる．

$$r_{si} = \frac{1}{\gamma_i} = \frac{h_i}{\delta_i} \quad (3.3)$$

また，全体の水平変形のしやすさの平均は，r_{si} の相加平均値 $\bar{r}_{si}$ を用いて表現できる．階数が n である建物の場合，r_{si} の相加平均値 $\bar{r}_s$ は，

$$\bar{r}_s = \frac{1}{n}\sum_{i=1}^{n} r_{si} = \frac{1}{n}\sum_{i=1}^{n} \frac{h_i}{\delta_i}$$

で求められる．剛性率 R_{si} は，評価対象となる層の水平変形のしやすさを表す r_{si} と，全体の水平変形のしやすさの平均を表す $\bar{r}_s$ の比として表されるので，その算出方法は次式のようになる．

$$R_{si} = \frac{r_{si}}{\bar{r}_s} \quad (3.4)$$

剛性率 R_{si} は，対象となる層の水平変形のしやすさが全体の水平変形のしやすさの平均に近いかどうかを近似的に表現している．建築基準法施行

令では，剛性率が 0.6 以上（$R_{si} \geq 0.6$）であることが定められており，各階の X, Y 方向ごとに剛性率の算出が必要である．

$$R_{sXi} = \frac{r_{sXi}}{\bar{r}_{sXi}} \geq 0.6, \quad R_{sYi} = \frac{r_{sYi}}{\bar{r}_{sYi}} \geq 0.6 \tag{3.5}$$

- $R_{si} \fallingdotseq 1.0$ → その階の水平剛性は平均水平剛性に近く，固くも弱くもない．
- $R_{si} > 1.0$ → その階の水平剛性は平均水平剛性以上であり，比較的固く変形しにくい．
- $R_{si} < 1.0$ → その階の水平剛性は平均水平剛性以下であり，比較的柔らかく変形しやすい．
- $R_{si} < 0.6$ → その階の水平剛性はほかの階より非常に小さく，地震時に崩壊しやすい．不安全である．

□ **例題 3.2 剛性率の計算**

例題 3.1 の 3 階建ての構造物において，各階の剛性率を求め，その適否を検討せよ．

□ **解答**

各階の層間変形角の逆数：

$$r_{s3} = \frac{h_3}{\delta_3} = 545, \quad r_{s2} = \frac{h_2}{\delta_2} = 353, \quad r_{s1} = \frac{h_1}{\delta_1} = 318$$

層間変形角逆数の平均値：

$$\bar{r}_s = \frac{1}{3}(r_{s1} + r_{s2} + r_{s3}) = \frac{1}{3}(545 + 353 + 318)$$
$$= 405$$

各階の剛性率を判定する．

3 階の剛性率：

$$R_{s3} = \frac{r_{s3}}{\bar{r}_s} = \frac{545}{405} = 1.346 > 0.6 \quad \text{OK}$$

2 階の剛性率：

$$R_{s2} = \frac{r_{s2}}{\bar{r}_2} = \frac{353}{405} = 0.872 > 0.6 \quad \text{OK}$$

1 階の剛性率：

$$R_{s1} = \frac{r_{s1}}{\bar{r}_1} = \frac{318}{405} = 0.785 > 0.6 \quad \text{OK}$$

したがって，すべての階は安全な剛性率をもっている．

3.3.3 偏心率

地震時には，建築物が水平変形のほかにねじりも生じ，柱や壁はねじりによって崩壊するおそれがある．そこで，構造計算上で建築物が過大なねじりが生じないように規制する必要があるため，偏心率に関する規定が導入されている．

ねじりは，ある層の各部材の水平抵抗力の合力の作用点と作用している水平地震力の作用中心のズレにより生じる現象である．図 3.7 に示す機構を考える．この機構は柱材と梁材で構成され，梁の端部に質量 m が取り付けられている．もし，地震により基礎が揺れると，質量 m には水平慣性力（つまり地震力）が生じる．この水平慣性力の作用中心は質量 m の中心であるが，架構の水平抵抗力の合力の作用点は支柱の付近にある剛心になる．このように，水平慣性力の作用中心と水平抵抗力の中心のズレ，つまり重心と剛心の位置のズレが機構のねじりの原因となる．

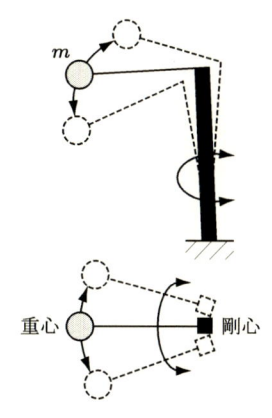

図 3.7 ねじりの原因

慣性力は質量と加速度により生じるものであるので，当然，その作用中心は質量中心（構造工学では重心のこと）になる．建築構造工学では，水平地震力の作用点は固定荷重と積載荷重の重心である．また，架構全体がねじりのないように水平変形するときの作用力の作用中心は剛心となる．逆にいうと，建築物の剛心とは，架構が直線上を水平に変位する場合の各部材の水平抵抗力の中心であり，当該層の水平剛性による合力の作用点である．図 3.8, 3.9 に示すような壁や柱などの主

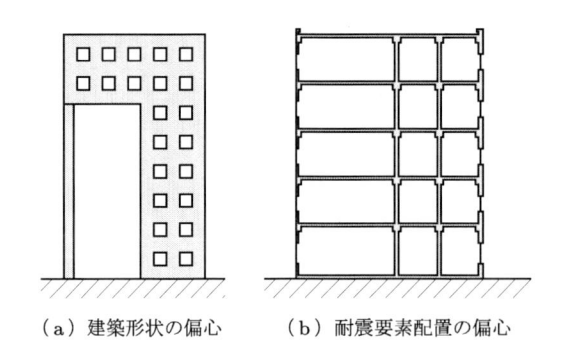

(a) 建築形状の偏心　(b) 耐震要素配置の偏心

図 3.8　建築計画の偏心

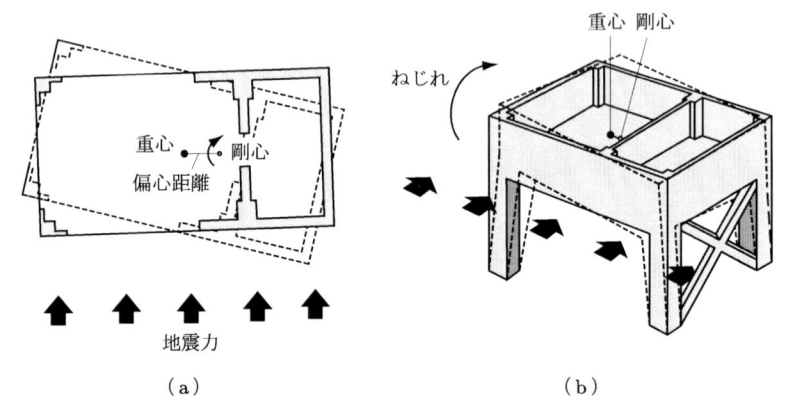

図 3.9　主要耐震部材配置の偏り

要耐震部材が一方に偏って配置されている建物では，重心と剛心の位置のズレが生じ，地震時に大きなねじりが生じるおそれがある．

このように，偏心率の算出は，重心位置や剛心位置，そしてねじり剛性の計算からはじめる．これらの計算原理を順に解説する．

(1) 建築物の重心位置

図 3.10 のような機構の重心位置を考えてみる．おもり W_1 の座標を X_1，おもり W_2 の座標を X_2 とし，重心位置の座標 X を求めよう．この機構の重心位置で支えると，ねじりなく左右のバランスがとれ，支持点の反力はおもりの重量の和 $W_1 + W_2$ となる．そして，この機構の重心位置の計算式は，$X = (X_1 W_1 + X_2 W_2)/(W_1 + W_2)$ になる．

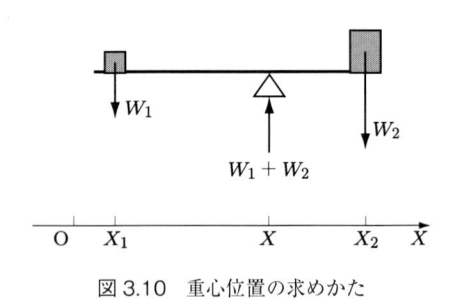

おもりの数が三つ以上の場合も同じ原理でその重心位置を計算できる．そして，平面上の X 方向と Y 方向における重心座標の一般的な計算式は次式のようになる（式中の i はおもりの番号を示す）．

$$X_G = \frac{\sum X_i W_i}{\sum W_i}, \quad Y_G = \frac{\sum Y_i W_i}{\sum W_i} \quad (3.6)$$

建築物のある層の重心位置を考えてみる．2.6 節で説明したように，地震荷重の計算は固定荷重と地震力計算用の積載荷重を用いるため，地震動に対するねじりを考慮する場合の重心位置は，長期荷重の重心として略算することになっている．

図 3.10　重心位置の求めかた

構造計算上，建築物の各層の重心位置の計算方法は式(3.6)の考えかたと同じであるが，重量の代わりに長期荷重による鉛直軸力を利用する．図3.11のように，ある階の柱，壁などの構造耐力上主要な部材に生じた長期荷重による軸力を N_i，それぞれの部材の中心座標を (X_i, Y_i) とすると，その層の重心位置 (X_G, Y_G) は，つぎのようになる（式中の i は部材の番号を示す）．

$$X_G = \frac{\sum X_i N_i}{\sum N_i}, \quad Y_G = \frac{\sum Y_i N_i}{\sum N_i} \quad (3.7)$$

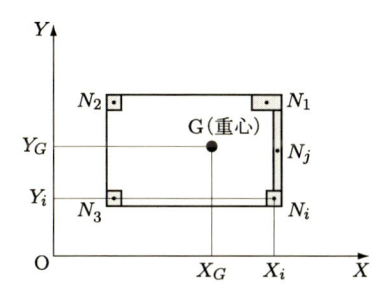

図 3.11 建築物の重心位置

(2) 建築物の剛心位置

剛心位置に外力が作用すると，構造物は回転せずに変位を生じる．図3.12(a)に示す門形構造物に外力 F が作用すると，柱の頂部にはそれぞれ δ_1 と δ_2 の水平変位が生じる．図(b)に示すように，柱の水平座標は X_1 と X_2，柱の水平剛性は Y 方向の剛性であるので，添え字に Y を付けて D_{Y1} と D_{Y2} とし，外力 F が座標 X に作用するとする．ねじりが生じない場合には，外力 F の作用点の座標 X が剛心位置になる．その座標 X を求めよう．

柱の水平せん断力を Q_1, Q_2 とし，それぞれの水平剛性より，水平変位は次式で計算できる．

$$\delta_1 = \frac{Q_1}{D_{Y1}}, \quad \delta_2 = \frac{Q_2}{D_{Y2}} \quad (3.8)$$

外力 F は剛心位置に作用し，架構にねじりが起こらないとすると，

$$\delta_1 = \delta_2 = \delta, \quad \delta = \frac{Q_1}{D_{Y1}} = \frac{Q_2}{D_{Y2}} \quad (3.9)$$

となる．また，

$$Q_1 = D_{Y1}\delta, \quad Q_2 = D_{Y2}\delta \quad (3.10)$$
$$F = Q_1 + Q_2 \quad (3.11)$$

となる．原点におけるモーメントの釣り合いより，次式を得る．

$$X_1 Q_1 + X_2 Q_2 = FX \quad (3.12)$$

したがって，F の作用位置の座標（剛心位置と同じ座標）X は次式のように求められる．

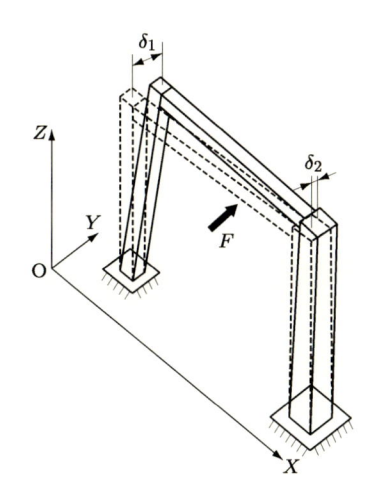

（a）力 F を受ける門形構造物のねじり　　（b）剛心計算時の座標

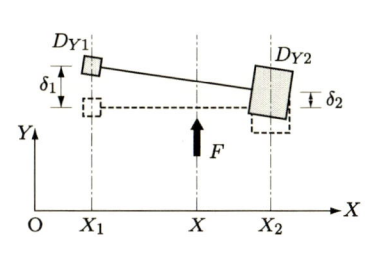

図 3.12 剛心位置の計算例

$$X = \frac{X_1 Q_1 + X_2 Q_2}{F} = \frac{X_1 Q_1 + X_2 Q_2}{Q_1 + Q_2}$$
$$= \frac{(X_1 D_{Y1} + X_2 D_{Y2})\delta}{(D_{Y1} + D_{Y2})\delta}$$
$$= \frac{X_1 D_{Y1} + X_2 D_{Y2}}{D_{Y1} + D_{Y2}} \quad (3.13)$$

建築物のある層において，柱や壁などの水平剛性をもつ部材の X, Y の両方向における水平剛性を D_{Yi} と D_{Xi}, その位置の座標を (X_i, Y_i) とすると，その層の剛心位置 (X_K, Y_K) は，

$$X_K = \frac{\sum X_i D_{Yi}}{\sum D_{Yi}}, \quad Y_K = \frac{\sum Y_i D_{Xi}}{\sum D_{Xi}} \quad (3.14)$$

になる（式中の i は部材の番号を示す）．建築物のある層の剛心位置の計算式（式(3.14)）は重心位置の計算式（式(3.7)）と似ているが，重量の代わりに水平剛性を用いる．上式は水平剛性の和の比であるので，水平剛性の代わりに剛比を用いてもよい．

図 3.13 に示すように，建築物のある層において，重心と剛心の X, Y 方向水平力に対する偏心距離は，それぞれ下記のように計算できる．

X 方向水平力に対する偏心距離：
$$e_Y = |Y_G - Y_K| \quad (3.15a)$$

Y 方向水平力に対する偏心距離：
$$e_X = |X_G - X_K| \quad (3.15b)$$

(3) 建築物のねじり剛性

図 3.14 に示すようなねじり円筒では，ねじり角 ϕ は固定端から離れるにつれて大きくなる．応用力学上，単位長さあたりのねじり角をねじり率とよぶ．単位ねじり率を発生させるねじりモーメント，つまり，ねじりモーメントとねじり率の比のことをねじり剛性とよぶ（参考文献[3.3]などを参照）．ただし，現行建築基準法および関連施行令の公式では，高さ 1 層分のねじり角を用いて，単位ねじり角を発生させるために必要なねじりモーメントをその層のねじり剛性とする．たとえば，図 3.14 に示す円筒に作用するねじりモーメントを M_t, そのねじり剛性を K_T とすると，円筒は軸心において角度 ϕ だけねじりが生じる場合，$M_t = K_T \phi$ という関係式が成り立つ．したがって，弾性範囲内の微小変形におけるねじり剛性は $K_T = M_T/\phi$ で求められる．これは，建築物のある層のねじり剛性の計算原理である．

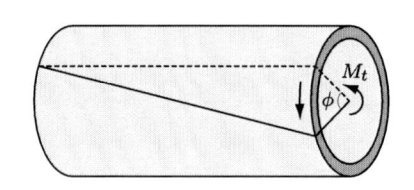

図 3.14 ねじり円筒

図 3.15 に示す建築物のある層のねじりを考える．柱や壁などの水平剛性をもつ部材の X, Y 方向の水平剛性をそれぞれ D_{Xi} と D_{Yi} とし，その上に生じている水平せん断力を Q_{Xi} と Q_{Yi}, 各部材の中心の座標を (X_i, Y_i) とする．剛心位置は $O(X_K, Y_K)$ とする．建築物は剛床であり，並進運動ではなく純粋なねじりが起こると仮定し，その層の剛心まわりの回転角を ϕ とすると，柱や壁などの耐震部材の上下両端部の間の水平変位は，それぞれ △OBD と △CB'B の近似的な相似比例関係により，

$$\delta_{Xi} = -\frac{\Delta_Y}{r}\Delta = -\frac{\Delta_Y}{r}\phi \cdot r$$
$$= -\phi \cdot \Delta_Y = -\phi(Y_i - Y_K) \quad (3.16a)$$
$$\delta_{Yi} = \frac{\Delta_X}{r}\Delta = \frac{\Delta_X}{r}\phi \cdot r$$
$$= \phi \cdot \Delta_X = \phi(X_i - X_K) \quad (3.16b)$$

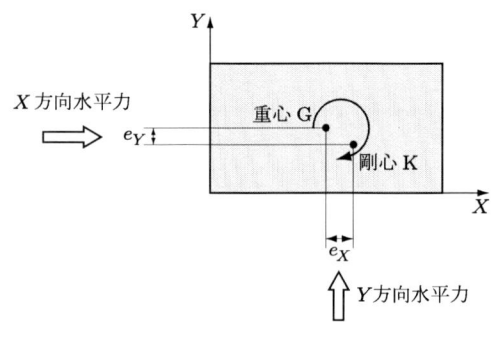

図 3.13 建築物のある層の偏心距離

3.3 層間変形角・剛性率・偏心率

(a) ある層のねじり回転変位

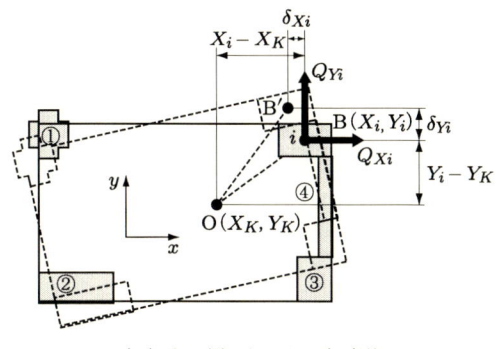

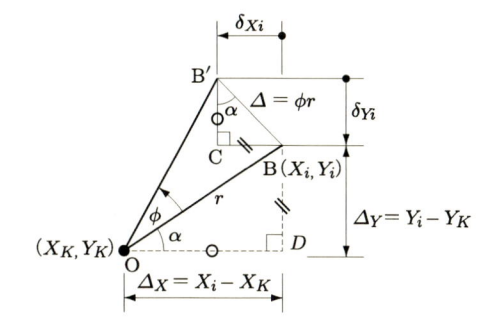

(b) ある部材の中心点 B のねじり回転変位

図 3.15 層のねじり回転

となる（図(b)参照．式中の i は部材の番号を示す）．そして，部材に発生するせん断力は，

$$Q_{Xi} = D_{Xi}\delta_{Xi} = -D_{Xi}\phi(Y_i - Y_K) \tag{3.17a}$$

$$Q_{Yi} = D_{Yi}\delta_{Yi} = D_{Yi}\phi(X_i - X_K) \tag{3.17b}$$

となり，その層に生じるねじりモーメントは，

$$\begin{aligned} M_t &= -\sum Q_{Xi}(Y_i - Y_K) \\ &\quad + \sum Q_{Yi}(X_i - X_K) \\ &= \sum D_{Xi}\phi(Y_i - Y_K)^2 \\ &\quad + \sum D_{Yi}\phi(X_i - X_K)^2 \end{aligned} \tag{3.18}$$

となる（図(a)）．そして，建築物のある層の剛心まわりのねじり剛性 K_T は次式で計算できる．

$$\begin{aligned} K_T = \frac{M_t}{\phi} &= \sum D_{Xi}(Y_i - Y_K)^2 \\ &\quad + \sum D_{Yi}(X_i - X_K)^2 \end{aligned} \tag{3.19}$$

ねじり剛性の単位は，[(kN·m)/rad] のようにモーメントの単位をラジアンで割ったものである．

ただし，水平剛性の代わりに剛比を用いた場合，単位は不要である．

(4) 偏心率の規制

建築物によって平面形状，平面の広さ，柱や壁などの耐震要素の平面配置は異なる．偏心距離が同じでも，柱や壁が剛心近くに密集している場合に比べて，外周に分散しているほうがねじり抵抗力が大きい（図 3.16）．そのため，単純に偏心距離だけでは偏心によるねじりの規制ができないので，耐震要素の平面上の分散度合いを考慮して偏心を評価する必要がある．そこで，耐震要素の平面上の分散度合いを表す指標として「弾力半径」を導入し，この値と偏心距離の比を用いて建築物の偏心状態を評価する．現行建築基準法施行令では，X，Y方向ごとの弾力半径を次式により計算することを定めている．

$$r_{eX} = \sqrt{\frac{K_T}{\sum D_{Xi}}}, \quad r_{eY} = \sqrt{\frac{K_T}{\sum D_{Yi}}} \tag{3.20}$$

それぞれの部材の水平剛性 D_{Xi} と D_{Yi} が一定の場合，弾力半径が大きいほど，耐震要素が剛心か

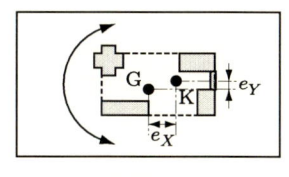

(a) 耐震要素の集中

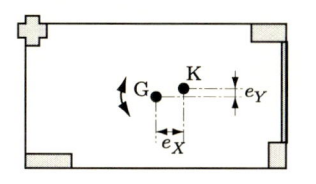

(b) 耐震要素の分散

図 3.16 同等偏心距離でもねじり剛性が異なる場合がある

ら遠い位置に分布していることがわかる．

偏心率 R_e は，偏心距離と弾力半径の比で次式のようになる．

X 方向水平力に対する偏心率：

$$R_{eX} = \frac{e_Y}{r_{eX}} \qquad (3.21a)$$

Y 方向水平力に対する偏心率：

$$R_{eY} = \frac{e_X}{r_{eY}} \qquad (3.21b)$$

偏心率が大きいということは，弾力半径に対して偏心距離が大きいことであり，建築物の偏心が大きいことを意味する．建築基準法施行令では，偏心率は 0.15 以下にすることを定めている．

$$R_{eX} = \frac{e_Y}{r_{eX}} \leqq 0.15, \quad R_{eY} = \frac{e_X}{r_{eY}} \leqq 0.15 \qquad (3.22)$$

偏心率の算出は層ごとに，さらに各層の X，Y 方向に対して行う必要がある．水平力の方向，偏心率そして偏心距離の計算式中の添え字 X と Y の関係については，図 3.13 を参考にして理解してほしい．

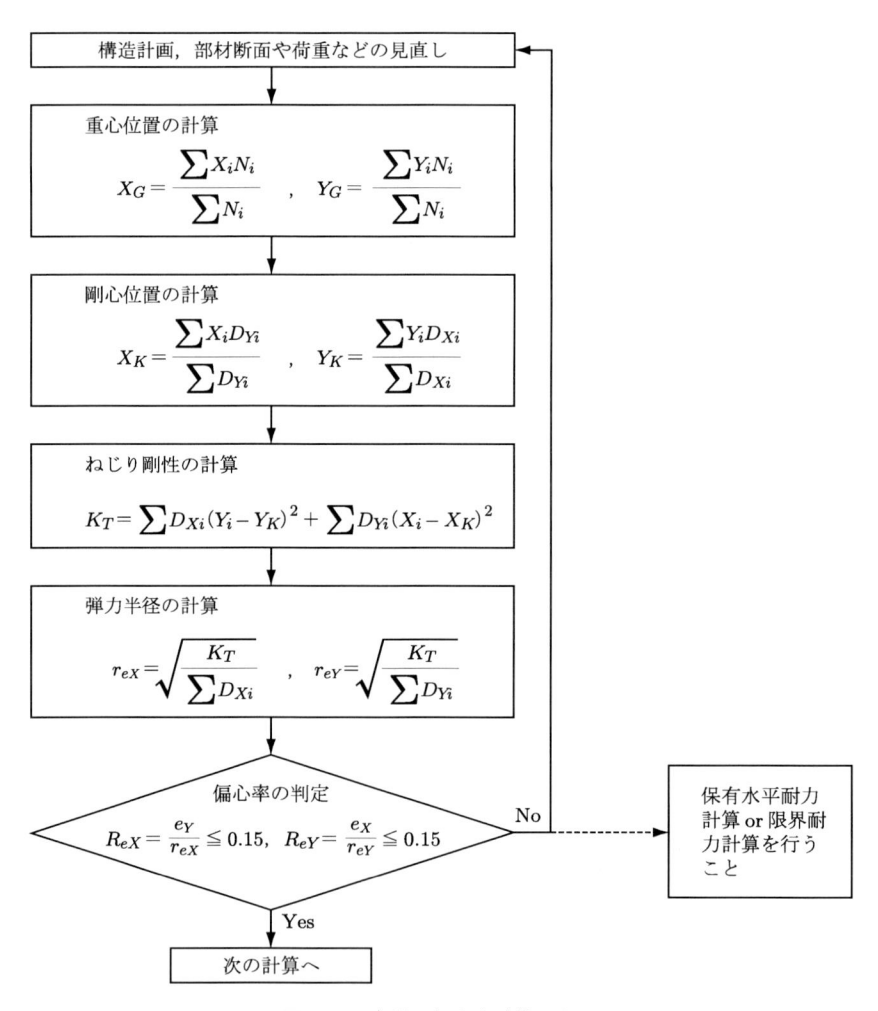

図 3.17　各階の偏心率計算の流れ

(5) 偏心率計算の流れ

ここまで，偏心率の規制に関する計算原理を説明するために，重心と剛心位置，ねじり剛性や弾力半径などの算出方法を説明した．ここで，偏心率計算の手順および主要な計算式を，図 3.17 にまとめる．

例題 3.3 偏心率の計算

図 3.18 に示す建築物のある階の偏心率について検討せよ．図中の柱付近の数値で，単位が付いていないものは柱の剛比を，kN という単位で示しているものは長期荷重による鉛直軸力を表す．

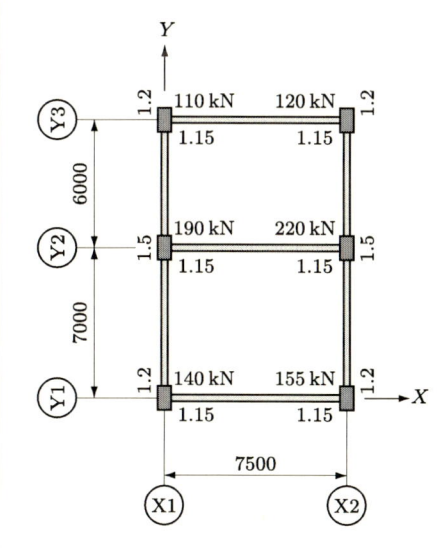

図 3.18 偏心率の計算例

解答

座標系 X と Y の原点は，X1 通りと Y1 通りの交点とする．

(1) 重心位置

$\sum N_i = 110 + 120 + 190 + 220 + 140 + 155$
$\quad = 935\,[\text{kN}]$

$X_G = \dfrac{\sum X_i N_i}{\sum N_i} = \dfrac{7.5(120 + 220 + 155)}{935}$
$\quad = 3.97\,[\text{m}]$

$Y_G = \dfrac{\sum Y_i N_i}{\sum N_i}$
$\quad = \dfrac{7.0 \times (190 + 220) + (7.0 + 6.0) \times (110 + 120)}{935}$
$\quad = 6.27\,[\text{m}]$

(2) 剛心位置

$X_K = \dfrac{\sum X_i D_{Yi}}{\sum D_{Yi}} = \dfrac{7.5 \times (2 \times 1.2 + 1.5)}{4 \times 1.2 + 2 \times 1.5}$
$\quad = 3.75\,[\text{m}]$

$Y_K = \dfrac{\sum Y_i D_{Xi}}{\sum D_{Xi}}$
$\quad = \dfrac{7.0 \times 2 \times 1.15 + (7.0 + 6.0) \times 2 \times 1.15}{6 \times 1.15}$
$\quad = 6.67\,[\text{m}]$

(3) 偏心距離

$e_Y = |Y_G - Y_K| = |6.27 - 6.67| = 0.4\,[\text{m}]$
$e_X = |X_G - X_K| = |3.97 - 3.75| = 0.22\,[\text{m}]$

(4) ねじり剛性

$K_T = \sum D_{Xi}(Y_i - Y_K)^2 + \sum D_{Yi}(X_i - X_K)^2$
$\quad = 2 \times 1.15 \times [6.67^2 + (7.0 - 6.67)^2 + (13.0 - 6.67)^2] + (2 \times 1.2 + 1.5) \times [3.75^2 + (7.5 - 3.75)^2]$
$\quad = 194.73 + 109.69 = 304.42$

(5) 弾力半径

$r_{eX} = \sqrt{\dfrac{K_T}{\sum D_{Xi}}} = \sqrt{\dfrac{304.42}{6 \times 1.15}} = 6.64\,[\text{m}]$

$r_{eY} = \sqrt{\dfrac{K_T}{\sum D_{Yi}}} = \sqrt{\dfrac{304.42}{4 \times 1.2 + 2 \times 1.5}} = 6.25\,[\text{m}]$

(6) 偏心率の判定

$R_{eX} = \dfrac{e_Y}{r_{eX}} = \dfrac{0.4}{6.64} = 0.06 \leqq 0.15$

$R_{eY} = \dfrac{e_X}{r_{eY}} = \dfrac{0.22}{6.25} = 0.04 \leqq 0.15$

したがって，当該階の偏心率は 0.15 以下であるので，安全である．

第4章 保有水平耐力計算

ガラスは強度が高いがもろく，外力の作用に対して変形など明確な前兆がなく，突然破断する．建築構造がこのような脆弱なものであると，各部分の強度が十分であっても，大地震により脆性破壊を起こし，全体倒壊や人命が失われる危険性が高くなる．建築物は大地震に対して部分的に塑性化しても，部材は粘り強く，ばらばらに破断せず，構造全体は倒壊しないことが望ましい．このような構造設計の実現には塑性設計の導入が必要であり，その基本的な考えは，大地震に対して部分的に塑性化を許容し，構造体の変形能力や崩壊時の状態を分析して安全性を確認することである．保有水平耐力計算は，塑性設計に適用する構造計算方法の一つである．

本章では，保有水平耐力計算を学習するために必要な基礎知識，構造物の弾塑性挙動や塑性設計の原理を解説し，保有水平耐力計算の原理および方法を説明する．

4.1 塑性設計の概説

構造設計の基準や規定は，過去の地震被害の破壊原因を分析し，大地震における教訓に対する研究を踏まえて見直されてきた．1968年の十勝沖地震で多くみられた短柱のせん断破壊は，建築物の全体崩壊にいたる脆性破壊である．その対策として，塑性設計理論や保有水平耐力計算法が提案された．保有水平耐力計算の基礎となる知識は骨組の弾塑性解析理論である．そこで，保有水平耐力計算を学習する前に，脆性破壊や架構の弾塑性挙動にかかわる基礎知識を説明し，塑性設計の原理を解説する．

4.1.1 脆性と靭性

材料の破壊は「脆性破壊」と「延性破壊」に大別することができる．脆性破壊は材料を構成する粒子と粒子の間の粒界に沿って破壊が起こるので塑性変形も小さく，変形などの前兆もみられずに突然の破壊にいたる．延性破壊は粒内で破壊が起こり，明確な塑性変形を生じる（図4.1）．

また，材料の力学的粘り強さ，つまり，弾性限度を超えて破壊するまでの変形能力を表す用語として靭性（toughness）がある．破壊力学において

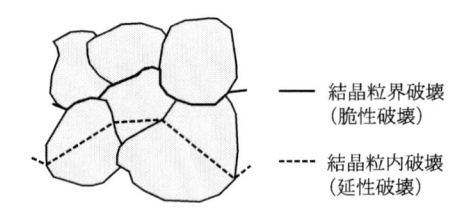

― 結晶粒界破壊（脆性破壊）
---- 結晶粒内破壊（延性破壊）

図4.1　材料の脆性破壊と延性破壊

て，靭性とは材料の強度と延性にもとづいて，破壊までの吸収エネルギーの大小を総合的に評価して定めた材料の粘り強さを表す指標である．つまり，大きな破壊靭性を有する材料は，亀裂などの欠陥の進行に対する抵抗が大きく，破断までにエネルギーを十分吸収できる．

上述は材料に着目した場合の「脆性」と「靭性」についての簡単な説明であるが，建築構造設計において部材や接合部などの構造要素の「脆性破壊」については微視的な定義がなく，巨視的，工学的な考えかたで表現する．建築構造における「脆性破壊」とは，明確な塑性変形を生じずに，亀裂が急速に成長して瞬時に破断することを指す．この場合，破壊までの構造物の吸収エネルギーが小さく，外部作用により入力されたエネルギーの多くが亀裂成長に費やされる．脆性破壊が発生すると

構造物全体が瞬時に崩壊するおそれがあり，崩壊すれば人命が失われる危険性が高い．地震力を受ける短柱のせん断破壊，鋼構造の溶接部の破断などがその典型的な例である．阪神大震災のときには，鋼構造骨組の脆性破壊が多くみられた．

一方，建築構造における靱性とは，亀裂による急激な破断に対する抵抗性があり，変形によってエネルギーを十分に吸収することができ，部材や接合部の破壊には簡単にいたらない能力をいう．大地震時には，塑性変形が生じて地震エネルギーを吸収し，構造全体がばらばらに倒壊しないことが望ましい．つまり，大地震に対して部材や接合部などの部分が塑性領域に達しても，構造全体がばらばらに破断せず，架構全体は粘り強く倒壊しないことが靱性を有するということである．本節では，このような性状を定量的に評価するための理論や計算方法を説明する．

4.1.2 塑性設計

塑性設計を理解するために，構造物の弾塑性性状に関する知識が必要である．このため，本項でこれらの知識を簡単に説明する．

(1) 構造物の弾塑性性状

まず，建築物が地震力を受けて，弾性領域を超えて塑性領域に達し，そして崩壊にいたる一連の挙動を分析してみる．建築物は荷重を受けると，変形が起こる．荷重が比較的小さい場合は，荷重と変位の関係は直線あるいはそれに近い関係である．このような荷重と変位の関係を線形的（linear）という．荷重が増大すると，この線形関係が崩れ，曲線的になる．軟鋼の場合は，荷重が増大するにつれ，図4.2(a)に示すような明確な降伏点が現れる．構造計算がしやすいように，このような明確な降伏点と降伏棚をもつ曲線を完全弾塑性としてモデル化する場合が多い．

完全弾塑性の特性をもつ構造物の挙動を分析してみる．図4.2(b)に，ある門形構造物の頂部に水平地震力 Q を作用させたときの荷重と層間変位の関係を考える．この構造物の部材の材料特性は図(a)に示すように完全弾塑性であり，図(b)に示すように点Oと点Aの間において各部材に生じた応力は弾性領域内であるため，この間の荷重－変位曲線は直線である．水平地震力 Q が増大すると，梁断面の縁に近い部分は塑性領域に入るが，中立軸に近い部分は弾性であり，架構の剛性は低下して荷重－変位曲線はA-B間のような曲線となる．Q がさらに増大して点Bに達すると，梁両端の全断面が塑性化し，理論上はモーメントに抵抗しながら回転できるヒンジを形成している状態となる．このヒンジのことを，「塑性ヒンジ」とよぶ．塑性ヒンジが形成されると，部材の全断面が降伏応力度に達している．このとき，当該梁の断面に生じる曲げモーメントを，全塑性モーメントとよぶ．点Bからさらに荷重を増大させると，柱脚にも塑性ヒンジが形成され，点Cで架構は不安定機構となり，崩壊する．

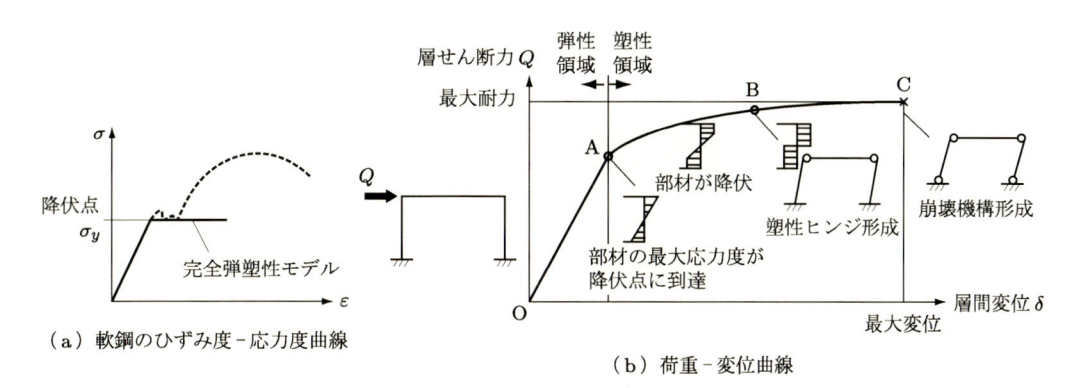

(a) 軟鋼のひずみ度－応力度曲線

(b) 荷重－変位曲線

図4.2 塑性変形プロセスと荷重－変位曲線

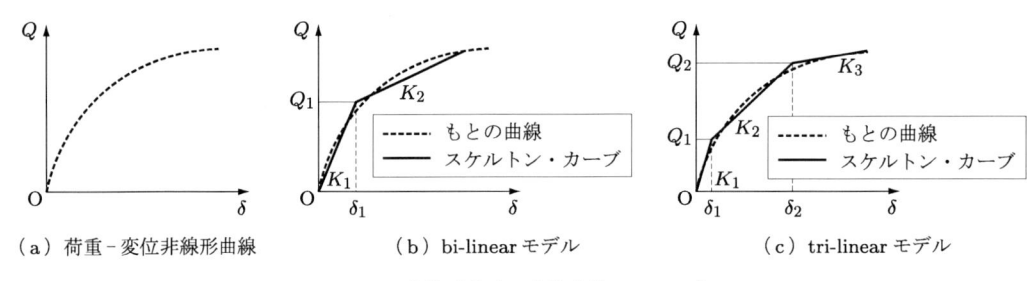

(a) 荷重-変位非線形曲線　(b) bi-linear モデル　(c) tri-linear モデル

図 4.3　非線形荷重-変位曲線のモデル化

上述のように，構造材料の弾塑性特性によって荷重と変位の関係が曲線になることを材料非線形（material nonlinear）という．荷重と変位の非線形関係は弾性領域にも存在するが，これは幾何学的非線形（geometrically nonlinear）といい，本書では解説しない．

弾塑性領域における荷重-変位曲線は鋼材，鉄筋コンクリート，鉄骨鉄筋コンクリートなど，利用する材料によって異なるが，構造計算を簡単にするため，複雑な荷重-変位曲線を部分的に直線にモデル化して折れ線で表現する．このモデル化の方法としては，2 本の折線を用いる「bi-linear」，3 本の折線で表現する「tri-linear」などの方法がある（図 4.3）．また，構造材料の応力度-ひずみ度曲線も同様の方法でモデル化できる．このように，本来の荷重-変位曲線からモデル化された折れ線のことを，スケルトン・カーブとよぶ．スケルトン・カーブを弾塑性振動解析の復元力特性として用いて動的力学解析を行い，建築物の力学特性を調べる．スケルトン・カーブを作成する方法，またスケルトン・カーブを用いた力学解析は参考文献[4.3, 4.5]などの関連書を参考に学んでほしい．

(2) 塑性率とエネルギー定則

スケルトン・カーブを用いて構造物の耐力とエネルギー吸収特性を分析する．

地震による建築物の応答（振動）が起こり，その部材応力が塑性領域にいたると架構が崩壊するおそれがある．そこで，建築物の架構の塑性化の程度を表すため，塑性率（ductility factor）が提案され，その値は架構の塑性化後の変位と降伏時の変位の比で表す．この塑性化後の変位の取りかたについて，架構崩壊時の最大塑性変位，塑性領域における最大地震応答変位，あるいは塑性変形の累積値（正負変位の絶対値の総計）などが提案されているが，まだ多くの研究課題が残されている．図 4.4 に，建築物のある部材あるいはある層をモデル化した荷重-変形曲線を示す．図に示すように，変位が降伏時の変位 δ_y を超えてその最大値 δ_u に達したときの塑性率 μ_s を次式で定義する[4.1]．

$$\mu_s = \frac{\delta_u}{\delta_y} \tag{4.1}$$

式(4.1)は，架構の静的挙動，動的挙動にかかわらず，塑性率の一般的な表現である．ここに，δ_u の代わりに，最大地震応答変位 δ_m を用いると，動的塑性率 μ_D は次式のようになる．

$$\mu_D = \frac{\delta_m}{\delta_y} \tag{4.2}$$

つぎに，架構の吸収エネルギーについて分析し

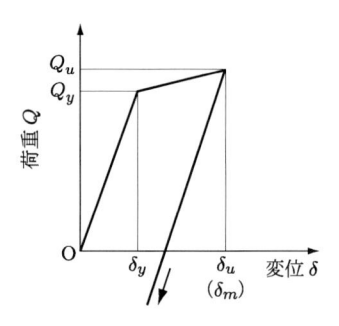

図 4.4　層せん断力と層間変形の弾塑性関係

4.1 塑性設計の概説

てみる．仮に建築物が弾性状態のままで設計された（架構が塑性化しない）場合，地震動による最大層間変位を δ_L，その時点の層せん断力を Q_L とすると，$\delta_L - Q_L$ の関係は図4.5(a)に示す直線 OA になる．このように，最大層間変位に達した時点で，当該層のすべての運動エネルギー E はその層の弾性エネルギーとして架構に蓄積され，これは層せん断力 Q_L がなす仕事となる．このエネルギーの大きさ E は △OAE の面積と等しく，次式で表現できる．

$$E = \frac{1}{2} Q_L \delta_L \tag{4.3}$$

つぎに，建築物を弾塑性領域で設計する場合を考える．当該層の層せん断力と層間変位の関係は，図4.5(b)に示す折れ線 OBC となる．このような弾塑性地震応答の原理において，建築物が最大層間変位 δ_m に達するときに，すべての運動エネルギー E は弾塑性エネルギーとして架構に蓄積される．その大きさは △OBCD の面積に等しいので，その計算式は次式のようになる．

$$\begin{aligned} E &= \frac{1}{2} Q_y \delta_y + Q_y(\delta_m - \delta_y) \\ &= Q_y \delta_m - \frac{1}{2} Q_y \delta_y \end{aligned} \tag{4.4}$$

上記の弾性状態のままで設計される場合と，弾塑性領域に設計される場合に対して，同じ地震のエネルギー E が架構に入力されると，式(4.3)と式(4.4)で表しているエネルギー量が等しいので，

$$E = Q_y \delta_m - \frac{1}{2} Q_y \delta_y = \frac{1}{2} Q_L \delta_L$$

が成り立つ．図(c)の △OBF と △OAE の相似性より $\delta_L = (Q_L/Q_y)\delta_y$ となるので，次式が得られる．

$$\delta_m = \frac{1}{2}\left\{\left(\frac{Q_L}{Q_y}\right)^2 + 1\right\}\delta_y \tag{4.5}$$

また，$\mu_D = \delta_m/\delta_y$ は塑性率であるので，式(4.5)より次式のような重要な関係を得ることができる．

$$\begin{aligned} \frac{Q_L}{Q_y} &= \sqrt{2\mu_D - 1} \\ \frac{Q_y}{Q_L} &= \frac{1}{\sqrt{2\mu_D - 1}} \end{aligned} \tag{4.6}$$

式(4.6)は，同等な地震のエネルギーに対して，弾性領域において架構を設計する場合架構に生じる水平せん断力は，弾塑性領域において架構を設計する場合の $\sqrt{2\mu_D - 1}$ 倍であることを示している．図(c)に，さまざまな降伏荷重 Q_y に対してさまざまな △OBCD が存在し，この台形の面積と三角形△OAE の面積が等しくなる場合の点 C の軌跡を破線で表す．点 C は，弾性応答と同様な地震エネルギーをもつ弾塑性応答の最大応答値に対応している．

図4.5 に示したように，弾性応答の地震エネルギーと弾塑性応答の地震エネルギーが等しいということは，実際の地震動に対する多くの弾塑性地震応答解析の結果から経験的に導かれたもので，エネルギー一定則とよばれる．しかし，このエネ

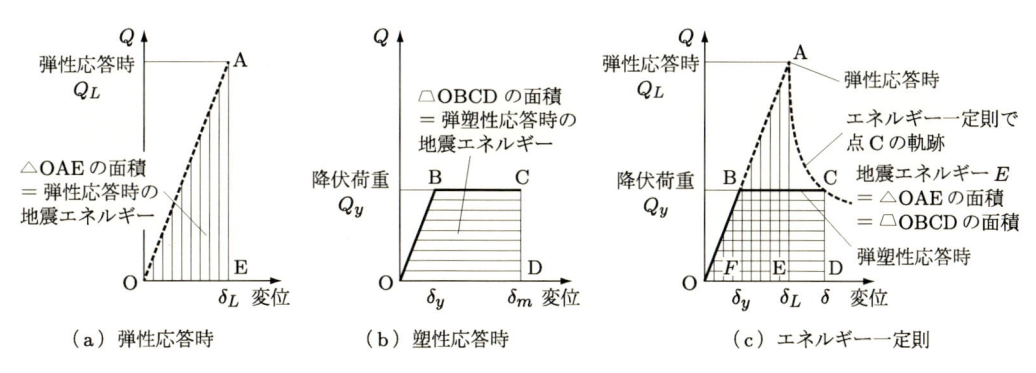

図4.5 同等地震エネルギーに対する層間せん断力と層間変形の関係
（a）弾性応答時　（b）塑性応答時　（c）エネルギー一定則

ルギー一定則は比較的固有周期の短い構造物に適用できる法則である．また，塑性変形量の評価や塑性率についての研究も進んでおり，さまざまな計算方法が提案されている．それらについては参考文献[4.1]を参照してほしい．

(3) 塑性設計

弾性状態のままで設計された場合と，弾塑性領域に設計される場合の二つの場合をさらに比較して分析してみる．2.6節の層せん断力の計算原理より，剛性の高い建築物は固有周期が短く，1階における層せん断力係数（ベースシャー係数）C_b も大きくなり，建築物全体の層せん断力が大きくなる．鉄筋コンクリート造などの剛性の高い建築物の場合は，一般に，固有周期が短く，ベースシャー係数も大きくなる．したがって，大地震に対する純粋な弾性応答の層せん断力は非常に大きくなり，純粋に弾性領域内で架構を設計すると，大きな層せん断力 Q_L に抵抗するためには，多くの耐震壁や耐震フレームが必要となる．この場合，必要となる耐震要素の数と大きさが設計上不可能になる場合もある．また，剛性の高い構造体を弾性設計すると，架構が硬くなり，変形能力が小さく，地震エネルギーの吸収能力が低下し，脆性破壊を起こす危険性もある．そのため，大地震に対して部材の塑性化を許す塑性設計の実現が重要であり，粘りのある耐震架構が望ましい．塑性設計の場合，建築物の層せん断力と層間変位の関係は図 4.5 の OBC の経路となり，最大変位が大きくなるが，塑性変形により地震エネルギーを吸収でき，地震荷重が小さくなり，経済的，かつ粘りのある架構が設計できる．

4.1.3 崩壊の概念

前述のように，保有水平耐力計算は一部分の部材の塑性化を許すが，架構の崩壊をさせないという前提で行う．つまり，大地震に対して，架構が崩壊しないように十分な耐力をもたせる．この設計原理を解説するために，「崩壊」の概念を先に説明する必要がある．

「崩壊」とは材料の性質に対する表現ではなく，部材あるいは部材により構成された架構に対する表現であり，架構の部材が降伏して塑性ヒンジが生じ，架構が不安定機構になった状態のことである．この不安定機構のことを「崩壊機構」あるいは「降伏機構」といい，「崩壊メカニズム」ということもある．材料の機械的性質としては，「降伏点」，「引張り強さ」，「圧縮強さ」はそれぞれ一つの値になっている．ただし，ある架構が崩壊するときの崩壊機構は一つとは限らないので，崩壊機構の違いによって，崩壊時の耐力も異なる．

国土交通省の告示（平 19 国交告第 594 号）では，建築物の地上部分の崩壊機構を下記のように分類している．

① 全体崩壊：建築物のすべての梁（最上階の梁および 1 階の床版に接する梁を除く）の端部，並びに最上階の柱頭および 1 階の柱脚に塑性ヒンジが生じること，1 階の耐力壁の脚部に塑性ヒンジが生じることや，その他の要因によっ

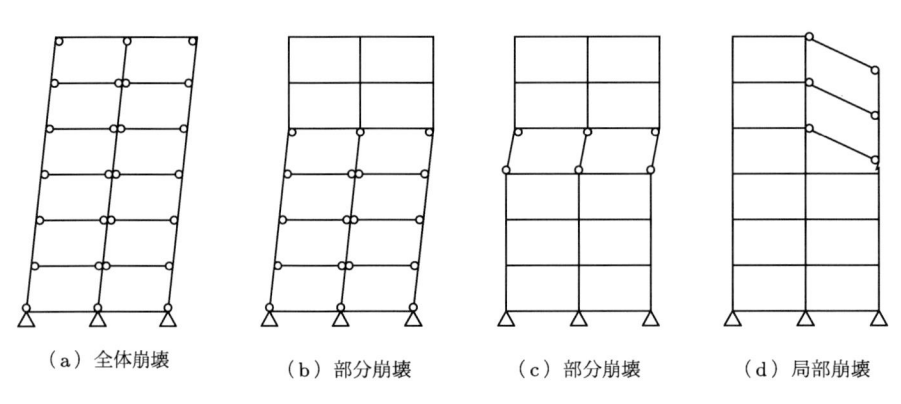

（a）全体崩壊　　（b）部分崩壊　　（c）部分崩壊　　（d）局部崩壊

図 4.6　崩壊機構の分類

て建築物の全体が水平力に対して耐えられなくなる状態をいう（図4.6(a)）．

② 部分崩壊：全体崩壊形以外の状態であって，建築物の特定の階において，すべての柱頭，柱脚に塑性ヒンジが生じること，耐力壁がせん断破壊することや，その他の要因によって建築物の特定の階が水平力に対して耐えられなくなる状態をいう（図4.6(b), (c)）．

③ 局部崩壊：建築物の構造耐力上主要な部分のいずれかが破壊し，架構が水平力に対しては引き続き耐えられる状態であっても，常時荷重に対して架構の一部が耐えられなくなる状態をいう（図4.6(d)）．

崩壊機構は，建築物の耐震性能の評価に強く影響しているため，その機構自体の分析が必要となる．たとえば，柱に降伏ヒンジが生じた場合は，建築物の全体崩壊の危険性がある．また，部分崩壊の場合，限られた部分でしか地震エネルギーを吸収できないので，建築物全体としての耐震性能を発揮できない．したがって，崩壊機構の確認にあたっては熟練した技術者や研究者による，適切な判断が必要である．

4.2 保有水平耐力計算

本節では，保有水平耐力計算の適用範囲，計算原理，計算方法，手順を説明する．

4.2.1 保有水平耐力計算の適用範囲

「保有水平耐力計算」は，1981年施行の「新耐震設計法」の一部として制定されたものである．2007年6月の建築基準法改訂までは，「保有水平耐力計算」は「許容応力度等計算法」の中に含まれる一つの計算過程として位置付けられていたが，耐震偽装事件の発覚などの問題を考慮して，2007年6月の建築基準法改訂では「保有水平耐力計算」を格上げし，許容応力度等計算，限界耐力計算と同様に独立した構造計算方法となった．

図4.7に示すように，原則としては高さが60m以下で31mを超える建築物は，保有水平耐力計算または限界耐力計算を行うことが定められている．高さが31m以下の建築物でも，第3

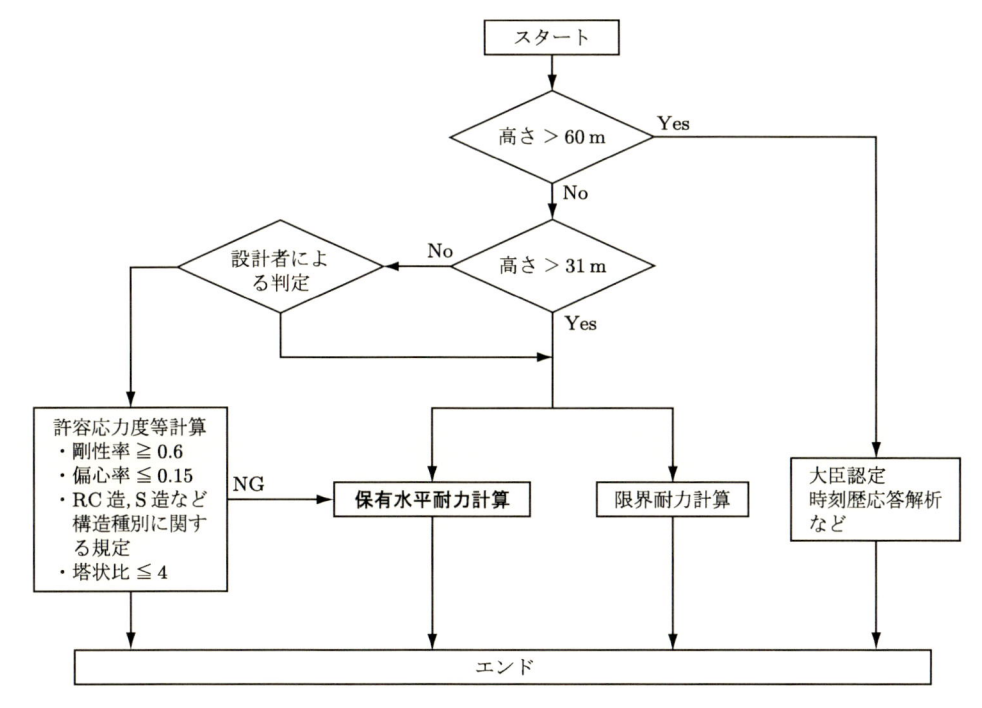

図4.7 保有水平耐力計算の位置付け

章で紹介した剛性率や偏心率に関する規定を満たしていない場合や，塔状比（高さと幅の比）が 4 以上の建築物の場合も，保有水平耐力計算あるいは限界耐力計算を行う必要がある．また，それ以外の場合でも，設計者の判断で，高さが 31 m 以下の建築物に対して，許容応力度等計算を行わずに，直接，保有水平耐力計算あるいは限界耐力計算を行ってもかまわない．

保有水平耐力計算の適用範囲
- 高さが 60 m 以下で 31 m を超える建築物
- 高さが 31 m 以下の建築物で，剛性率と偏心率に関する規定を満たしていない場合，塔状比が 4 以上の建築物の場合

4.2.2 保有水平耐力計算の概要

「保有水平耐力計算」は，建築物の耐用年数中に数度遭遇する中小地震動に対して建築物に損傷を生じさせず（一次設計），極めて稀に遭遇する大地震に対しては倒壊などの重大な損傷を生じさせない（二次設計）という 2 段階の耐震設計を基本理念としている．一次設計のおもな内容は，荷重や外力による各部分の応力度がその許容応力度以下であることを確認することである．二次設計では，架構の部分的塑性化を許し，各階の最大耐力を算出して安全性を確認する．ただし，仕上げ材の安全性や建築物の機能性を確保するために建築物が過大な変形が生じないように，短期地震荷重に対する層間変形角の確認が必要である．このように，保有水平耐力計算は，
① 許容応力度計算
② 層間変形角の確認
③ 各階の保有水平耐力計算
という三つの主要内容で構成されている．以下，それぞれの内容について説明する．

(1) 許容応力度計算

保有水平耐力計算の最初の段階は，各部材の仮定断面を設定して，各種荷重や外力を算出する．そして，長期荷重と短期荷重のそれぞれの荷重の組合せによって部材断面に生じる最大応力度が，その部材の許容応力度を超えないことを確認する．このような部材レベルの許容応力度計算は，鉄筋コンクリート造，鋼構造，鉄骨鉄筋コンクリート構造など，各構造種別の部材の断面算定であるが，本書ではその解説は省略する．これらの計算のための荷重の組合せは，3.2 節で説明した内容と同じである．

(2) 層間変形角の確認

保有水平耐力計算では，建築物の過大な変形による仕上げ材の破壊や機能性の喪失を避けるために，層間変形角が規制値以内であることを確認する．層間変形角の計算方法および関連規制は 3.3 節で説明したとおりだが，おさらいのため，ここでもう一度簡単にまとめる．層間変形角は，各階に生じる最大層間変位のその階の階高に対する割合であり，その基本式は式(3.1)である．用いる荷重の組合せは 3.2 節で説明したように，短期地震荷重を用いて計算すればよい．建築物の各層の X, Y 方向ごとに式(3.2)に従って算出し，層間変形角を 1/200 以下に抑えるのが原則であるが，帳壁，内外装材，設備などに相応の措置を講じた場合には，1/120 以下に緩和できる．層間変形角規制の緩和については，第 3 章を参照してほしい．

(3) 各階の保有水平耐力計算

4.1 節で説明したように，保有水平耐力計算の基本的な考えは，大地震に対して架構の塑性化を許して地震エネルギーを吸収し，建築物が倒壊しないようにすることである．したがって，保有水平耐力計算の基本原理についての解説は，建築物の架構の弾塑性挙動についての分析からはじめる．図 4.8 に示す曲線は，建築物のある層の層せん断力 Q と層間変位 δ の関係であり，Q_u は建築物が「崩壊」，あるいは「最大耐力時」におけるその層に作用している層せん断力である．ただし，ここの「崩壊」は当該層の「層崩壊」ではなく「架構全体の崩壊」を示している．また，この「最大耐力時」の設定は，設計者の適切な工学的判断によ

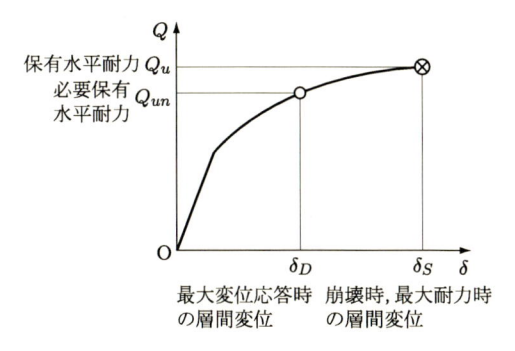

図4.8 保有水平耐力と必要保有水平耐力

り決めたものであり，建築学会は建築物全体としての平均層間変形角が 1/100 となった時点を勧めている[4.1].

Q_u は，架構崩壊あるいは最大耐力時においてその層が保有している耐力（能力）を表し，その層の「保有水平耐力」とよばれる．Q_u は層せん断力であるので，その層の耐力壁や筋かいなどの耐震要素が負担する水平せん断力の総和となる．したがって，保有水平耐力 Q_u は，建築物の一部または全体が地震力の作用によって崩壊メカニズムを形成する場合や，最大耐力と判断される場合のある階の柱，耐力壁，筋かいなどの耐震要素が負担する水平せん断力の総和である．保有水平耐力 Q_u の計算原理と計算方法については 4.3 節で説明する．

また，図 4.8 の Q_{un} は予測可能な最大地震による層せん断力を示し，「必要保有水平耐力」とよぶ．必要保有水平耐力の計算方法の詳細は 4.2.3 項で解説する．建築物の各層の保有水平耐力 Q_u と，予測可能な最大地震に対する各層の必要保有水平耐力 Q_{un} を同時に算出し，各層において必要保有水平耐力が保有水平耐力より小さいことを確認できれば，建築物が安全であると判断できる．したがって，保有水平耐力計算での安全性を判定する基本式は次式となる．

$$Q_u \geqq Q_{un} \quad あるいは，\frac{Q_u}{Q_{un}} \geqq 1.0 \quad (4.7)$$

保有水平耐力計算の確認判定は階ごとに，そして X, Y 方向において行う．保有水平耐力計算の原理を図 4.9 に示す．また，必要な用語およびその概念はつぎのとおりにまとめる．

保有水平耐力計算
・保有水平耐力 Q_u とは，建築物の一部または全体が地震力の作用によって崩壊メカニズムを形成する場合（局部的な崩壊が生じる場合を含む），最大耐力に達したと判断される場合の，ある階の柱，耐力壁，筋かいなどの耐震要素が負担する水平せん断力の和である．
・必要保有水平耐力 Q_{un} とは，架構が大地震により塑性化された状態を想定したうえで，弾性地震応答とエネルギー一定

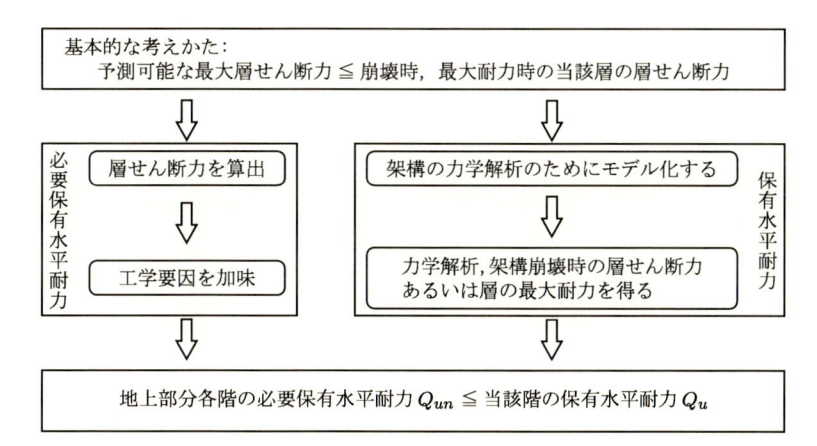

図4.9 保有水平耐力計算の原理

則を用いて推定した当該層に作用する最大層せん断力に工学的要因を加味したものである．

・おもな確認計算内容
① 許容応力度計算：
　各部分の応力度 ≦ その部分の許容応力度
② 各階の層間変形角の確認：
　層間変形角 ≦ 1/200，または法規に従って 1/120
③ 各階の保有水平耐力計算：
　当該層の保有水平耐力 Q_u ≧ 必要保有水平耐力 Q_{un}

4.2.3 必要保有水平耐力の計算

4.2.2項で紹介した必要保有水平耐力 Q_{un} は，塑性化した架構の層せん断力に相当するものであり，地震応答の視点からいえば，図 4.5 に示した Q_y に相当する．したがって，必要保有水平耐力 Q_{un} を求めるために，架構のある階の降伏時の層せん断力 Q_y について検討する必要がある．

図 4.5 において，層せん断力 Q_L は弾性架構の層せん断力であるので，第 2 章で説明した地震層せん断力の算出方法で求められる．式(4.6)から，弾性架構の層せん断力 Q_L から塑性化した架構の層せん断力 Q_y を推定できる．必要保有水平耐力 Q_{un} もエネルギー一定則および適切な工学的な判断によって，弾性架構の大地震時の層せん断力 Q_L より求められる．

ここで，Q_L より Q_{un} を求める原理を簡単に紹介する[4.1, 4.2]．必要保有水平耐力の計算式には，弾性架構の層せん断力の記号は Q_{ud} を使っているので，以降の解説では Q_L の代わりに，記号 Q_{ud} を用いる．図 4.5 で説明したように，入力された地震エネルギー $E=\triangle OAE$ の面積 $=\square OBCD$ の面積が一定であるので，$Q_y = Q_{ud}/\sqrt{2\mu_D - 1}$ となる（図 4.10）．大地震により塑性化した架構の層せん断力 Q_y はその弾性架構の層せん断力 Q_{ud} を $1/\sqrt{2\mu_D - 1}$ 倍に低減したものである．つまり，必要保有水平耐力 Q_{un} は，第 2 章で説明した方法で算出した弾性時の地震層せん断力 Q_{ud} に一つの低減係数を乗じて求めることができる．

必要保有水平耐力を求めるための低減係数は $1/\sqrt{2\mu_D - 1}$ にもとづいて，さらにさまざまな工学的な要因を考慮したうえで，構造特性係数 D_s という低減係数を導入する．したがって，必要保有水平耐力 Q_{un} は層せん断力 Q_{ud} に構造特性係数 D_s を乗じて求めることができ，$Q_{un} \Leftarrow D_s \cdot Q_{ud}$ となる．

さらに，地震動により架構が塑性化する場合，建築物の全体のねじりや各層の水平剛性の不均等の影響を考えなければならない．このため，建築物の偏心率と剛性率を考慮して導入されたのが形状係数 F_{es} である．よって，必要保有水平耐力 Q_{un} は，層せん断力 Q_{ud} に構造特性係数 D_s と形

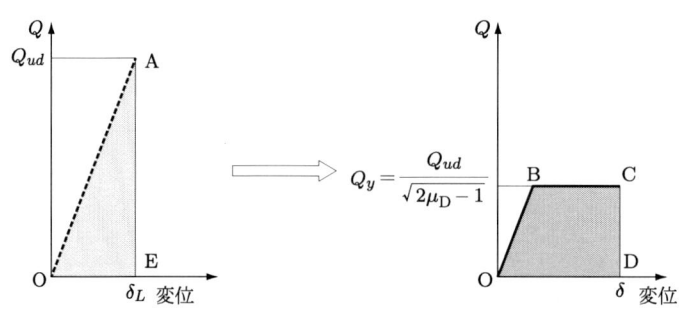

（a）弾性応答の場合　　　地震エネルギー $E=\triangle OAE$ の面積 $=\square OBCD$ の面積　　　（b）弾塑性応答の場合

図 4.10　構造特性係数 D_s で地震力を弾性応答から弾塑性応答に低減

状係数 F_{es} を掛けて求めることとなる.

$$Q_{un} = D_s \cdot F_{es} \cdot Q_{ud} \qquad (4.8)$$

Q_{un} を求める方法の本質は,弾性架構の層せん断力 Q_{ud} から塑性化した架構の層せん断力を求め,さらにさまざまな工学的な要因を加味することである.その原理を,図4.11にまとめる.必要保有水平耐力 Q_{ud} の算出方法,構造特性係数 D_s および形状係数 F_{es} の決めかたについては以降の各部分において説明する.

```
・弾性架構の地震力として Q_ud を算出する
            ↓
・塑性架構の地震力 Q_y を求める
  塑性架構の地震力 Q_y < 弾性架構の地震力 Q_L
            ↓
  塑性架構の地震力 Q_y = 構造特性係数で低減 D_s · Q_L
            ↓
・構造特性係数 D_s を定める
  Q_y/Q_L = 1/√(2μ_D - 1) < 1.0
            ↓
  1/√(2μ_D - 1) の値を予測
            ↓
  工学的な要因を加味する
            ↓
  D_s の値を確定する
            ↓
・形状や偏心などの工学要因を係数 F_es で補正する
            ↓
・必要保有水平耐力
  Q_un = D_s · F_es · Q_ud
```

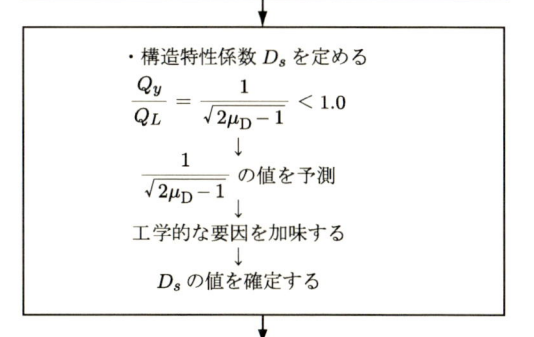

図 4.11 必要保有水平耐力 Q_{un} の計算原理

(1) 必要保有水平耐力の計算

式(4.8)は必要保有水平耐力 Q_{un} を求めるための基本式であり,そのうち Q_{ud} は予測可能な最大級の地震による地上各層の層せん断力である.したがって,大地震による第 i 層の層せん断力 Q_{udi} は,第2章で説明した層せん断力の計算式(2.15)〜(2.17)に従えば求められる.

$$Q_{udi} = Z \cdot R_t \cdot A_i \cdot C_0 \cdot W_i \qquad (4.9)$$

ここに,Z は地震地域係数,R_t は振動特性係数,A_i は第 i 層における層せん断力係数の高さ方向の分布係数,C_0 は標準せん断力係数,W_i は第 i 層以上の各階の重量の総和である.これらの係数および重量を求める方法は第2章で説明したとおりである.2.6.2項(4)で説明した地震荷重の計算原理より,大地震に対して架構の崩壊状況を確認する場合の標準せん断力係数は $C_0 \geqq 1.0$ とする.

(2) 構造特性係数 D_s

前述のように,図4.5と図4.10に示すエネルギー一定則は構造特性係数 D_s を導く基本的な考えかたである.本書では,建築基準法関連施行令にもとづいた D_s の算出方法を説明する.各種構造の D_s の計算方法は関連法令や建設省告示の最新版を参照してほしいが,D_s については解明されていない点が多いため,個々の建築物の弾塑性特性を十分に把握したうえで,その値を定める必要がある.

■ 柱,梁の大部分が鉄骨造である場合(昭和55年建設省告示第1792号,平成19年5月18日改正)

鉄骨造の場合,その階の層間変形性状を左右する要因は筋かいと梁柱である.表4.1,4.2に従い,部材の力学特性より筋かいと梁柱をランク分けする.これらの分類を「部材ランク」あるいは「部材種別」とよぶ.部材種別の分類を行った後,階全体に視点をおき,表4.3に従い,筋かいおよび梁柱の部材群の分類を行い,この部材群の分類によって表4.4から D_s の値を定める(図4.12).

表 4.1 筋かいの種別
(λ:有効細長比,F:基準強度 [N/mm^2])

	有効細長比	筋かいの種別
①	$\lambda \leqq 495/\sqrt{F}$	BA
②	$495/\sqrt{F} < \lambda \leqq 980/\sqrt{F}$ または $1980/\sqrt{F} \leqq \lambda$	BB
③	$980/\sqrt{F} < \lambda \leqq 1980/\sqrt{F}$	BC

表 4.2 柱および梁の区分（F：基準強度 [N/mm²]）

部材	柱				梁		柱と梁の種別
断面形状	H 形鋼		角形鋼管	円形鋼管	H 形鋼		
部位	フランジ	ウェブ	—	—	フランジ	ウェブ	
幅厚比または径厚比	$9.5\sqrt{235/F}$	$43\sqrt{235/F}$	$33\sqrt{235/F}$	$50\sqrt{235/F}$	$9\sqrt{235/F}$	$60\sqrt{235/F}$	FA
	$12\sqrt{235/F}$	$45\sqrt{235/F}$	$37\sqrt{235/F}$	$70\sqrt{235/F}$	$11\sqrt{235/F}$	$65\sqrt{235/F}$	FB
	$15.5\sqrt{235/F}$	$48\sqrt{235/F}$	$48\sqrt{235/F}$	$100\sqrt{235/F}$	$15.5\sqrt{235/F}$	$71\sqrt{235/F}$	FC
	FA，FB，FC のいずれにも該当しない場合						FD

表 4.3 筋かい，柱および梁の部材群種別

	部材の耐力の割合	部材群としての種別
①	$\gamma_A \geq 0.5$ かつ $\gamma_C \leq 0.2$	A
②	$\gamma_C < 0.5$（部材群としての種別が A の場合を除く）	B
③	$\gamma_C \geq 0.5$	C
	①〜③以外の場合，または部材の種別が FD である柱および梁について当該部材を取り除いた建築物の架構に局部崩壊が生じる場合	D

* γ_A：筋かいの部材群としての種別を定める場合にあっては，種別 BA である筋かいの耐力の和をすべての筋かいの水平耐力の和で除した数値，柱および梁の部材群としての種別を定める場合にあっては種別 FA である柱の耐力の和を種別 FD である柱を除くすべての柱の水平耐力の和で除した数値．
  γ_C：筋かいの部材群としての種別を定める場合にあっては，種別 BC である筋かいの耐力の和をすべての筋かいの水平耐力の和で除した数値，柱および梁の部材群としての種別を定める場合にあっては種別 FC である柱の耐力の和を種別 FD である柱を除くすべての柱の水平耐力の和で除した数値．

表 4.4 鉄骨造の各階の D_s の値

			柱および梁の部材群としての種別			
			A	B	C	D
筋かいの部材群としての種別	A	または $\beta_u = 0$ の場合	0.25	0.3	0.35	0.4
	B	$0 < \beta_u \leq 0.3$ の場合	0.25	0.3	0.35	0.4
		$0.3 < \beta_u \leq 0.7$ の場合	0.3	0.3	0.35	0.45
		$\beta_u > 0.7$ の場合	0.35	0.35	0.4	0.5
	C	$0 < \beta_u \leq 0.3$ の場合	0.3	0.3	0.35	0.4
		$0.3 < \beta_u \leq 0.5$ の場合	0.35	0.35	0.4	0.45
		$\beta_u > 0.5$ の場合	0.4	0.4	0.45	0.5

* β_u：筋かい（耐力壁を含む）の水平耐力の和を保有水平耐力の数値で除した数値を表すものとする．

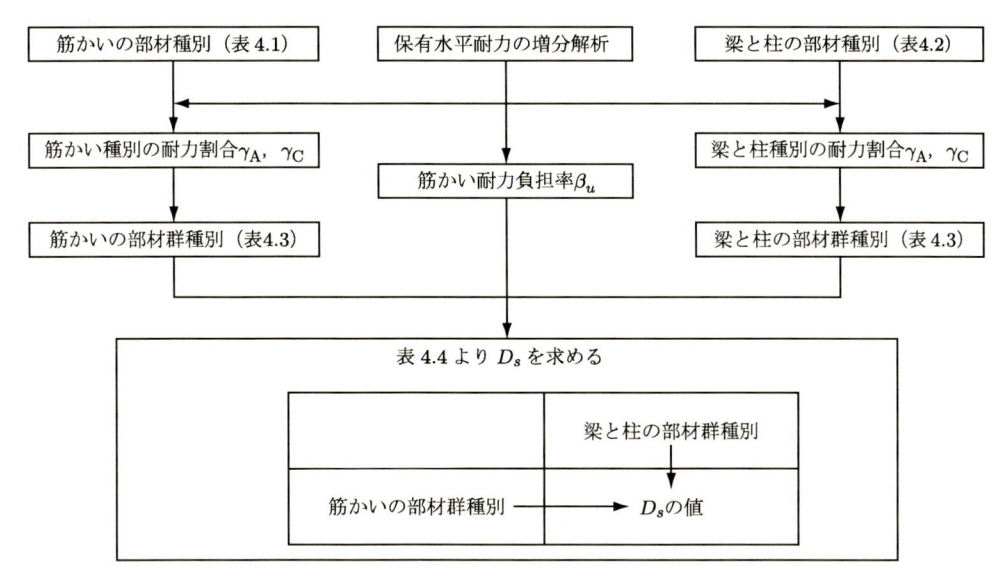

図 4.12 鋼構造の D_s の求めかた

■ 柱，梁の大部分が鉄筋コンクリート造である場合（昭和 55 年建設省告示第 1792 号，平成 19 年 5 月 18 日改正）

柱梁と耐力壁を，表 4.5，4.6 に示す変形能力などの力学特性によってそれぞれ "FA, FB, FC, FD", "WA, WB, WC, WD" というランクに分けて，さらに表 4.7 を用いて水平耐力の負担率により部材群としての部材群種別を A, B, C, D に分ける．ただし，部材種別が FD である柱，梁，部材種別が WD である耐力壁につ

表 4.5 鉄筋コンクリート造柱および梁の種別

部材	柱および梁の区分						柱および梁の種別
	柱および梁	柱				梁	
	破壊の形式	h_o/D	σ_o/F_c	p_t	τ_u/F_c	τ_u/F_c	
条件	せん断破壊，付着割裂破壊および圧縮破壊その他の構造耐力上支障のある急激な耐力の低下のおそれのある破壊を生じないこと．	2.5 以上	0.35 以下	0.8 以下	0.1 以下	0.15 以下	FA
		2.0 以上	0.45 以下	1.0 以下	0.125 以下	0.2 以下	FB
		—	0.55 以下	—	0.15 以下	—	FC
	FA, FB, FC のいずれにも該当しない場合						FD

*1　h_o：柱の内のり高さ [cm]
　　D：柱の幅 [cm]
　　σ_o：D_s を算定しようとする階が崩壊形に達する場合の柱の断面に生じる軸方向応力度 [N/mm²]
　　p_t：引張り鉄筋比 [%]
　　F_c：コンクリートの設計基準強度 [N/mm²]
　　τ_u：D_s を算定しようとする階が崩壊形に達する場合の柱または梁の断面に生じる平均せん断応力度 [N/mm²]

*2　柱の上端または下端に接着する梁について，崩壊形に達する場合に塑性ヒンジが生じることが明らかな場合は，表中の h_o/D に替えて $2M/(Q \cdot D)$ を用いることができるものとする．この場合において，M は崩壊形に達する場合の当該柱の最大曲げモーメントを，Q は崩壊形に達する場合の当該柱の最大せん断力を表すものとする．

表 4.6 耐力壁の種別

部材	耐力壁の区分 耐力壁 破壊の形式	壁式構造以外の構造の耐力壁 τ_u/F_c	壁式構造の耐力壁 τ_u/F_c	耐力壁の種別
条件	せん断破壊その他の構造耐力上支障のある急激な耐力の低下のおそれのある破壊を生じないこと	0.2 以下	0.1 以下	WA
		0.25 以下	0.125 以下	WB
		—	0.15 以下	WC
	WA, WB, WC のいずれにも該当しない場合			WD

* τ_u, F_c は, 表 4.5 と同じものを表す.

表 4.7 柱および梁ならびに耐力壁の部材群としての種別

	部材の耐力の割合	部材群としての種別
①	$\gamma_A \geqq 0.5$ かつ $\gamma_c \leqq 0.2$	A
②	$\gamma_c < 0.5$（部材群としての種別が A の場合を除く.）	B
③	$\gamma_c \geqq 0.5$	C
	部材の種別が FD である柱および梁, 部材の種別が WD である耐力壁について, 当該部材を取り除いた建築物の架構に局部崩壊が生じる場合	D

* γ_A：柱および梁の部材群としての種別を定める場合にあっては, 種別 FA である柱の耐力の和を種別 FD である柱を除くすべての柱の水平耐力の和で除した数値. 耐力壁の部材群としての種別を定める場合にあっては, 種別 WA である耐力壁の耐力の和を種別 WD である耐力壁を除くすべての耐力壁の水平耐力の和で除した数値.
γ_c：柱および梁の部材群としての種別を定める場合にあっては, 種別 FC である柱の耐力の和を種別 FD である柱を除くすべての柱の水平耐力の和で除した数値. 耐力壁の部材群としての種別を定める場合にあっては, 種別 WC である耐力壁の耐力の和を種別 WD である耐力壁を除くすべての耐力壁の水平耐力の和で除した数値.

いては, その部材を取り除いた建築物の架構に局部崩壊が生じる場合は, 部材群種別はそれぞれ D としなければならない. これらの部材群種別によって表 4.8 より D_s を求める. 当然, 階ごとに耐力壁と柱梁の種類を分類して, D_s を定める. D_s を求める手順を図 4.13 に示す.

(3) 形状係数 F_{es}

形状係数 F_{es} は, 建築物の形状, 偏心率 R_e や剛性率 R_s に応じて決めた補正値である. 建築物の各階の F_{es} は, 表 4.9 に示すその階の剛性率に応じた F_s と, 表 4.10 に示す偏心率に応じた F_e の積である. 偏心率 R_e と剛性率 R_s の求めかたは 3.3 節で説明したとおりである.

$$F_{es} = F_e \cdot F_s \tag{4.10}$$

4.3 保有水平耐力の求めかた

保有水平耐力計算の中心となる計算内容は, 各層の必要保有水平耐力 Q_{un} がその保有水平耐力 Q_u を超えないことを確認することである. 4.2 節では, 必要保有水平耐力 Q_{un} の算出方法を説明したが, 本節では保有水平耐力 Q_u の求めかたを紹介する. 保有水平耐力を求める方法の基礎理論は構造力学あるいは骨組の弾塑性力学解析の内容となり, これらの理論や計算方法に関する書籍が数多く存在する. ここでは, これらの力学解析理論の説明は省略し, 構造設計の視点から保有水平耐力 Q_u の求めかたを説明する.

4.3.1 保有水平耐力の計算方法の概説

「保有水平耐力」は, 建築物の一部または全体が地震力の作用によって崩壊メカニズムを形成す

4.3 保有水平耐力の求めかた

表 4.8 鉄筋コンクリート造の D_s の値

(a) 耐力壁を設けていない剛節架構の場合

柱および梁の部材群種別区分	D_s
A	0.3
B	0.35
C	0.4
D	0.45

(b) 壁式構造の場合

耐力壁の部材群種別区分	D_s
A	0.45
B	0.5
C	0.55
D	0.55

(c) 剛節架構と耐力壁を併用した場合

耐力壁の部材群種別区分			柱および梁の部材群種別区分			
			A	B	C	D
	A	$0 < \beta_u \leqq 0.3$ の場合	0.3	0.35	0.4	0.45
		$0.3 < \beta_u \leqq 0.7$ の場合	0.35	0.4	0.45	0.5
		$\beta_u > 0.7$ の場合	0.4	0.45	0.45	0.55
	B	$0 < \beta_u \leqq 0.3$ の場合	0.35	0.35	0.4	0.45
		$0.3 < \beta_u \leqq 0.7$ の場合	0.4	0.4	0.45	0.5
		$\beta_u > 0.7$ の場合	0.45	0.45	0.5	0.55
	C	$0 < \beta_u \leqq 0.3$ の場合	0.35	0.35	0.4	0.45
		$0.3 < \beta_u \leqq 0.7$ の場合	0.4	0.45	0.45	0.5
		$\beta_u > 0.7$ の場合	0.5	0.5	0.5	0.55
	D	$0 < \beta_u \leqq 0.3$ の場合	0.4	0.4	0.45	0.45
		$0.3 < \beta_u \leqq 0.7$ の場合	0.45	0.5	0.5	0.5
		$\beta_u > 0.7$ の場合	0.55	0.55	0.55	0.55

*この表において，β_u は，耐力壁（筋かいを含む）の水平耐力の和を保有水平耐力の数値で除した数値を表すものとする．

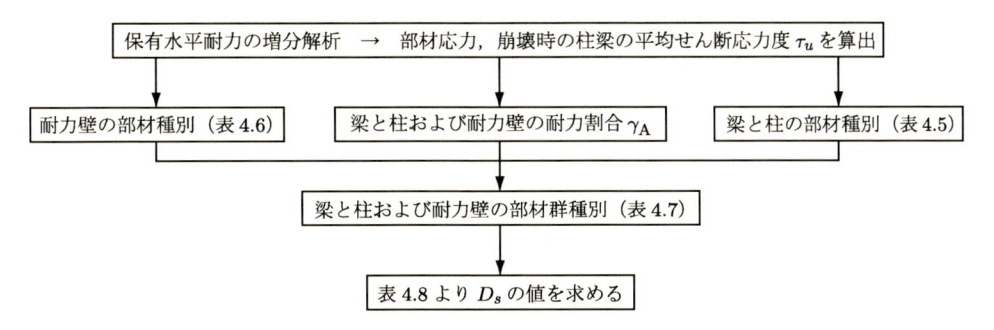

図 4.13 鉄筋コンクリート造の D_s の求めかた

保有水平耐力の増分解析 → 部材応力，崩壊時の柱梁の平均せん断応力度 τ_u を算出

↓
- 耐力壁の部材種別（表 4.6）
- 梁と柱および耐力壁の耐力割合 γ_A
- 梁と柱の部材種別（表 4.5）

↓
梁と柱および耐力壁の部材群種別（表 4.7）

↓
表 4.8 より D_s の値を求める

表 4.9 F_s の値

剛性率	F_s
$R_s \geqq 0.6$ の場合	1.0
$R_s < 0.6$ の場合	$2.0 - (R_s/0.6)$

表 4.10 F_e の値

偏心率		F_e
①	$R_e \leqq 0.15$ の場合	1.0
②	$0.15 < R_e < 0.3$ の場合	①と③とに掲げる数値を直線的に補間した数値
③	$R_e \geqq 0.3$ の場合	1.5

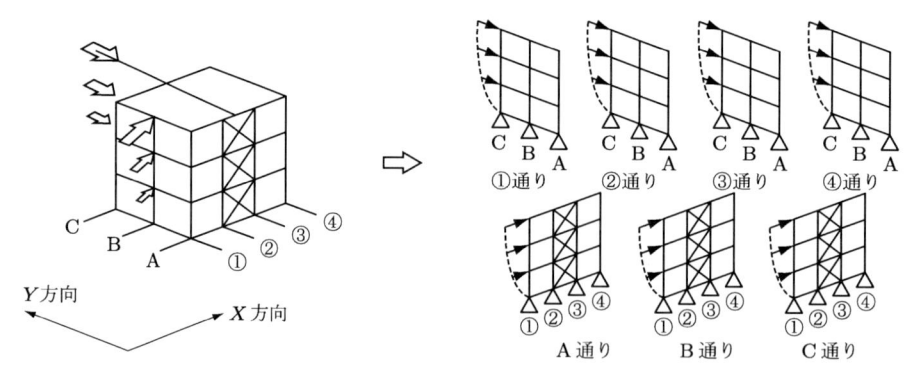

図 4.14 保有水平耐力計算のモデル

るとき，あるいは最大耐力と判断されるときのある階の柱，耐震壁，筋かいなどの水平耐震要素が負担する水平せん断力の総和以下の値として算出されたものである．その計算方法は，手計算可能な略算法とコンピュータによる精算法に大別できる．さらに，略算法は節点振分け法，仮想仕事法，層モーメント分配法などがあり，精算法は極限解析法，増分解析法などの方法がある．

近年，コンピュータ解析技術の発展にともなって，より大規模に，精度よく計算できるソフトが開発されており，保有水平耐力 Q_u の計算はコンピュータソフトを用いた数値計算（精算法）が主流となっている．コンピュータを用いた数値計算では，「増分解析法」を用いるのが一般的である（詳しくは 4.3.4 項で解説する）．

地震動に対する建築物の耐力は，本来ならば動的構造解析により得るものである．しかし，上記の略算法と精算法のいずれの計算方法も静的荷重に対する計算方法である．これらの方法では，水平地震力が各階の床面付近に作用しているものとし，X，Y 両方向において解析を行う（図 4.14）．これらの静的計算方法を利用すると，面倒な動的解析を行わずに，架構が崩壊にいたる荷重と応力を算出できる．4.3.2 項から，構造設計に着目して保有水平耐力を算出する方法の概要を説明する．いずれの計算方法でも，一部分の部材が降伏し，塑性ヒンジの形成が必要である．したがって，部材や接合部の最大耐力，つまり終局耐力を知る必要がある．部材や接合部の終局耐力の概念および計算方法については，鋼構造や鉄筋コンクリート構造などの構造種別に関する資料や書籍が多く存在しているので，本書では省略する．

4.3.2 節点振分け法

節点振分け法は，地震力により起こり得る崩壊メカニズムを先に仮定しておいて，柱と梁の全塑性モーメント（降伏曲げモーメント）より崩壊時の水平荷重を算出する方法である．つまり，全塑性モーメントより柱端部の水平せん断力を算出し，各柱のせん断力の総和をその層の保有水平耐力とする．節点振分け法は下記の手順で行う．

① 崩壊メカニズムの選定：崩壊メカニズムの選定は，塑性ヒンジの発生位置を定めることである．図 4.15 に示す節点における梁の全塑性モーメントの和 $\sum M_G$，柱の全塑性モーメントの和 $\sum M_C$ は下記のとおりに計算する．

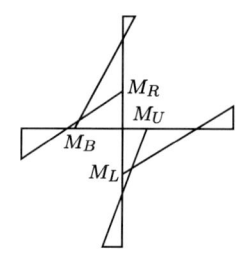

図 4.15 節点における部材の全塑性モーメント

$$\sum M_G = M_R + M_L \quad (4.11\text{a})$$

$$\sum M_C = M_B + M_U \quad (4.11\text{b})$$

ここに，M_R と M_L，M_B と M_U はそれぞれ計算対象となる節点に接している梁と柱の全塑性モーメントであり，M_R は梁の右端，M_L は梁の左端，M_B は柱の下端，M_U は柱の上端の全塑性モーメントを示している．そして，つぎのように塑性ヒンジが生じる位置を決定する．

- $\sum M_C < \sum M_G$ の場合，先に柱に塑性ヒンジが発生する．
- $\sum M_C > \sum M_G$ の場合，先に梁に塑性ヒンジが発生する．

② モーメントの分配：対象となる節点において，モーメントの釣り合い条件 $\sum M = 0$ を満足しなければならない．

- $\sum M_C < \sum M_G$ で，柱に塑性ヒンジを設定する場合，$\sum M_C + \sum M_{梁} = 0$ より，柱の全塑性モーメント $\sum M_C$ を梁に分配し，梁端部のモーメント $M_{梁}$ を求める．
- $\sum M_C > \sum M_G$ で，梁に塑性ヒンジを設定する場合，$\sum M_G + \sum M_{柱} = 0$ より，梁の全塑性モーメント $\sum M_G$ を柱に分配し，柱端部のモーメント $M_{柱}$ を求める．

分配方法は，剛比に比例して分配するなどの方法がある．

③ 第 k 層の保有水平耐力 Q_{uk} を求める：①，②のモーメント分配で得た各柱端部のモーメント $M_{i上}$ と $M_{i下}$ により柱端部の水平せん断力 Q_i を算出する．第 k 層において，すべての柱端部の水平せん断力の合計をその層の保有水平耐力 Q_{uk} とする．図 4.16 に示す原理および次式を用いて，柱両端のモーメントよりそのせん断力を算出できる．式中の添え字 i は柱の番号を示し，h は柱の上下端の間の距離である．

$$Q_i = \frac{M_{i上} + M_{i下}}{h} \quad (4.12)$$

$$Q_{uk} = \sum Q_i \quad (4.13)$$

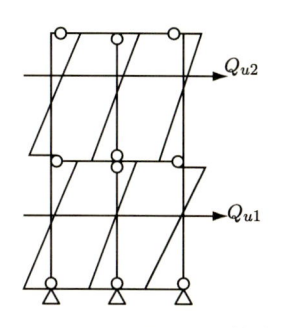

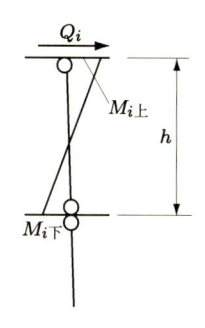

図 4.16 柱端部のせん断力

節点振分け法により算出した第 k 層の保有水平耐力 Q_{uk} は，初期に仮定された崩壊メカニズムに依存する．このような方法で得た各層の Q_{uk} の上下分布は，想定される層せん断力の分布と一致しない可能性があり，これはこの計算法の欠点でもある．したがって，いくつかの仮定崩壊メカニズムを用いて解析を行い，層せん断力の分布と Q_{uk} の分布を比較して保有水平耐力を採用する必要がある．

4.3.3 仮想仕事法の概要

仮想仕事法は構造力学の内容であるので，本書ではその詳細は省略し，構造計算への応用のみに着目して説明する．

広義的な視点からいうと，仮想仕事の原理は，不安定機構，運動機構や連続体の解析など，広い分野に応用されている．建築物の崩壊メカニズムは不安定機構の一種であり，その解析には仮想仕事法が適用できる．

(1) 仮想仕事法の力学原理

崩壊メカニズムに対して，仮想仕事の原理は次式のように表現できる．

$$\begin{aligned}&外力がなす仮想仕事\ W\ (= \sum P_i \cdot \delta_i)\\&= 内力がなす仮想仕事\ U\ (= \sum M_{pj} \cdot \theta_j)\end{aligned} \quad (4.14)$$

ここに，P_i は荷重，δ_i はその荷重の作用点と作用方向に生じた変位，M_{pj} は塑性ヒンジが形成した点の全塑性モーメント，θ_j は塑性ヒンジの回転角である．

部材断面寸法と材料を与えると，部材の全塑性モーメントに相当する応力は，簡単に算出できる．また，節点の変位と回転角の関係は，単純な幾何学関係より互いに求められる．そして，式(4.14)を用いると，未知である作用力（崩壊時荷重）を求めることができる．例題4.1を通して，仮想仕事法を復習する．

例題 4.1 仮想仕事法を用いた保有水平耐力の計算

図4.17に示す架構は，全塑性モーメントが与えられている．荷重 q_1, q_2 が作用しているとき，その保有水平耐力を求めよ．

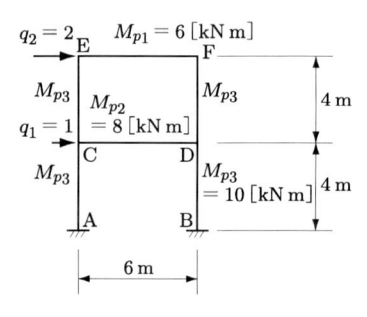

図4.17 荷重 q_2, q_1 を受ける架構

解答

荷重 q_1, q_2 は一つの荷重分布パターンを示しており，真の荷重はこの荷重パターンの倍率になる．真の荷重が q_1 と q_2 の P 倍になると，水平荷重は $H_1 = P \cdot q_1$ および $H_2 = P \cdot q_2$ に達し，図4.18に示す崩壊メカニズムを形成する．したがって，解析問題はこの倍率 P を求めることである．崩壊メカニズム形成時の変位と回転角の関係は，

$$\delta_1 = 4\theta \ [\text{m}], \quad \delta_2 = 8\theta \ [\text{m}]$$

である．そして，$H_1 = P \cdot q_1$ および $H_2 = P \cdot q_2$，$q_1 = 1$ および $q_2 = 2$ を用いて，水平荷重がなす仮想仕事 W と，塑性ヒンジ部の全塑性モーメントがなす仮想仕事 U を，それぞれつぎの式で表す．

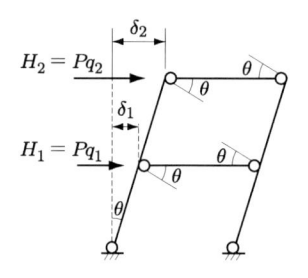

図4.18 崩壊メカニズムの形成

外力の仮想仕事：$W = H_1\delta_1 + H_2\delta_2$
$$= 4P \cdot q_1\theta + 8P \cdot q_2\theta$$
$$= 20P\theta$$

内力の仮想仕事：$U = 2(M_{p1}\theta + M_{p2}\theta + M_{p3}\theta)$
$$= 2(6 + 8 + 10)\theta$$
$$= 48\theta$$

式(4.14)より，$W = U$ であるので，
$$20P\theta = 48\theta$$
$$P = \frac{48}{20} = 2.4$$

となる．したがって，架構崩壊時の水平荷重は $H_1 = P \cdot q_1 = 2.4 \ [\text{kN}]$，$H_2 = P \cdot q_2 = 4.8 \ [\text{kN}]$ であり，このときの層せん断力，つまり保有水平耐力はつぎの式のように算出できる．

2階の保有水平耐力：
$$Q_{u2} = H_2 = 4.8 \ [\text{kN}]$$
1階の保有水平耐力：
$$Q_{u1} = H_1 + H_2 = 2.4 + 4.8 = 7.2 \ [\text{kN}]$$

(2) 仮想仕事法による保有水平耐力の計算

仮想仕事法を用いるためには，あらかじめ水平作用力の分布を定める必要がある．水平地震力の作用によって崩壊メカニズムを形成するので，仮想仕事法で用いる水平作用力の分布は，水平地震力の分布，あるいはそれに近いものが望ましい．本書では第2章で説明した A_i 分布を用いる．

仮想仕事法では，どの梁や柱に塑性ヒンジが形成するかについてはわからないので，この方法を応用するためには，崩壊メカニズムをあらかじめ仮定する必要がある．起こり得る崩壊メカニズムに対して，崩壊時の荷重分布（水平作用力の分布）の倍率 P を算出し，そのうちのもっとも小さい

値を採用する．このような考えかたのもとになっているのはつぎの上界定理である．

- 仮定した崩壊メカニズムから得られる崩壊荷重は，真の崩壊荷重より大きいかまたは等しい．
- すべての可能な崩壊メカニズムのうち，最小の崩壊荷重を与えるメカニズムを真の崩壊メカニズムとする．

保有水平耐力は，崩壊メカニズム形成時において，検討される階の上層各階に作用している水平力の総和となるため，層せん断力と同じ概念となる．第 k 層の保有水平耐力 Q_{uk} の計算は，その階以上各階の水平荷重の総和となり，その計算式は次式となる（式中の n は建築物の階数を示す）．

$$Q_{uk} = P\sum_{j=k}^{n} q_j \tag{4.15}$$

4.3.4 増分解析の概要

増分解析法はコンピュータを用いた数値計算手法である．増分解析法を理解するには，構造力学の基礎知識のほかに弾塑性力学解析理論，非線形解析理論，各構造種別の専門知識，そしてコンピュータプログラムにかかわる知識など，高度な理論や知識が必要である．ここでは，増分解析法の原理を説明する．

(1) 非線形構造解析の基礎知識

4.1.2 項において，架構の荷重 - 変位曲線の「線形」および「非線形」関係を説明した．これは，荷重の微小増分 ΔQ と変位の微小増分 d の比が定数であるか，変数であるかによって区別できる．図 4.19(a) に示す荷重 - 変位の関係では，荷重の微小増分 ΔQ と変位の微小増分 d の比 $\Delta Q/d$ は一定の定数であるので，対象構造物の荷重 - 変位関係は線形である．図 (b) において，$\Delta Q/d$ は一定ではなく，変位の増大につれて小さくなるので，対象構造物の荷重 - 変位関係は非線形である．構造物の非線形関係（荷重 - 変位曲線）を調べるためにさまざまな数値解析手法が提案され，コンピュータにより構造物の非線形特性をシミュレーションできる．

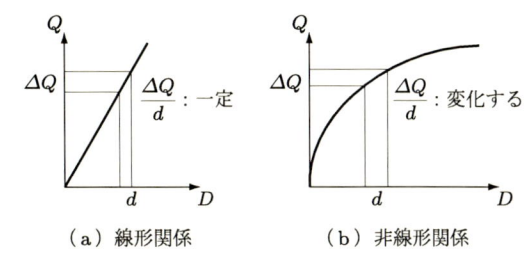

図 4.19　線形関係と非線形関係

このような非線形解析問題は，「幾何学的非線形」と「材料非線形」に大別され，この二つの問題が同時に扱われる場合もある．構造物の力の釣り合い状態を考察すると，すべての構造物は荷重を受ける前の形状で釣り合うのではなく，荷重により変形した状態で釣り合っていることがわかる（図 4.20）．普通の構造力学では，変位が微小であると仮定し，力の釣り合いを検討する場合に用いた構造形状は変形前のもとの構造形状である．幾何学的非線形問題では，荷重による構造物の変形や部材内部の応力が剛性に与える影響を考慮して計算しながら，荷重と変位の関係を分析する．たとえば，ピアノの弦のような引っ張りを受けているケーブルは張力が大きくなるにつれて剛性が高くなり，変形しにくくなる．つまり，非線形構造解析では構造の変形と応力の変化に従って剛性が変化する．

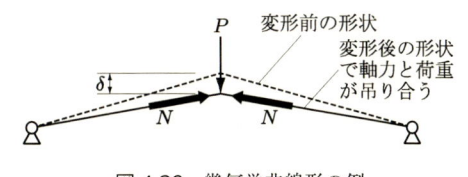

図 4.20　幾何学非線形の例

材料非線形問題は，荷重が大きくなるにつれ，部材は弾塑性状態になった状態で，荷重と変位の関係を分析する問題である．図 4.2 に示した荷重 - 変位曲線を求める問題は，材料非線形問題である．

いずれの非線形解析も，もっとも基本となる問題は，荷重 - 変位曲線を求めることである．荷重

−変位曲線を求める方法としては，荷重増分解析，変位増分解析，弧長増分解析の3種類がある．

- 荷重増分解析：荷重に増分を与えて，変位の増分を求める．
- 変位増分解析：変位に増分を与えて，荷重の増分を求める．
- 弧長増分解析：得られた荷重－変位曲線の接線方向に弧長増分を仮定し，さまざまな力学条件より弧長増分を修正しながら変位増分と荷重増分を求める．

それぞれの解析に，さらにさまざまなプログラム作成上のテクニックが必要である．

荷重増分解析は，保有水平耐力を求める手法として多用されている．荷重増分解析はすべての荷重成分をばらばらに増大させることではなく，荷重分布の形が一定のままでその倍率を増大させる方法である．荷重増分解析において，増大させる荷重の倍率はしばしば荷重パラメータ（または荷重係数）とよばれる．そして，数値解析の視点から荷重増分とは荷重パラメータの増分となる．

普通の線形構造解析では，剛性マトリックスを構成して荷重から変位を求め，釣り合い方程式を解くのは1回で十分である．非線形構造解析の荷重増分解析では，剛性マトリックスは釣り合い経路の接線勾配（接線剛性）となる．この接線剛性を修正しながら釣り合い残差をなくすための収束解析を繰り返し行うため，増分ステップごとに剛性マトリックスを修正して釣り合い方程式を解くことを数回行う（図4.21）．このように，増分解析は1ステップずつ進んでいく．1ステップ前の増分結果をもとにつぎの増分へ進み，構造解析の手順を繰り返して実施する．

荷重増分解析の基本原理は図4.21のようになり，ある途中のステップにおいて釣り合い方程式は次式で表現できる．

$$\boldsymbol{Kd} = \lambda \boldsymbol{f} \quad (4.16)$$

ここに，$\boldsymbol{f} = \{f_1, \cdots, f_n\}$ は荷重分布形をベクトルで表現するものであり，λ は荷重パラメータの増分，$\boldsymbol{d}$ は変位増分である．そして，$\boldsymbol{K}$ は接線剛性マトリックスであり，増分ステップごとに修正される．図4.21の Λ は荷重パラメータの本体であり，その増分 λ との関係は，

$$\Lambda = \sum_k \lambda_k \quad (4.17)$$

となる．k は解析ステップを示す．水平地震力の分布の i 階に作用する成分を f_i とすると，増分解析の結果，i 階に作用する水平荷重は，

$$P_i = \Lambda f_i \quad (4.18)$$

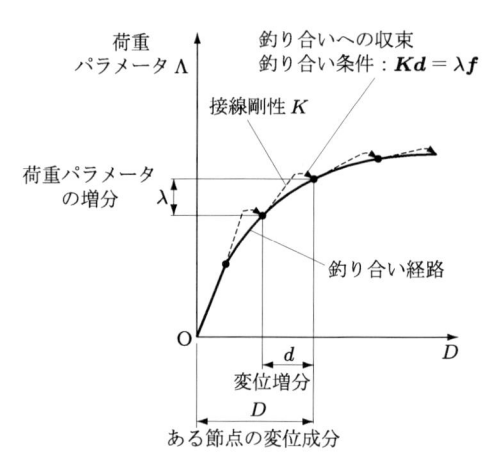

（a）ステップごとに収束解析を行う　　（b）収束解析手法の一例

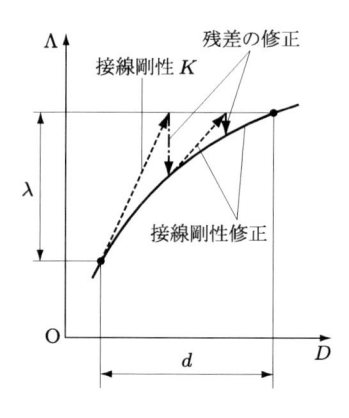

図4.21　増分解析のイメージ

となる．荷重の分布 $f = \{f_1, \cdots, f_n\}$ が異なる場合は，解析結果も異なる．荷重の分布 $f = \{f_1, \cdots, f_n\}$ については，逆三角形分布などのさまざまな提案があるが，本書では平成19年国土交通省告示第594号にもとづいて，層せん断力計算時の A_i 分布を用いる．その理由の一つは，必要保有水平耐力 Q_{un} の計算時の Q_{ud} (式(4.8)，(4.9))は第2章で説明した層せん断力の計算方法で求めるが，その層せん断力の上下分布が A_i 分布であるためである．また，A_i 分布は層せん断力係数の分布形に関する多数の地震応答解析結果を含むものであり，地震時における建築物の動的挙動が反映されていることもある．

保有水平耐力を求めるための水平外力分布形 f について追加説明する．

① 水平外力の分布形は，原則として A_i 分布にもとづく外力の分布である．
② 必要保有水平耐力 Q_{ud} の計算には形状係数 F_{es} と構造特性係数 D_s を導入している．下記の場合は，Q_{ud} に相当する外力の作用効果を考慮して，A_i 分布形に各階の形状係数 F_{esi} および構造特性係数 D_{si} を乗じた水平外力の分布形 $(A_i \cdot F_{esi} \cdot D_{si})$ を用いてもよい．
・A_i を用いた荷重増分解析で全体崩壊形となることが確認されている場合
・A_i を用いた荷重増分解析で部分崩壊，局部崩壊となるとき，崩壊層以外の層で全体崩壊形が確認される場合

(2) 増分解析のモデル

増分解析を行うには，架構のモデル化が必要である．架構のモデル化には，立体モデル，擬似立体モデル，平面モデル，独立架構モデルがある（図4.22）．立体モデルは，図(a)に示すように，部材をそのままの位置に立体的に組み立てできたモデルである．弾塑性疑似立体モデルは，層の水平剛性および回転剛性をそれぞれ弾塑性バネに置換して，そのバネをもとの架構の位置に組み立てたモデルである（図(b)）．平面のモデルは，一般には，X，Y方向の架構をそれぞれ一つの架構面に並べてつないでできたモデルであり（図(c)），各構面のそれぞれの床で同じ変形が起こるのは，剛床という仮定を反映している．構面ごとに独立に解析を行うのが独立架構モデルである（図(d)）．

立体モデルを用いた解析では，各部材の剛性や耐力を評価しながら増分解析を進める．この場合には，あらかじめ部材のモデル化が必要である．部材のモデル化としては，「材端バネモデル」と「塑

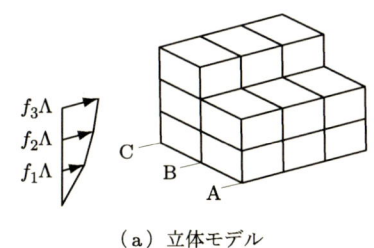

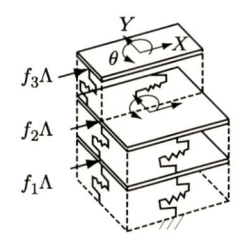

（a）立体モデル

（b）擬似立体モデル

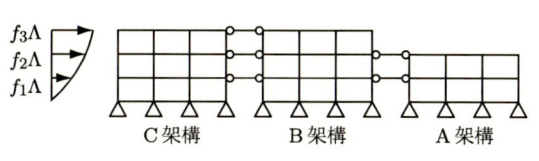

（c）直列に並べた平面モデル

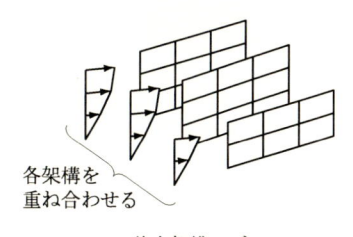

（d）独立架構モデル

図 4.22 増分解析のモデル

80　第4章　保有水平耐力計算

性流れ則モデル」の2種類がよく使用されている．

■材端バネモデル

材端バネモデルは，図4.23に示すように，部材の両端を非線形の回転バネと剛域として，その中央部を弾性体とするモデルである．端部の非線形の回転バネは，bi-linear や tri-linear でモデル化されている．

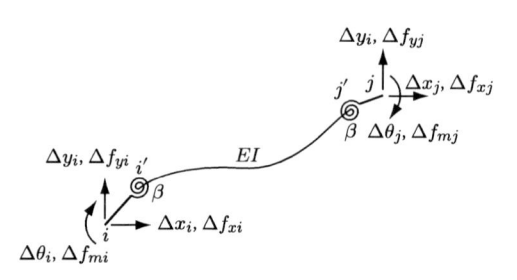

図4.23　材端バネモデル

■塑性流れ則モデル

圧縮と曲げを同時に受ける部材の崩壊は，軸方向力と曲げモーメントの両者に依存する．図4.24 (a) に示すグラフは圧縮と曲げの複合応力を受ける場合の降伏条件を示すものであり，その曲線上のすべての応力状態において部材が降伏している．このような曲線を降伏相関曲線（M-N 曲線）という．

塑性流れ則モデルは部材の中央部を弾性体とし，両端部は降伏相関曲線を適用した特殊なバネとするモデルである（図4.24(b), (c)）．この特殊なバネの降伏条件は一定な値ではなく，軸力 N と曲げモーメント M の曲線上で定める．

これらのモデルに水平外力を漸増的に作用させて静的弾塑性増分解析を行い，各耐力要素の変形量が指定された値に達したとき，または最上階の変形量が指定された値に達したときの各層の層せん断力を構造物の保有水平耐力とする．

コンピュータを利用した増分解析の結果は荷重-変位曲線であり，各階の保有水平耐力やその他の情報を自動的に出力できる．この計算方法の特徴は，設定した水平力の分布に対して構造体各部の降伏の様子を自動的に表示できることである（図4.25）．

4.4 保有水平耐力計算の流れ

ここまで，保有水平耐力計算の原理および内容，各階の必要保有水平耐力および保有水平耐力の計算方法を紹介した．さまざまな公式を紹介したため，ここで保有水平耐力計算の全体の流れをまとめる．また，保有水平耐力計算の使用上の留意事項について述べる．

4.4.1 計算の流れと留意事項

保有水平耐力計算の流れは，部材応力に対する許容応力度の確認，層間変形角の確認，各階の保有水平耐力の計算，各階の必要保有水平耐力の計

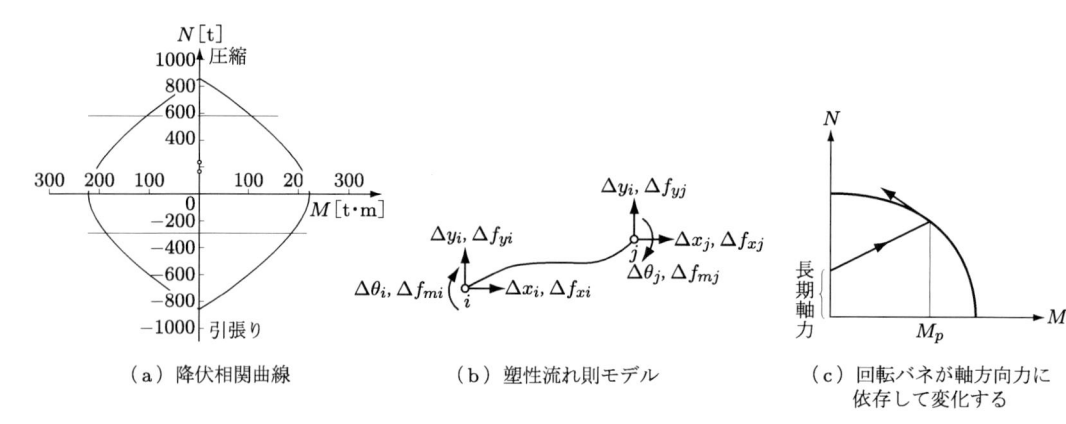

（a）降伏相関曲線　　（b）塑性流れ則モデル　　（c）回転バネが軸方向力に依存して変化する

図4.24　部材塑性流れ則モデル

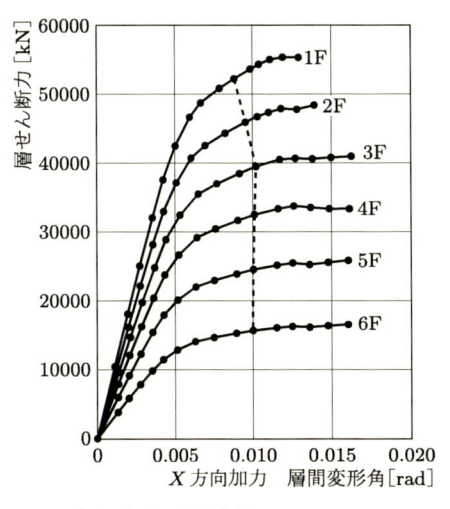

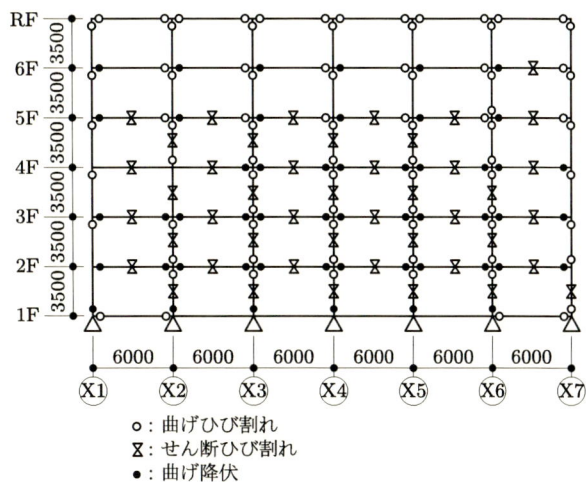

(a) 荷重‐変位曲線
（層せん断力と層間変形角の関係）

(b) 架構の塑性ヒンジの分布

○：曲げひび割れ
✗：せん断ひび割れ
●：曲げ降伏

図 4.25　増分解析の結果例

算，その他の安全性の確認などの手順により構成される．部材レベルの許容応力度計算，層間変形角の計算，これらの計算のための荷重の組合せは第 3 章で紹介した内容と同じである．保有水平耐力計算の確認判定は階ごとに，X，Y 両方向において行う．増分解析法を用いた保有水平耐力計算の全体の流れを図 4.26 に示す．

実際の建築物の構造は非常に複雑であるので，解析には対象となる骨組の梁，柱，壁，ブレースなどの部材をモデル化して組み合わせて用いることになる．異なるモデル化方法を用いて解析すると，異なる結果が出る可能性もある．構造物のモデル化にあたって，下記の事項に留意する．

① 架構や荷重の特徴などの条件に応じて，立体モデル，擬似立体モデル，平面モデルの中から適切なモデルを採用する．ただし，疑似立体や平面モデルの場合は直交梁などの境界条件を適切に評価したモデルとする．
② 基礎の浮き上がりのおそれがある耐震壁の支持点は，基礎（杭）の引抜抵抗強度と剛性を適切に評価する．
③ 塔屋などの屋上構造物を別途検討する場合は，下階への応力伝達を適切に考慮する．
④ 建築物を構成するすべての部材を構造耐力上主要な部分（構造部材）と非構造部材に分類し，非構造部材は構造部材に大きな影響をおよぼさないように計画する．
⑤ 開口部上下の梁の破壊が想定される耐震壁など，開口低減率で強度低下を推定できない耐震壁は，袖壁付き柱や，腰壁，垂壁付梁などから構成される架構とするなど，破壊形式に応じた適切なモデル化を行う．
⑥ 骨組を構成する構造部材を線材に置換し，各要素に対して曲げ変形，せん断変形，軸方向変形に対する剛性を適切に評価する．

4.4.2 耐震計算ルート

第 3 章では許容応力度等計算，4.4.1 項では保有水平耐力計算を紹介したが，とくに耐震計算（二次設計）の方法は選択肢や計算手順が複雑である．一般的な建築物の構造計算（限界耐力計算を除く）の手順は図 4.27 に示すように，ルート①〜③の三つのルートがある．このような計算ルートは，耐震計算ルートとよばれる．それぞれのルートの概要はつぎのとおりである[4.2]．

・ルート①：構造計算適合性判定を必要としな

82　第4章　保有水平耐力計算

```
┌─────────────────┐
│・構造計画         │
│・仮定断面         │
│・骨組のモデル化   │
│・荷重組合せ(表3.1)│
│・力学計算         │
└─────────────────┘
         ↓
  ◇ 各部分の応力度 ≦ その部分の許容応力度 ◇ ── No →（戻る）
         ↓ Yes
  ◇ 層間変形 ≦ 1/200 or 1/120 ◇ ── No →（戻る）
         ↓ Yes
```

（許容応力度計算／一次設計）
（二次設計）

保有水平耐力の計算：
- 水平作用力の算定
- 部材のモデル化、架構のモデル化
- 増分解析により保有水平耐力 Q_{ui} を求め、荷重-変位曲線などのその他の情報を得る

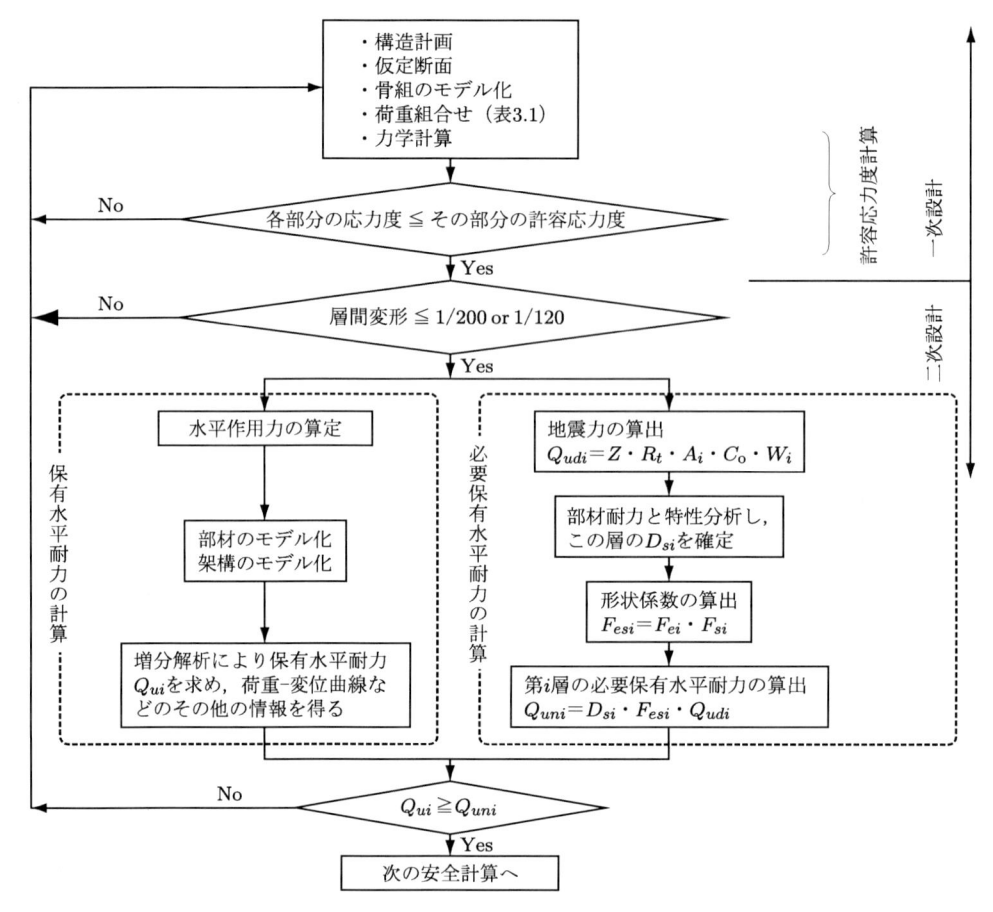

必要保有水平耐力の計算：
- 地震力の算出 $Q_{udi}=Z \cdot R_t \cdot A_i \cdot C_0 \cdot W_i$
- 部材耐力と特性分析し、この層の D_{si} を確定
- 形状係数の算出 $F_{esi}=F_{ei} \cdot F_{si}$
- 第 i 層の必要保有水平耐力の算出 $Q_{uni}=D_{si} \cdot F_{esi} \cdot Q_{udi}$

◇ $Q_{ui} \geqq Q_{uni}$ ◇ ── No →（戻る）
↓ Yes
次の安全計算へ

図4.26　保有水平耐力計算の流れ（増分解析の場合）

い建築物に適用される耐震計算ルートであり，対象は比較的小規模な建築物に限定する．
・ルート②：高さが31m以下の建築物に適用される耐震計算である．おもに許容応力度等計算であり，層間変形角，剛性率，偏心率の規制値の確認計算を行う．そのほか，建築物の塔状比が4以下であることを確かめるなど，各構造種別ごとに定めた計算を行う．
・ルート③：高さが31mを超える建築物，または31m以下の建築物でルート①，②の関連規定を満足しない場合に適用される耐震計算ルートである．おもな計算内容は，層間変形角の規制に関する確認計算，保有水平耐力が必要保有水平耐力以上であることの確認である．建築物の弾塑性挙動を考慮した塑性設計，靱性設計であり，エネルギー吸収能力を地震入力エネルギーより大きくすることにより大地震時の地震動に対する安全性を確保することを目的としたものである．

図4.27は建築構造の一般的な耐震計算ルートを示すが，鋼構造や鉄筋コンクリート構造などの構造種別によって，計算ルートの内容が変化するところがある．図4.28，4.29に，それぞれ鉄筋コンクリート構造と鋼構造の耐震計算のルートを示す．

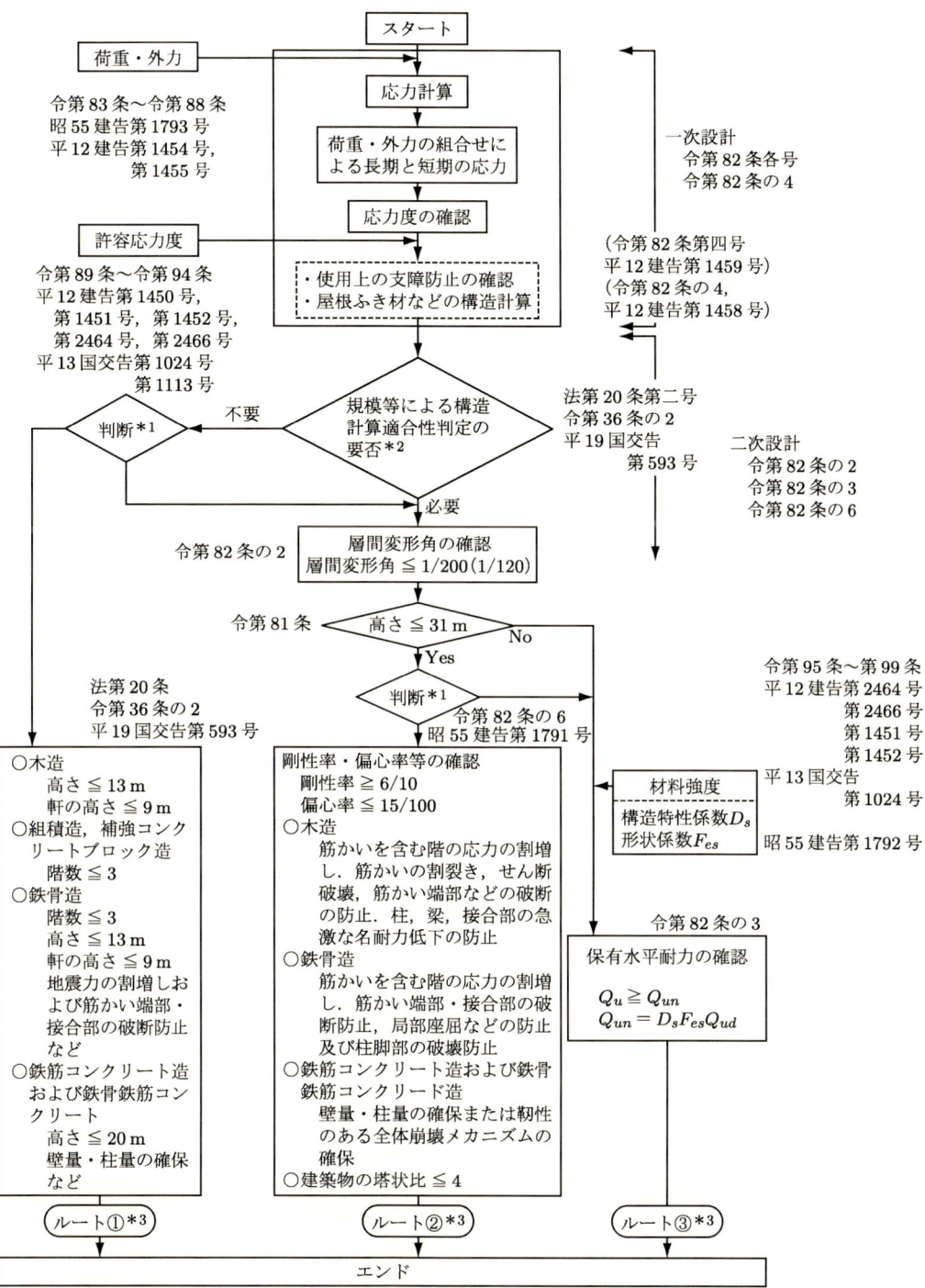

4.4 保有水平耐力計算の流れ 83

```
                            ┌─ スタート ─┐
                            │           │
         荷重・外力 ─────→│  応力計算  │
                            │           │
  令第83条〜令第88条         │荷重・外力の組合せに│
  昭55建告第1793号           │よる長期と短期の応力│
  平12建告第1454号,          │           │
       第1455号              │応力度の確認│
                            │           │
         許容応力度 ────→┌─────────┐
                          │・使用上の支障防止の確認│
  令第89条〜令第94条       │・屋根ふき材などの構造計算│
  平12建告第1450号,        └─────────┘
       第1451号, 第1452号,
       第2464号, 第2466号
  平13国交告第1024号
       第1113号
```

一次設計
  令第82条各号
  令第82条の4

(令第82条第四号
 平12建告第1459号)
(令第82条の4,
 平12建告第1458号)

規模等による構造計算適合性判定の要否*2

判断*1 — 不要
必要

法第20条第二号
令第36条の2
平19国交告 第593号

二次設計
  令第82条の2
  令第82条の3
  令第82条の6

令第82条の2 — 層間変形角の確認 層間変形角 ≦ 1/200(1/120)

令第81条 — 高さ ≦ 31 m
  Yes / No

判断*1

令第82条の6
昭55建告第1791号

剛性率・偏心率等の確認
  剛性率 ≧ 6/10
  偏心率 ≦ 15/100

法第20条
令第36条の2
平19国交告第593号

○木造
  高さ ≦ 13 m
  軒の高さ ≦ 9 m
○組積造,補強コンクリートブロック造
  階数 ≦ 3
○鉄骨造
  階数 ≦ 3
  高さ ≦ 13 m
  軒の高さ ≦ 9 m
  地震力の割増しおよび筋かい端部・接合部の破断防止など
○鉄筋コンクリート造および鉄骨鉄筋コンクリート
  高さ ≦ 20 m
  壁量・柱量の確保など

○木造
  筋かいを含む階の応力の割増し. 筋かいの割裂き, せん断破壊, 筋かい端部などの破断の防止. 柱, 梁, 接合部の急激な耐力低下の防止
○鉄骨造
  筋かいを含む階の応力の割増し. 筋かい端部・接合部の破断防止, 局部座屈などの防止及び柱脚部の破壊防止
○鉄筋コンクリート造および鉄骨鉄筋コンクリート造
  壁量・柱量の確保または靱性のある全体崩壊メカニズムの確保
○建築物の塔状比 ≦ 4

令第95条〜第99条
平12建告第2464号
     第2466号
     第1451号
     第1452号
平13国交告 第1024号
昭55建告第1792号

材料強度
構造特性係数 D_s
形状係数 F_{es}

令第82条の3
保有水平耐力の確認
$Q_u \geq Q_{un}$
$Q_{un} = D_s F_{es} Q_{ud}$

ルート①*3   ルート②*3   ルート③*3

エンド

*1 判断とは設計者の設計方針に基づく判断のことである. たとえば, 高さ31 m以下の建築物であっても, より詳細な検討を行う設計法であるルート③を選択する判断などのことを示している.
*2 大臣認定プログラムによってエラーなく一貫して構造計算を行い, 確認申請時に電子データの提出がされた場合には, ルート①の耐震計算ルートによる建築物であっても構造計算適合性判定を行う必要がある.
*3 上記のほか, 一次設計および二次設計の各規定に対して構造計算の方法を定めた平19国交告第594号が適用される.

図 4.27 建築構造の一般的耐震計算ルート
[建築物の構造関係技術基準解説書 (2007年版)]

84　第4章　保有水平耐力計算

```
                    ┌──────────┐
                    │ スタート │
                    └────┬─────┘
                         ↓
                    ┌──────────┐
                    │ 一次設計 │
                    └────┬─────┘
                         ↓
    不要              ╱─────────╲              必要
   高さ≦20 m       ╱ 規模などによる ╲        31 m<高さ≦60 m
   ←─────────────╱ 構造計算適合性判定の ╲─────────────→
                 ╲    要否           ╱
                   ╲───────┬────────╱
                           │ 必要
                           │ 20 m<高さ≦31 m
                           ↓
```

判断＊ → 判断＊ →

- 層間変形角の確認　層間変形角 ≦ 1/200
- 層間変形角の確認　層間変形角 ≦ 1/200

剛性率・偏心率などの確認
- 剛性率 ≧ 6/10
- 偏心率 ≦ 15/100
- 建築物の塔状比 ≦ 4

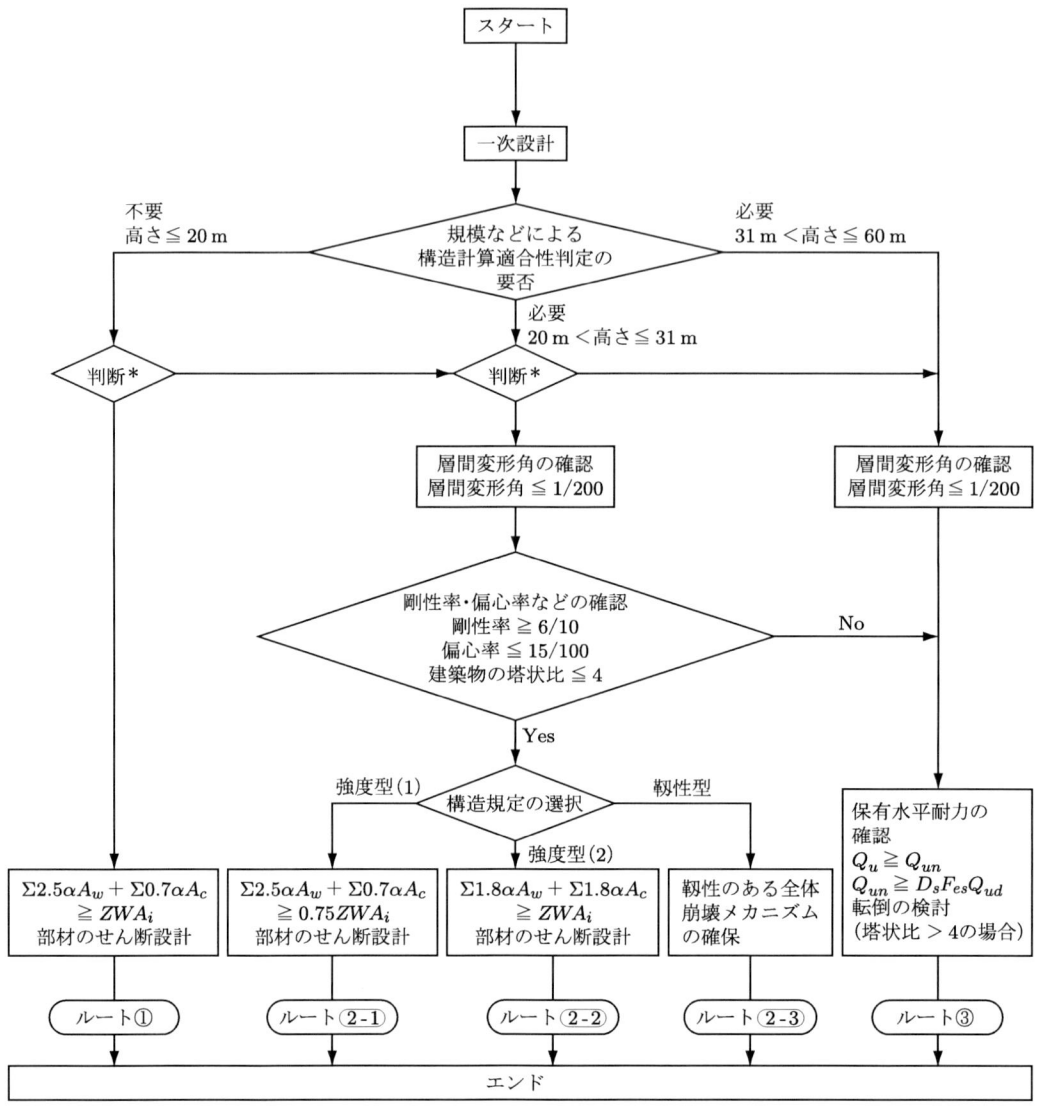

Yes → 構造規定の選択

強度型(1)／強度型(2)／靱性型

- $\Sigma 2.5\alpha A_w + \Sigma 0.7\alpha A_c \geq ZWA_i$　部材のせん断設計　【ルート①】
- $\Sigma 2.5\alpha A_w + \Sigma 0.7\alpha A_c \geq 0.75 ZWA_i$　部材のせん断設計　【ルート②-1】
- $\Sigma 1.8\alpha A_w + \Sigma 1.8\alpha A_c \geq ZWA_i$　部材のせん断設計　【ルート②-2】
- 靱性のある全体崩壊メカニズムの確保　【ルート②-3】
- 保有水平耐力の確認　$Q_u \geq Q_{un}$　$Q_{un} \geq D_s F_{es} Q_{ud}$　転倒の検討（塔状比＞4の場合）　【ルート③】

エンド

＊判断とは設計者の設計方針に基づく判断のことである．たとえば，高さ31 m以下の建築物であっても，より詳細な検討を行う設計法であるルート③を選択する判断などのことを示している．

図 4.28　鉄筋コンクリート構造の耐震計算ルート
［建築物の構造関係技術基準解説書（2007年版）］

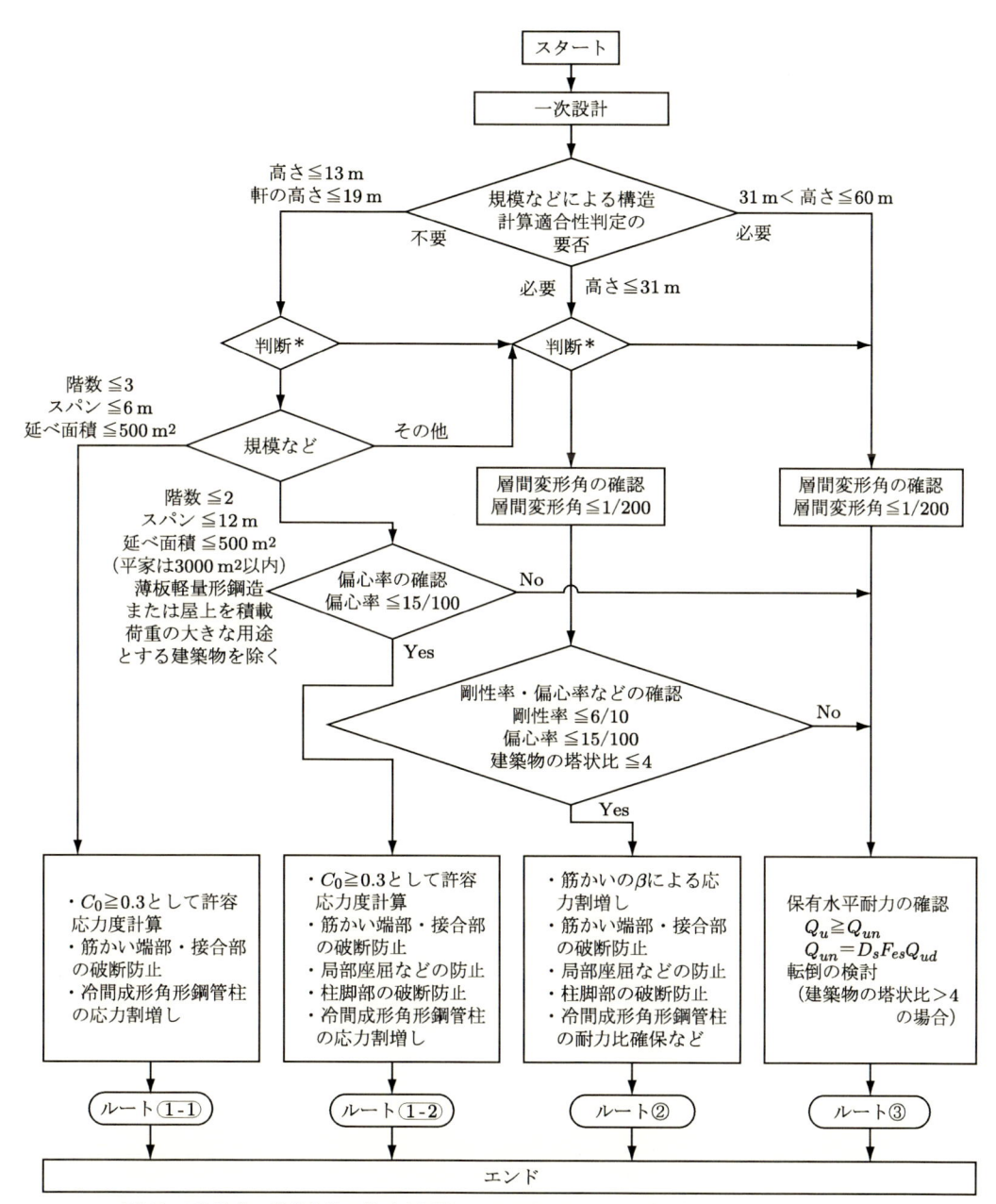

4.4 保有水平耐力計算の流れ 85

```
                            スタート
                              ↓
                           一次設計
                              ↓
  高さ≦13 m              規模などによる構造        31 m<高さ≦60 m
  軒の高さ≦19 m          計算適合性判定の
              不要         要否           必要
        ┌─────────────────┤              ├─────────────┐
        ↓         必要    高さ≦31 m       ↓
     判断*   ←─────────── 判断*  ────────────────┐
        ↓                     ↓                  │
  階数≦3                                          │
  スパン≦6 m                                      │
  延べ面積≦500 m²                                 │
     規模など   その他                             │
        ↓  ─────────→                            │
                          層間変形角の確認        層間変形角の確認
   階数≦2                 層間変形角≦1/200        層間変形角≦1/200
   スパン≦12 m                ↓                       ↓
   延べ面積≦500 m²
   (平家は3000 m²以内)    偏心率の確認
   薄板軽量形鋼造          偏心率≦15/100    No
   または屋上を積載          ↓ ─────────────→
   荷重の大きな用途         Yes
   とする建築物を除く         ↓
                        剛性率・偏心率などの確認
                        剛性率≦6/10
                        偏心率≦15/100      No
                        建築物の塔状比≦4  ─────→
                             Yes
                              ↓
```

| ・$C_0≧0.3$として許容応力度計算
・筋かい端部・接合部の破断防止
・冷間成形角形鋼管柱の応力割増し | ・$C_0≧0.3$として許容応力度計算
・筋かい端部・接合部の破断防止
・局部座屈などの防止
・柱脚部の破断防止
・冷間成形角形鋼管柱の応力割増し | ・筋かいの$β$による応力割増し
・筋かい端部・接合部の破断防止
・局部座屈などの防止
・柱脚部の破断防止
・冷間成形角形鋼管柱の耐力比確保など | 保有水平耐力の確認
$Q_u≧Q_{un}$
$Q_{un}=D_sF_{es}Q_{ud}$
転倒の検討
(建築物の塔状比>4の場合) |

ルート①-1   ルート①-2   ルート②   ルート③
                    エンド

＊判断とは設計者の設計方針に基づく判断のことである．たとえば，高さ31 m以下の建築物であっても，より詳細な検討を行う設計法であるルート③を選択する判断などのことを示している．

図 4.29 鋼構造の耐震計算ルート
［建築物の構造関係技術基準解説書（2007年版）］

第5章
限界耐力計算

　昨今では，建築物の品質や性能を確保するという社会的需要から，建築物の各要求性能を定量的あるいは定性的に評価し，標準化，規格化する必要性が出てきている．また，これまで実施されてきた許容応力度等計算，保有水平耐力計算の改善点，合理化にかかわる課題も指摘されている．このような背景のもと，限界耐力計算法が提案された．限界耐力計算法に関する基本理論の研究は90年代に始まり，平成12年の建築基準法改正によりはじめて規定化された．しかし，限界耐力計算はまだ新しい計算方法であるため，その計算方法に関する規定や理論研究においても問題点や研究課題が残っている．そこで，本書では限界耐力計算の基本原理に焦点を絞って説明する．

5.1 限界耐力計算の概説

　限界耐力計算の基本原理および計算手順の詳細解説の前に，その概要として，限界耐力計算の導入背景および適用範囲，安全性確保に関する基本理念について解説する．

5.1.1 限界耐力計算の導入背景

　建築物の企画から設計，生産施工，販売までの一連のプロセスには，法律によって一定の品質の保証が要求されている．とくに，2000年に建築基準法の改正にともない住宅性能評価制度が改正されたことで，構造品質の向上の重要性が強調され，建築物の安全性能がますます重要となっている．このため，建築物の各要求性能や機能を定量的あるいは定性的に評価し，標準化，規格化することが必要になった．それにともない，現在では，たとえば，家を設計する場合，「稀に起こる地震に対して損傷を生じさせない」という性能，または「稀に起こる地震を受けても，地震後に多少の修復で継続的に使用でき，資産価値を確保できる」という性能を定めることができる．その際，建築物が要求性能を有しているかを確認するために提案されたのが，限界耐力計算である．しかし，建築物の諸性能の構成要素および検証方法は非常に高度な理論であり，多くの課題が残っており，さらなる研究成果が期待されている．

　つぎに，構造設計の合理化の視点から限界耐力計算の登場を分析する．従来の「新耐震設計法」（許容耐力度等計算と保有水平耐力計算）では，建物の（多質点系の）1次固有周期より求められた加速度応答スペクトルにもとづいて地震力を算出する．ただし，加速度応答スペクトルは1質点振動系のものである．この1質点振動系と建物の多質点系モデルの間の関係は不明解である．これに対して，限界耐力計算法では，建築物の多質点系モデルを1質点振動系に縮約し，等価線形解析法を導入して地震力を算出する（詳細は5.2.1項）．

　また，保有水平耐力計算では，弾性架構と同様の固有周期を用いて算出した地震力を構造特性係数 D_s で低減して補正したものを，塑性化した架構の地震力（必要保有水平耐力）としているが，各構造種別の D_s を正確に把握することは困難である．一方，限界耐力計算においては，架構の塑性化による剛性変化および減衰効果，地盤における地震動の増幅を考慮して地震荷重を算出する（詳細は5.2.2～5.2.5項）．

　このように，限界耐力計算法の地震力の計算方法は従来の新耐震設計法に比べて合理化された．

5.1.2 限界耐力計算の適用範囲

第1章で説明したとおり，建築基準法で規定されている構造安全性の計算方法は，つぎのものである．
① 許容応力度等計算
② 保有水平耐力計算
③ 限界耐力計算
④ 国土交通大臣が認定したその他の計算方法

図 5.1 に示すように，高さが 31 m を超え，60 m 以下の建築物は保有水平耐力計算と限界耐力計算法のどちらかを選んで，構造計算を行わなければならない．ただし，高さが 31 m 以下の建築物であっても，限界耐力計算によって安全性を確認できれば十分である．すなわち，高さが 60 m 以下の建築物であれば，設計者の判断により限界耐力計算を行えば十分である．

また，プレストレストコンクリート造，壁式ラーメン鉄筋コンクリート造，免震建築物，薄板軽量形鋼構造，そして膜構造などの構造計算については，許容応力度等計算または限界耐力計算と同等以上の安全性を確かめられる構造計算方法とされている．

5.1.3 限界耐力計算の基本的な考えかた

限界耐力計算により保障しようとするおもな要求性能は，つぎのとおりである[5.1]．
① 建築物に常時作用する荷重，稀に発生する積雪と暴風などについて，建築物が損傷しないこと
② 極めて稀に発生する大規模な積雪および暴風に対して建築物が倒壊，崩壊しないこと
③ 稀に発生する地震動について，建築物の地上部分および地下部分が損傷しないこと
④ 極めて稀に発生する地震動について，建築物

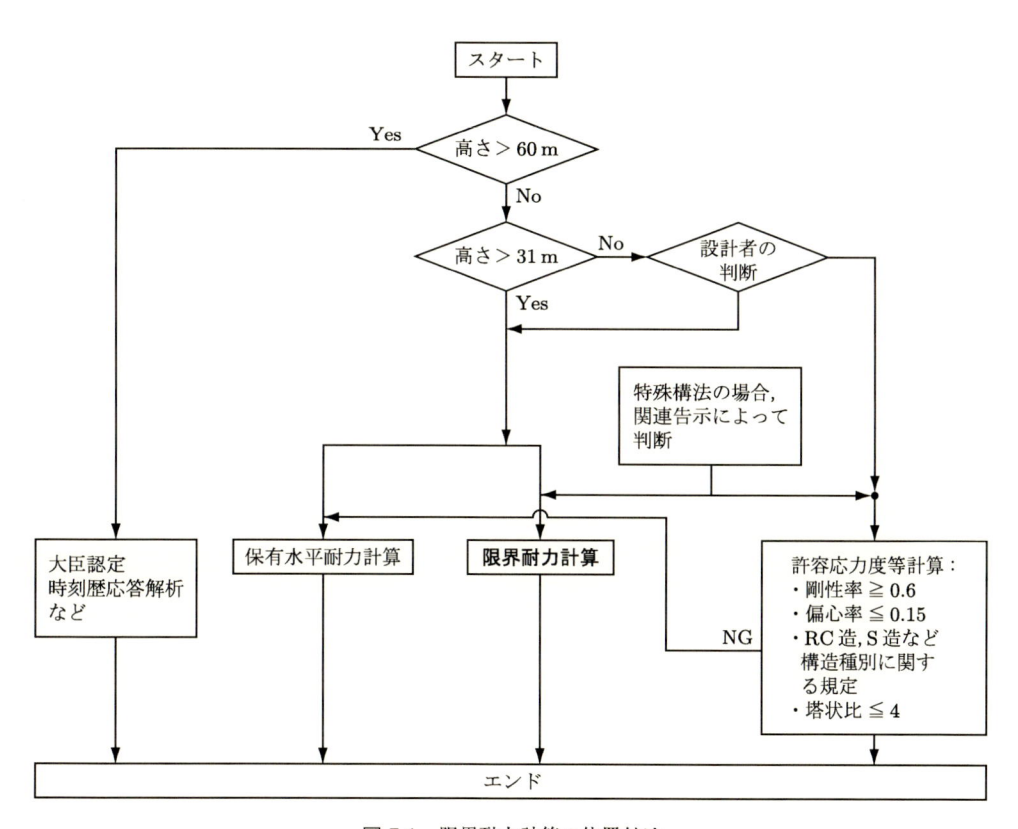

図 5.1 限界耐力計算の位置付け

の地上部分が倒壊，崩壊しないこと
⑤ 使用上の支障となる変形または振動がないこと
⑥ 外装材などの仕上げが安全であること
⑦ 部材や接合部が脆性破壊を起こさないこと

①，②は「積雪と暴風」に対する安全性，③，④は「地震動」に対する安全性についてで，それぞれ「稀に発生する外力」と「極めて稀に発生する外力」の2段階に分けて計算を行う．

地震動に対しては，表5.1に示すように，稀に発生する地震動（中小地震）に対する「損傷限界」，極めて稀に発生する地震動（大地震）に対する「安全限界」という2段階の計算を行う．損傷限界と安全限界の詳細は5.3節に解説するが，ここにその基本的な考えを簡単に説明する．

(1) 損傷限界

「損傷しない」とは，部材に生じる応力度が短期許容応力度を超えないことであり，損傷限界とは，一つ以上の部材に生じる応力度がその短期許容応力度に達する状態である．その前の状態では，軽微なひび割れは修復可能であり，安全性や建築物の使用性を確保できるので損傷ではない．

(2) 安全限界

安全限界とは，架構が崩壊メカニズムを形成した状態，主要耐震要素が大きな変形を起こして耐力や機能を失った状態，設計者の判断により建築物が安全性の限界に達した状態のいずれかの危険状態のことである（詳細は，5.3.4項）．安全限界に対する構造計算では，建築物の耐用年限中に極めて稀に発生する最大級の大地震に対して，検討対象となる架構は塑性化しても建築物が倒壊や崩壊しないことを検証する．

5.2 地震力の求めかた

限界耐力計算法において，地震力を求めるポイントはつぎのとおりである．
① 建築物の多質点系振動モデルから1質点振動系への縮約変換
② 大地震時の架構塑性化による減衰効果の評価
③ 工学的基盤という概念を導入して行う地盤の振動増幅の評価

本節では，これらの内容を解説し，限界耐力計算における地震力の算出原理を説明する．

5.2.1 1質点系への縮約

(1) 基本的な考え

本来ならば，建築物の多質点系振動モデルを用いて，振動解析により地震力を求める．しかし，高さが60 m以下の建築物では，一般に単純な1次固有モードが卓越しており，地震応答を支配しているため，等価1質点振動系で近似的に表現できる．等価1質点振動系の加速度応答スペクトルに質量を掛けて，地震力を算出することが簡便である．1質点振動系の振動特性はそのバネ定数と質点の質量で決まるため，どのようなバネ定数と質量を選定すれば，建築物の多質点系の1次固有モードの振動特性を等価1質点振動系で近似できるかが焦点になる．

等価1質点振動系を用いて算出した地震力は，建築物の全体に作用する水平地震力の総和，つまり1階床面あたりのベースシャーとなる．しかし，構造設計では建築物の各階に作用する水平地震力，あるいは層せん断力が必要である．そこで，等価1質点振動系の加速度応答スペクトルを地上各階へ分布させて，各階の質量を掛けることにより各

表5.1 限界耐力計算における地震力に対する安全性の検討事項

限界種別	地震力	目標性能	構造解析手法
損傷限界	稀に発生する地震動	建築物が耐用年限中に少なくとも一度遭遇する地震	損傷しない：修復可能，財産保全	各部分の応力は短期許容応力内，弾性解析，静的あるいは動的解析
安全限界	極めて稀に発生する地震動	建築物が耐用年限中に一度遭遇する最大級の地震	倒壊，崩壊しない：避難・脱出時間と人命安全の確保	架構の塑性化を許す．増分解析，静的あるいは動的解析

階に作用する水平地震力を算出できる．これが，限界耐力計算の地震力計算の基本的な考えかたである（図5.2）．

(2) 固有モードによる振動の表現

建築物の多質点系を1質点振動系に縮約変換することは，限界耐力計算の地震力計算において非常に重要である．これまでの説明からわかるように，多質点系モデルは重層構造である建築物の振動特性を比較的正確に表現できる．2.6.2項で説明したように，多質点系の振動は「固有モード」の合成で表すことができる．固有モードを数値で表現するものは，固有ベクトルである．n個の自由度をもつ振動系には，n個の固有モードとそれに対応する固有ベクトルが存在する．たとえば，図5.3に示す多質点系振動モデルは3個の固有モードをもち，それに対応する固有ベクトル$\{u_1, u_2, u_3\}$は，次式で表現できる．

$$u_1 = \begin{pmatrix} u_{11} \\ u_{21} \\ u_{31} \end{pmatrix},\ u_2 = \begin{pmatrix} u_{12} \\ u_{22} \\ u_{32} \end{pmatrix},\ u_3 = \begin{pmatrix} u_{13} \\ u_{23} \\ u_{33} \end{pmatrix} \tag{5.1}$$

ある時点において，各次の固有モードの変位応答$\{x_i\}$への影響度合いを係数α_iで示すと，振動の形（変位）は次式で表現できる（図5.4）．

$$\begin{pmatrix} x_1 \\ x_2 \\ \vdots \\ x_n \end{pmatrix} = \alpha_1 \begin{pmatrix} u_{11} \\ u_{21} \\ \vdots \\ u_{n1} \end{pmatrix} + \alpha_2 \begin{pmatrix} u_{12} \\ u_{22} \\ \vdots \\ u_{n2} \end{pmatrix} + \cdots + \alpha_n \begin{pmatrix} u_{1n} \\ u_{2n} \\ \vdots \\ u_{nn} \end{pmatrix} \tag{5.2}$$

式(5.2)の固有ベクトルの合成結果（左辺）に

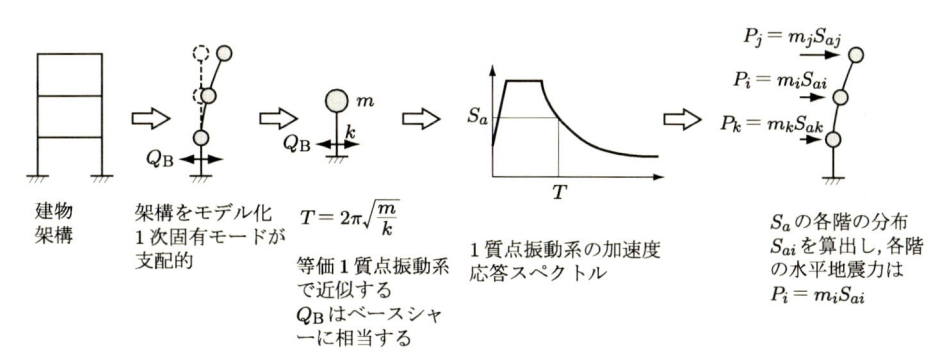

図5.2 1質点振動系へ縮約して地震力を計算する原理

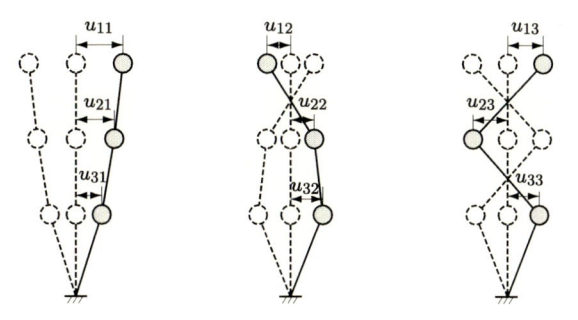

図5.3 多質点系振動モデルの固有モード
（a）1次固有モード　（b）2次固有モード　（c）3次固有モード

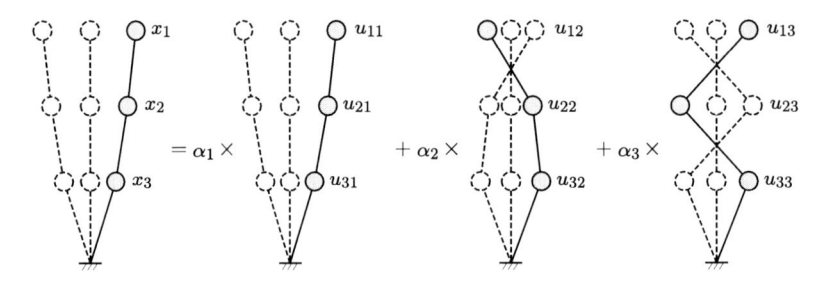

図5.4 固有モードからの振動形の合成

おいて，すべてのベクトル成分が1になる場合の α_i のことを「刺激係数」とよび，β_i で表す．

$$\begin{pmatrix}1\\1\\\vdots\\1\end{pmatrix}=\beta_1\begin{pmatrix}u_{11}\\u_{21}\\\vdots\\u_{n1}\end{pmatrix}+\beta_2\begin{pmatrix}u_{12}\\u_{22}\\\vdots\\u_{n2}\end{pmatrix}+\cdots+\beta_n\begin{pmatrix}u_{1n}\\u_{2n}\\\vdots\\u_{nn}\end{pmatrix} \quad (5.3)$$

式(5.3)は $\sum_{i=1}^{n}\beta_i u_{ji}=1\,(j=1,2,\cdots,n)$ と表すことができ，$\beta_i\{u_{ji}\}$ を「刺激関数」とよぶ．刺激係数 β_i は各固有モードの影響度合いを表現する重要な係数であり，その算出方法は次式になる[5.2]．

$$\beta_s=\frac{\sum_{i=1}^{n}m_i u_{is}}{\sum_{i=1}^{n}m_i u_{is}^2} \quad (s=1,2,\cdots,n) \quad (5.4)$$

ここに，m_i は多質点系の質点の質量を表す．

振動している質点の変位，速度，加速度は時間とともに変化する．ある時刻 t における各質点の変位 x_j を式(5.2)で表すとき，固有ベクトル $\{\boldsymbol{u}_1, \boldsymbol{u}_2, \boldsymbol{u}_3\}$ が変化しないので，係数 α_i が時刻 t に依存する関数でなければならない．ここに，$\alpha_i = \beta_i q_i(t)$ とおくと，刺激係数の影響を考慮した時間依存量 α_i を定めることができる．$q_i(t)$ は時間依存関数であり，各質点の変位 x_j は次式のように表すことができる．

$$\begin{pmatrix}x_1\\x_2\\\vdots\\x_n\end{pmatrix}=\beta_1\begin{pmatrix}u_{11}\\u_{21}\\\vdots\\u_{n1}\end{pmatrix}q_1(t)+\beta_2\begin{pmatrix}u_{12}\\u_{22}\\\vdots\\u_{n2}\end{pmatrix}q_2(t)+\cdots+\beta_n\begin{pmatrix}u_{1n}\\u_{2n}\\\vdots\\u_{nn}\end{pmatrix}q_n(t) \quad (5.5)$$

$q_i(t)$ を q_i と簡単に表すと，式(5.5)は次式のようになる．

$$x_j=\sum_{i=1}^{n}\beta_i u_{ji} q_i \quad (j=1,2,\cdots,n) \quad (5.6)$$

振動系の各質点の加速度は質点の変位の時間に対する2回微分（加速度 $=d^2x/dt^2$）であり，変位の記号 x_j の上に二つのドット $\ddot{x}_j$ で表す．地震動においては，質点も地面も振動しているので，各質点の絶対加速度 $\ddot{X}_j$ は質点自身の相対加速度（基礎，地面に対する加速度）$\ddot{x}_j$ と地面の加速度 $\ddot{x}_0$ の和となり，$\ddot{X}_j = \ddot{x}_j + \ddot{x}_0$ になる．式(5.6)および $\sum_{i=1}^{n}\beta_i u_{ji}=1$ より，

$$\ddot{X}_j = \ddot{x}_j + \ddot{x}_0 = \sum_{i=1}^{n}\beta_i u_{ji}\ddot{q}_i + \ddot{x}_0$$
$$= \sum_{i=1}^{n}\beta_i u_{ji}(\ddot{q}_i + \ddot{x}_o) \quad (5.7)$$

を得ることができる．振動系の一番下にあるバネに発生する水平せん断力 Q_B は，上部すべての質点の慣性力の総和となる．つまり，各質点の絶対加速度 $\ddot{X}_j$ とその質量 m_j との積の総和となる．j

は階数, i は固有モードの次数とすると, Q_B の計算式は次式となる.

$$Q_B = \sum_{j=1}^{n} m_j \ddot{X}_j = \sum_{j=1}^{n} m_j \sum_{i=1}^{n} \beta_i u_{ji} (\ddot{q}_i + \ddot{x}_o)$$
$$= \sum_{i=1}^{n} \overline{M}_i (\ddot{q}_i + \ddot{x}_o) \tag{5.8}$$

ここに, Q_B は建物のベースシャーに相当するものである. また, $\overline{M}_i = \sum_{j=1}^{n} m_j \beta_i u_{ji}$ であり, 式(5.4)を用いて, $\overline{M}_i$ は次式のようになる.

$$\overline{M}_i = \sum_{j=1}^{n} m_j \beta_i u_{ji} = \beta_i \sum_{j=1}^{n} m_j u_{ji}$$
$$= \frac{\sum_{j=1}^{n} m_j u_{ji}}{\sum_{j=1}^{n} m_j u_{ji}^2} \cdot \sum_{j=1}^{n} m_j u_{ji}$$
$$= \frac{\left(\sum_{j=1}^{n} m_j u_{ji}\right)^2}{\sum_{j=1}^{n} m_j u_{ji}^2} \tag{5.9}$$

ここに, $\overline{M}_i$ は第 i 次の固有モードに関する「等価質量」である. 第 i 次の固有モードに関する加速度を $a_i = \ddot{q}_i + \ddot{x}_o$ とおくと, 式(5.8)は次式で表現できる.

$$Q_B = \sum_{i=1}^{n} \overline{M}_i \cdot a_i \tag{5.10}$$

したがって, 第 i 次の固有モードに関する加速度 a_i とその等価質量 $\overline{M}_i$ の積がその固有モードのベースシャーへの寄与力になり, 各固有モードの寄与力の総和が全体のベースシャー Q_B となる. つまり, 建築物にはさまざまな固有モードが存在し, 一つ一つの固有モードはそれぞれ加速度 a_i, 等価質量 $\overline{M}_i$ という等価1質点振動系(1自由度)の振動で独立に表現できる. これらの等価1質点振動系のバネに生じる水平せん断力 $Q_{Bi} = \overline{M}_i a_i$ の総和が建築物のベースシャー Q_B となる. この原理を図5.5に示す.

(3) 1質点振動系への縮約

限界耐力計算の対象である高さが60 m以下の建築物の振動は一般には1次モードが支配しているため, 式(5.5)で表している地震動の変位応答は近似的に1次固有モードで表現できる. つまり, ある時刻 t における質点の変位 $\{x_i\}$ は近似的に次式で表せる.

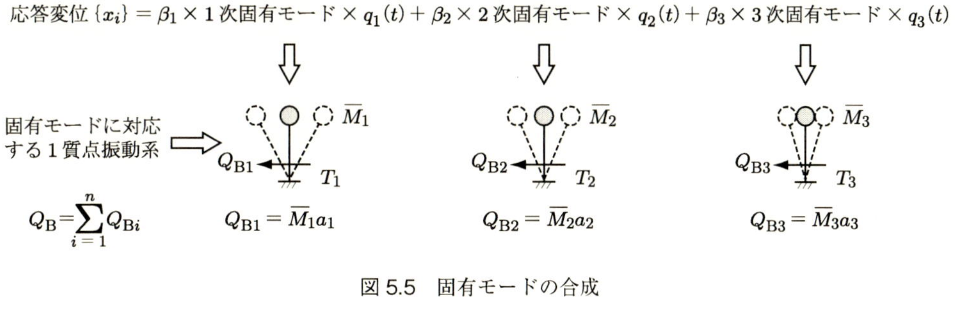

図 5.5 固有モードの合成

$$\begin{pmatrix} x_1 \\ x_2 \\ \vdots \\ x_n \end{pmatrix} \fallingdotseq \beta_1 \begin{pmatrix} u_{11} \\ u_{21} \\ \vdots \\ u_{n1} \end{pmatrix} q_1(t) \quad (5.11a)$$

$$x_j \fallingdotseq q_1 \beta_1 u_{j1} \quad (j=1,2,\cdots,n) \quad (5.11b)$$

普通の建築物の場合，刺激関数 $\beta_1\{u_{j1}\}$ の成分の値は 0〜1.5 程度で高さ方向に分布しているので，刺激関数が 1.0 程度になる位置が存在する（図 5.6）．刺激関数が 1.0 である位置を「代表点」とよび，この位置の最大変位応答を「代表変位 Δ」とよぶ．

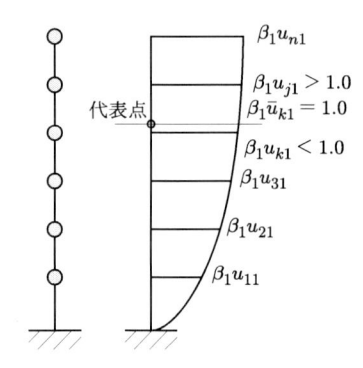

図 5.6 刺激関数 $\{\beta_1 u_{j1}\}$ の高さ方向の分布

式(5.3)では，すべての固有モードの影響を考慮して，個々の刺激関数 $\beta_j\{u_{ji}\}$ のそれぞれの総和が 1 になる．代表点のみにおいて 1 次固有モードの刺激関数が 1 になることは，この点において 1 次固有モード以外の固有モードからの影響の合成効果がゼロであり，1 次固有モードの影響しか存在しないことを意味している．この代表点に等価 1 質点振動系の等価質量をおく（図 5.7）．

ただし，刺激関数が 1.0 となる位置は，多質点系の質点位置と異なる可能性がある．したがって，刺激関数が 1.0 となる位置に仮想の質点があるとし，その点の固有ベクトルの仮成分を $\bar{u}_{k1}$ とすると，この位置における刺激関数 $\beta_1 \bar{u}_{k1} = 1.0$ が成り立つ．そして，式(5.11)より，刺激関数が 1.0 に近い k 番目の質点において，$\beta_1 u_{k1} = 1.0$ より $q_1(t_m) = \Delta$ を得ることができる．

$$\Delta = q_1 \beta_1 u_{k1} \Rightarrow q_1 = \Delta$$
$$\therefore \beta_1 u_{k1} = 1.0 \quad (5.12)$$

したがって，代表点の変位がその最大値である代表変位 Δ に達する時刻 t_m において，$q_1(t_m) = \Delta$ である．式(5.11)の q_1 を Δ に入れ替えると，この時点における各質点の変位の近似値 δ_i は次式となる．

$$\begin{pmatrix} \delta_1 \\ \delta_2 \\ \vdots \\ \delta_n \end{pmatrix} \fallingdotseq \beta_1 \begin{pmatrix} u_{11} \\ u_{21} \\ \vdots \\ u_{n1} \end{pmatrix} \Delta \quad (5.13a)$$

$$\delta_j \fallingdotseq \Delta \beta_1 u_{j1}, \quad (j \fallingdotseq 1,2,\cdots,n) \quad (5.13b)$$

式(5.13)より次式を得ることができる．

$$u_{j1} = \frac{\delta_j}{\Delta \beta_1} \quad (j=1,2,\cdots,n) \quad (5.14)$$

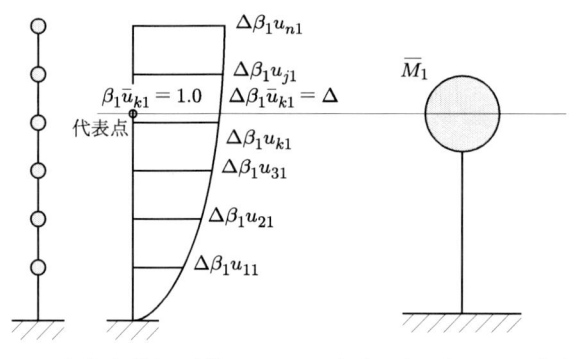

（a）各質点の変位　　（b）1 次固有モードを代表する 1 質点振動系

図 5.7 代表点と等価 1 質点振動系の質点の関係

式(5.14)を式(5.9)に代入して（添え字$i=1$とする）整理すると$\overline{M_1}$を算出できる．限界耐力計算では，等価質量$\overline{M_1}$をM_uで表して「有効質量」とよび，その計算式は次式になる．

$$M_u = \frac{(\sum m_j \delta_j)^2}{\sum m_j \delta_j^2} \quad (5.15)$$

さらに，式(5.14)を式(5.4)に代入して（添え字$s=1$とする）式を整理すると，各質点の変位から代表変位を求める計算式は次式のようになる．

$$\Delta = \frac{\sum_{j=1}^{n} m_j \delta_j^2}{\sum_{i=1}^{n} m_i \delta_i} \quad (5.16)$$

つぎに，等価1質点振動系のバネ定数を求めよう．1質点に縮約するための一つの重要な条件は，多質点系と1質点振動系の最下部に作用するせん断力の最大値は同じであることである．これは代表点の変位がその最大値である代表変位Δに達する時刻におけるベースシャーQ_Bである．すでに説明したように，これは地震動による建築物各部分のうち最大の層せん断力であり，建築物の地上部分の最下部に作用する力である．建築物の最下部に発生する層せん断力がその最大値であるベースシャーQ_Bになる時刻において，多質点系の各質点の変位を$\{\delta_i\}$とすると，この運動状態を表現する等価1質点振動系の変位は代表変位Δとなる．そのため，この1質点振動系を弾性振動系とし，その等価バネ定数Kは簡単に次式で求めることができる．

$$K = \frac{Q_B}{\Delta} \quad (5.17)$$

架構の塑性化による弾塑性応答を代表する1質点振動系については，5.2.2項の等価線形解析において解説する．

式(5.15)による有効質量と，式(5.17)による等価バネ定数がわかれば，等価1質点振動系の等価固有周期Tは以下のように簡単に求められる．

$$T = 2\pi \sqrt{\frac{M_u}{K}} = 2\pi \sqrt{\frac{M_u \cdot \Delta}{Q_B}} \quad (5.18)$$

多質点系から1質点振動系へ縮約する一連の計算式の誘導をまとめると，代表点に有効質量をおき，等価1質点振動系の振動モデルを得ることができ，この等価1質点振動系の最大変位は代表変位Δであり，バネ定数は式(5.17)，固有周期は式(5.18)を用いて算出できるということになる．

これまでの誘導では，多質点系の振動変位を用いて展開してきた．ただし，限界耐力計算で採用した地震力の計算法は，煩雑な動的解析を行わずに，静的増分解析により得た各階の変位とベースシャーを用いる．増分解析において，各階に作用する水平力の分布が水平地震力の分布と同じであれば，各階の変位は多質点系で求められる振動変位とはよい近似になる．また，増分解析で得た各階の変位の分布は多質点振動系の1次固有モードに近似できる．したがって，各階の変位$\{\delta_i\}$および建築物の最下部に発生するベースシャーQ_Bはそれぞれ増分解析により得た各階の変位と1階の層せん断力とする．ただし，ここで求めた各階の変位$\{\delta_i\}$は各層の床の基礎に対する変位であり，層間変位ではないことに注意する必要がある．

増分解析によって各階の変位$\{\delta_i\}$がわかれば，等価1質点振動系の有効質量，固有周期，バネ定数の近似値の算出が可能である．図5.8に示すように，この一連の過程はもとの基礎となる理論では図の①→②→⑤という流れであるが，煩雑な動的解析を避けるため，図の③→④→⑤という順に考えかたを変更している．

5.2.2 等価線形解析

5.2.1項までの説明では，振動系が弾性であることを前提としている．しかし，安全限界の確認計算にかかわる部材変形の範囲は塑性域まで達する．このため，弾塑性領域における等価1質点系の適用についての検討が必要である．そこで，弾塑性1質点振動系を適切な弾性（等価線形）1

94　第5章　限界耐力計算

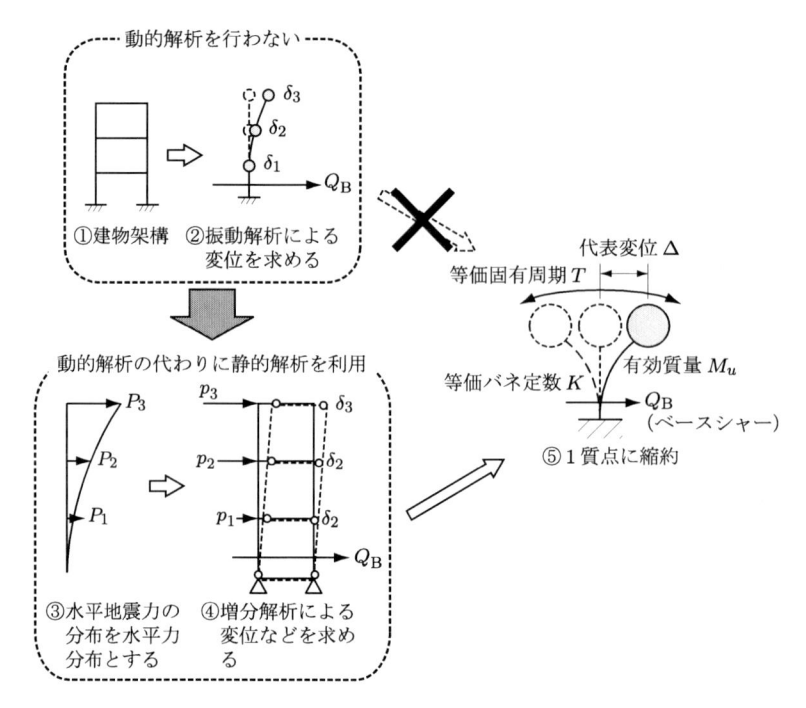

図5.8　増分解析の結果から1質点振動系への縮約

質点振動系に置換する等価線形解析という方法が提案された．ここでは，等価線形解析の原理を紹介し，弾塑性多質点系から1質点振動系への縮約について説明する．

(1) 等価線形解析の基本的な考えかた

層せん断力と層間変位の関係を単純に表現する方法としては，第4章で説明した「完全弾塑性」，「bi-linear」，「tri-linear」などの方法がある．図5.9に層せん断力と層間変位の関係を弾性部分と塑性化後の部分を2本の直線（「bi-linear」）に分けて表す．

図5.9に示した力学特性をもとに，実際の地震波を作用させ，時刻ごとに層せん断力と層間変位をプロットしてみる．もし，最大応答値が弾性範囲内におさまっているならば，プロット点は直線AA'の上になり，このような振動は弾性応答である．地震動は往復するので，加速度や変位も正負が入れかわる．地震動を大きく増大させ，弾性

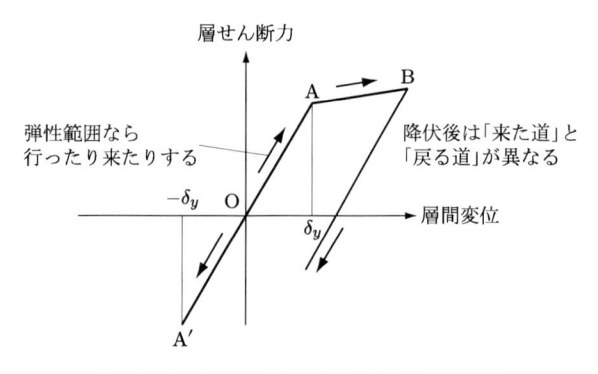

図5.9　bi-linearで表現する荷重–変位曲線

範囲を超える（点B）と，「除荷」に相当する点Bから戻る運動は，「来た道をそのまま戻る」のではなく，別の経路になる．このような荷重と変位の関係や履歴特性のことを，振動解析では復元力特性という．復元力特性はコンクリート造や鉄骨造などの構造種別によって異なるが，塑性化した後の応答曲線はどのような構造でも「来た道」と「戻る道」が異なるので，荷重－変位曲線のプロット点は図 5.10(a), (b) に示す「ループ」形になる．このような振動を「弾塑性応答」という．

図 5.10(a) に示すような tri-linear 復元力特性の振動が継続すると，図 (b) に示すような重なったループになる．その輪郭は変位の正負ピーク点を結んだ直線を中心とした楕円のようになる．地震力を計算する場合，応答値の最大値と最小値が必要であるため，正負ピーク点（最大値と最小値）が非常に重要な評価要素である．応答の正負ピーク点をよい近似方法で算出できれば，複雑な弾塑性動的解析は必要ない．さらに，架構の塑性化後の履歴は，正負ピーク点を結んだ直線であると仮定して，弾塑性応答解析の代わりに弾性応答解析を用いることが可能である．図 (c) に示すように，ピーク点を結ぶ直線の傾き K を式 (5.17) で定めた等価バネ定数とすれば，振動は弾性振動に近似することができる．この考えかたを，「等価線形化法」という[5.3〜5.6]．つまり，等価線形化法とは，弾塑性応答を等価な弾性応答（線形モデル）に置き換える方法である．

限界耐力計算では，地震力の計算は 5.2.1 項で説明したとおり，多質点系を 1 質点振動系に縮約して行う．また，等価線形化法は縮約された 1質点振動系を用いて展開する．建築物各層の弾塑性応答の最大変位 $\{\delta_{si}\}$ とベースシャー Q_{Bs} がわかれば，式 (5.15)〜(5.18) より，等価線形化モデルの 1 質点振動系の代表変位 Δ_s，バネ定数 K，有効質量 M_{us} および等価固有周期 T_s をつぎの各式のように算出できる．

$$\Delta_s = \frac{\sum_{j=1}^{n} m_j \delta_{sj}^2}{\sum_{i=1}^{n} m_i \delta_{si}} \tag{5.19}$$

$$K = \frac{Q_{Bs}}{\Delta_s} \tag{5.20}$$

$$M_{us} = \frac{(\sum m_j \delta_{sj})^2}{\sum m_j \delta_{sj}^2} \tag{5.21}$$

$$T_s = 2\pi \sqrt{\frac{M_{us} \cdot \Delta_s}{Q_{Bs}}} \tag{5.22}$$

塑性化された架構の代表変位 Δ_s，ベースシャー Q_{Bs} は，それぞれ 1 質点振動系の等価線形化応答の最大変位と，そのときのせん断力に相当する．

これまでの誘導の基本理論（式 (5.15)〜(5.18)）は，動的解析の応答として扱った．しかし，限界耐力計算では，複雑な動的解析を行わずに静的増分解析手法を用いて近似的に各層の変位 $\{\delta_{si}\}$ を特定する．増分解析により得た安全限界時の各層の変位，ベースシャーをそれぞれ $\{\delta_{si}\}$ と Q_{Bs} とするその原理を図 5.11 に示す．

保有水平耐力計算では，弾性架構の固有周期を用いて加速度応答スペクトルを算出し，それを D_s によって低減して塑性化された架構の地震力を算出した（2.6 節および 4.2 節参照）．これに対して，限界耐力計算では，塑性化した多質点振

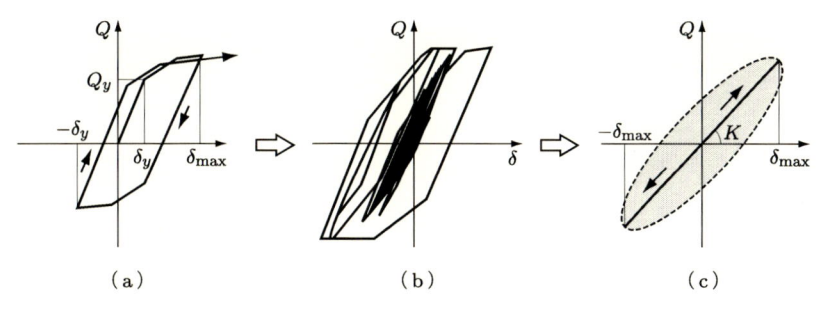

図 5.10　弾塑性応答の荷重－変位曲線

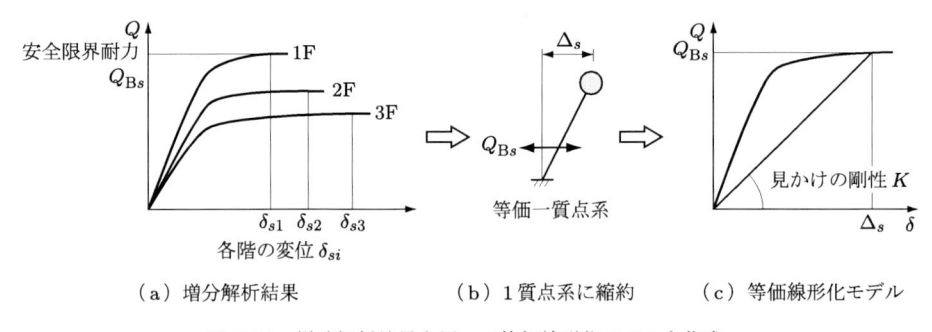

図5.11 増分解析結果を用いて等価線形化モデルを作成

動モデルを等価線形化の1質点振動系に縮約し，塑性化したモデルの等価固有周期を用いて，加速度応答スペクトルを求めて地震力を計算する．この意味では，限界耐力計算の地震力を求める方法は，新耐震設計法に比べて弾塑性応答の性質を直接取り入れている．

(2) 減衰についての考えかた

等価線形解析の基本的な考えかたは，弾塑性振動系を等価な弾性振動系に近似的に変換することである．単純な弾性振動系では部材の塑性化による振動エネルギーの損失はない．しかし，弾塑性振動系では，振動エネルギーは部材の塑性化により消費されて損失する．したがって，等価線形解析を用いる場合，塑性変形による振動エネルギーの損失を考慮する必要がある．

振動エネルギーが損失することを減衰といい，これはすでに2.6.2項において簡単に説明した．弾性振動系では，減衰がない場合，自由振動は理論上永遠に止まらないが，実際には減衰が存在するため，振動が低減し，最終的には止まってしまう．物理学の視点からいうと，減衰は空気や振動体の分子間の摩擦などによりエネルギーが損失する現象である．つまり，減衰とは振動系の運動エネルギーが熱エネルギーなどのその他のエネルギーの形で振動系の外へ発散し，振動が次第に小さくなることである．この減衰の程度を「減衰定数」という指標値で評価する．減衰定数が大きくなれば応答値は小さくなる．実際の建築物が小さい振幅で揺れる場合，減衰定数は $0.02 \sim 0.05$ である．

上述のように，減衰はエネルギーにかかわるので，運動エネルギーや弾塑性エネルギーなどのエネルギーに着目して分析してみる．図5.12(a)は，ある1質点振動系の振動応答を表している．質点の荷重と変位は荷重-変位曲線上において原点Oから最大変位点Aまで変位した場合，速度がゼロになって，すべての運動エネルギーがバネの弾性エネルギーに変換され，その総量は△OABの面積になる．そして，点Aから戻る場合，△OABの面積分のエネルギーを運動エネルギーとして放出する．全体としてのエネルギー損失はないので，振動を永遠に繰り返すことになる．

ただし，振動系の変位が大きくなり，塑性化すると，荷重-変位曲線の経路は図5.12(b)に示すOACのように進む．点Cで振動変位が最大になると質点の速度がゼロになり，すべての運動エネルギーが消費されて架構に蓄積される．そのエネルギー量は台形OACDの面積となる．ただし，振動質点が点Cから戻る場合，台形OACDの面積分のエネルギーはすべて運動エネルギーに変換できずに，△ECDの面積部分だけが運動エネルギーに変換されて振動が継続する．このとき，平行四辺形OACEの面積分のエネルギーは塑性化のために架構に吸収され，振動系の外へ発散される．したがって，運動エネルギーの損失が生じ，加速度や振幅が次第に小さくなる．このように，部材や架構の塑性化によりエネルギーを損失する減衰現象を「履歴減衰」とよぶ．弾塑性地震応答の場合，履歴減衰によって損失するエネルギーの量は，図(c)に示す荷重-変位曲線ループで囲ま

(a) 弾性応答

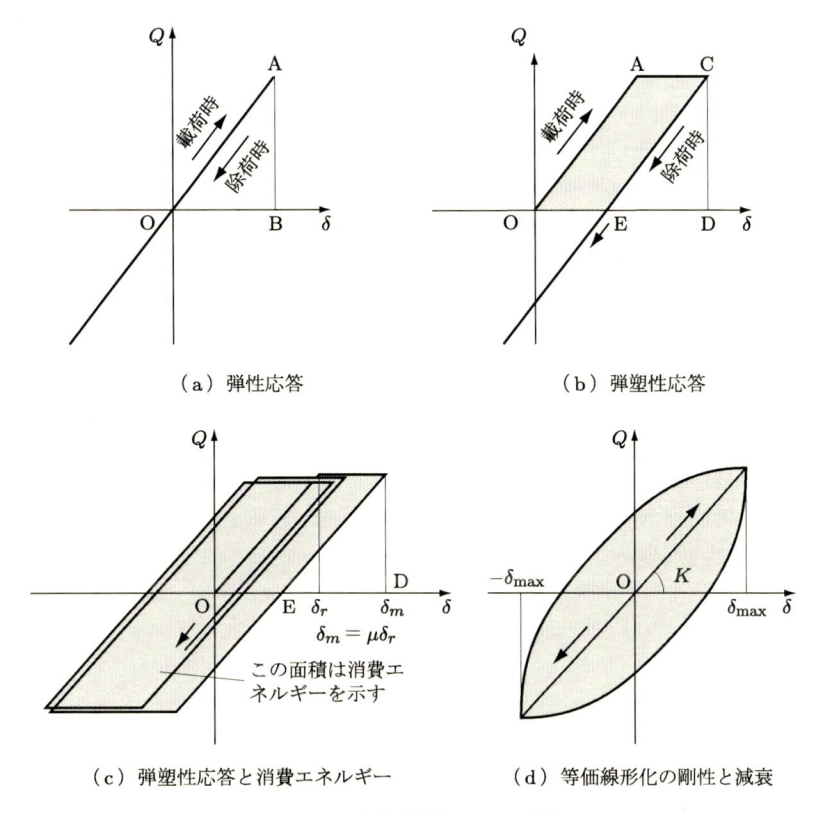

(b) 弾塑性応答

(c) 弾塑性応答と消費エネルギー

(d) 等価線形化の剛性と減衰

図 5.12 架構塑性化による減衰

れた面積分に相当する．ループで囲まれた面積が大きいほど履歴減衰が大きくなるため，加速度や振幅は小さくなる．したがって，塑性変形が大きくなると塑性率も大きく，ループで囲まれた面積も大きくなり，履歴減衰効果も大きい．

等価線形化法を用いて弾塑性応答を解析する場合，上記のような減衰特性を反映することが必要である．弾性振動系の減衰は粘性減衰として加えるので，等価粘性減衰効果を等価線形化モデルに与えると，その荷重－変位曲線は図 5.12(d) に示すような楕円形になる．この楕円の面積は粘性減衰効果を表している．等価線形化モデルの減衰効果をもとの弾塑性振動モデルと同じようにするため，振動の 1 サイクルに着目して，図(d) の楕円の面積を図(c) の履歴減衰の消費エネルギーの面積と同じ面積にすることで，等価線形化の等価減衰定数を定める．このような理論にもとづいて，建築基準法関連施行令で定められている等価減衰定数 h は

$$h = \gamma\left(1 - \frac{1}{\sqrt{\mu}}\right) + 0.05 \qquad (5.23)$$

となっている．ここに，γ は振動系の減衰特性を表す係数，μ は塑性率（4.1.2 項を参照），0.05 は建築物の初期減衰定数であり，架構の弾性振動時の減衰定数である．つまり，$\gamma(1 - 1/\sqrt{\mu})$ は架構の塑性化による履歴減衰を評価する部分である．

限界耐力計算において地震力を求める場合，減衰効果を加速度応答の低減率として評価する．そして，加速度応答スペクトルに次式で求めた低減率 F_h を掛ける方法で減衰の影響を評価する．

$$F_h = \frac{1.5}{1 + 10h} \qquad (5.24)$$

ここに，h は減衰定数である．$h = 0.05$（5%）は，普通の建築物の弾性振動時の減衰定数であり，こ

98　第5章　限界耐力計算

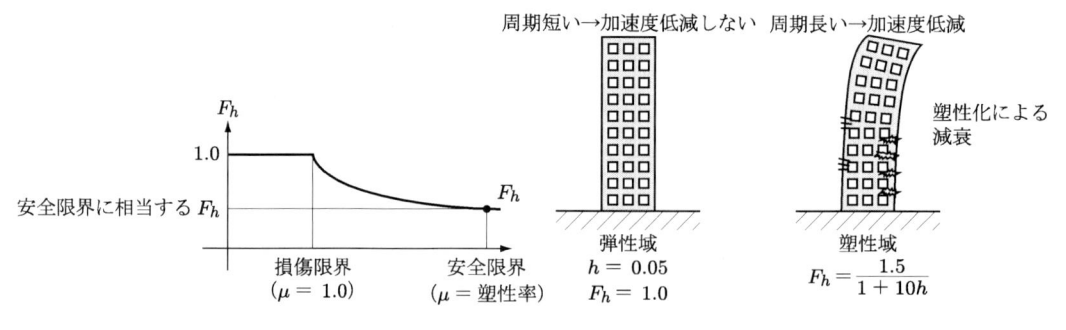

図5.13　減衰による加速度の低減

のとき低減率 $F_h = 1.0$ となり，塑性化による減衰がないこと（弾性振動）を意味している．そして，F_h の評価対象となる「減衰」は，弾性架構の減衰ではなく，架構の塑性化により生じる履歴減衰のことである（図5.13）．

　損傷限界に対する地震力の計算では，架構の塑性化を考慮しないので，減衰による加速度の低減も考慮しない．安全限界時に対する計算では，架構の塑性化を考慮するので，地震力の計算には減衰による低減率の計算が必要である．減衰を考慮すると，加速度（加速度応答スペクトル）は次式のように計算できる．

$$S_a = F_h \cdot S_a' \tag{5.25}$$

ここに，S_a' は振動系の固有周期より求めた加速度応答スペクトルである．

・地震力の計算では，加速度応答スペクトルに低減率 F_h を掛けて減衰を評価する．
・低減率 F_h は，架構の塑性化により生じた履歴減衰を評価する係数であり，安全限界時の地震力の計算時にのみ用いる．
・弾性架構は一般には常に5%程度の減衰定数をもっている（現行建築基準法および関係施行令）．

5.2.3 加速度応答スペクトルについて

　地震動は，震源から地表面に伝達し，さらに建築物に伝達する．第2章で，地盤も独自の振動特性をもち，応答スペクトルは地盤の種類によって異なることを説明した．しかし，5.2.2項までの説明では，まだ地盤の影響を考慮していない．ここでは，加速度応答スペクトルや地盤の影響を説明する．

(1) 工学的基盤の概念

　地表から地下深部へ行くに従って周囲の岩石は圧密度が増し，より堅くなる．堅い岩石ほど，地震波のS波の速度が速くなる．地震波は地層界面で反射と屈折を行いながら伝播する．また，下部にある硬い基盤の振動が上層部の柔らかい地層や物体に伝達されると，その振動が増幅されて激しくなる．たとえば，ゼリーの載っている皿を軽く揺らすと，図5.14(a)のように皿本体よりもゼリーが激しく揺れ，しかもゼリーの底部よりも上部のほうの揺れが激しい．つまり，下部にある硬い基盤の振動エネルギーが上層部の柔らかい物体に伝達されると，その振動が柔らかい上層部で増幅されて激しい振動があらわれる．そうした増幅や反射・屈折の影響をあまり受けない地下深部の非常に堅い基盤があり，この基盤を「地震基盤」とよぶ．図(b)に示すように，震源から地震基盤まで振動が伝わり，さらに地震基盤から地面へと地震動が伝達する．

　一方，地震基盤の上層部にはS波速度が300〜700 m/sで伝達する地層がある．この地層は，とくに地質学上の定義はないが，地振動が伝わる地層として，建築や土木などの工学分野においては「工学的基盤」と定義される．建築構造工学における工学的基盤は，S波が約400 m/s程度以上であり，かつ相当な層厚を有する地層をい

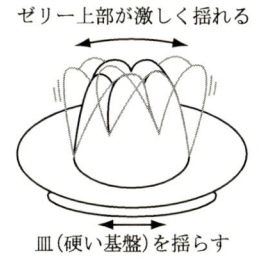

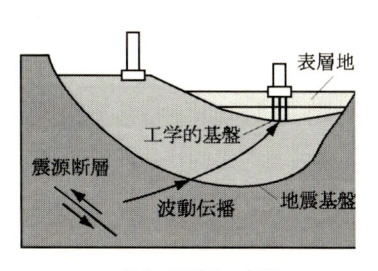

(a) 皿に載せたゼリーの振動　　(b) 地震波の伝達

図 5.14　工学的基盤の概念

う[5.6]．工学的基盤を定義することで，設計法は単純化できる．

地下の深いところにある工学的基盤上部の地表面を「表層地盤」とよぶ．地震動の工学的基盤から表層地盤への伝達を数値シミュレーション解析する場合，工学的基盤と表層地盤をモデル化する必要がある．その際，上に何もない工学的基盤のことを「解放工学的基盤」とよぶ（図 5.15）．

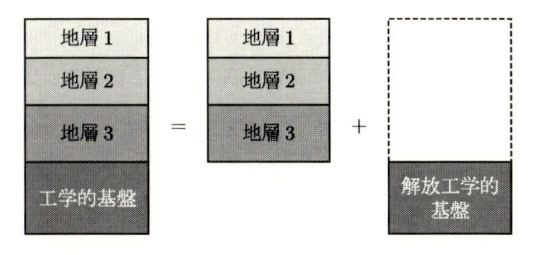

図 5.15　解放工学的基盤

工学的基盤の条件については，関連法規や関連告示において定められているので，詳細については関連文献［5.10］を参照してほしい．

(2) 工学的基盤の標準加速度応答スペクトル

これまでの説明のおもな目的は，1 質点系の応答スペクトルを正確に推定するためである．2.6.2 項で説明したように，実際の応答スペクトルは図 2.37 のようなギザギザの曲線であり，地震力の計算には使いにくい．このため，応答スペクトルの傾向を把握して標準化した地震応答スペクトル曲線を利用する．

限界耐力計算では，地震力の計算に標準加速度応答スペクトルが必要であるため，稀に発生する地震動（中小地震）と極めて稀に発生する地震動（大地震）の 2 種類の「工学的基盤の標準加速度応答スペクトル」を導入している．これまでにさまざまな観測と分析により，工学的基盤の標準振動特性がわかっており，そのデータを使うことで，地表面振動の特性から工学的基盤の振動特性，すなわち「工学的基盤の応答スペクトル」を推定できる．

稀に発生する地震力を計算するための解放工学的基盤の標準加速度応答スペクトル A_d [m/s^2] は，つぎのように定められている．

$$A_d = \begin{cases} 0.64 + 6T_d & (T_d < 0.16) \\ 1.6 & (0.16 \leq T_d < 0.64) \\ \dfrac{1.024}{T_d} & (0.64 \leq T_d) \end{cases}$$

(5.26)

ここに，T_d は稀に発生する地震力に対する 1 質点振動系の等価固有周期 [s] であり，「損傷限界固有周期」とよぶ．

極めて稀に発生する地震力を計算するための解放工学的基盤の標準加速度応答スペクトル A_s [m/s^2] は次式のように定められている．

$$A_s = \begin{cases} 3.2 + 30T_s & (T_s < 0.16) \\ 8 & (0.16 \leq T_s < 0.64) \\ \dfrac{5.12}{T_s} & (0.64 \leq T_s) \end{cases}$$

(5.27)

ここに，T_s は極めて稀に発生する地震力により塑性化された架構に対応する 1 質点振動系の等

価固有周期 [s] であり,「安全限界固有周期」とよぶ.

稀に発生する地震動（中小地震）と極めて稀に発生する地震動（大地震）の 2 種類の地震力を計算するための解放工学的基盤の標準加速度応答スペクトル曲線を図 5.16 に示す.

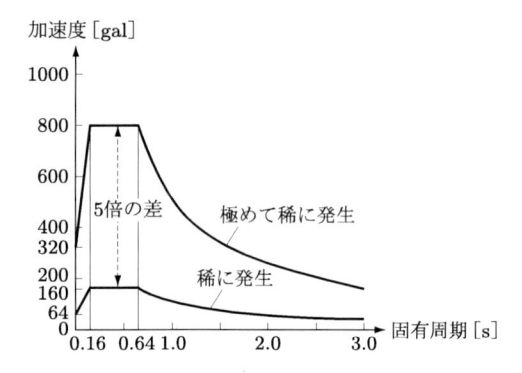

図 5.16 工学的基盤の標準加速度応答スペクトル

地表面の地震動は，工学的基盤の地震動に対する表層地盤の応答である．地震動は工学的基盤から表層地盤へ伝達しながら増幅され，地表面の地震動は建築物に伝わるとさらに増幅される．限界耐力計算では，工学的基盤の標準加速度応答スペクトルに表層地盤による加速度の増幅率 G_s を掛けて，建物（建物の代表質点）の加速度応答スペクトルを算出する．稀に発生する地震動による加速度応答スペクトル S_{ad} は次式のようになる．

$$S_{ad} = G_s(Z \cdot A_d)$$

$$= \begin{cases} (0.64 + 6T_d)ZG_s & (T_d < 0.16) \\ 1.6ZG_s & (0.16 \leq T_d < 0.64) \\ \dfrac{1.024}{T_d}ZG_s & (0.64 \leq T_d) \end{cases}$$

(5.28a)

極めて稀に発生する地震動に関しては架構の塑性化による減衰の低減率 F_h の導入が必要であり，この場合の加速度応答スペクトル S_{as} は次式のようになる．

$$S_{as} = F_h G_s(Z \cdot A_s)$$

$$= \begin{cases} (3.2 + 30T_s)ZF_hG_s & (T_s < 0.16) \\ 8ZF_hG_s & (0.16 \leq T_s < 0.64) \\ \dfrac{5.12}{T_s}ZF_hG_s & (0.64 \leq T_s) \end{cases}$$

(5.28b)

ここに，Z は地域係数で，2.6 節で紹介した新耐震設計法の地震力の計算時と同じ値である．

(3) 表層地盤による加速度の増幅率 G_s

表層地盤による加速度の増幅率 G_s の算出方法には，「精算法」と「略算法」がある．

「精算法」は，表層地盤に含まれる各地層の層厚，せん断波速度，密度などのデータをもとに等価な地盤に置き換え，地盤の非線形特性を考慮しながら収束計算を行い，加速度の増幅率を求める方法である．

「略算法」は，2.6 節で紹介した新耐震設計法の地震力計算と同様に建設地の地盤を第 1～3 種に区分し，各地盤種別に異なる計算式を用いて加速度の増幅率を求める方法である．加速度の増幅率 G_s については，建築基準法や関係告示でさまざまに規定されているが，ここでは，建設省の関連告示 1457 号にある略算法を紹介する．表層地盤による加速度の増幅率を表す数値 G_s は，2.6.3 項で説明した地盤の固有周期の境界値 T_c によって決まる第 1～3 種の地盤種別ごとに異なり，それぞれ次の計算式で求める．

第 1 種地盤の場合：

$$G_s = \begin{cases} 1.5 & (T < 0.576) \\ \dfrac{0.864}{T} & (0.576 \leq T < 0.64) \\ 1.35 & (0.64 < T) \end{cases}$$

(5.29a)

第 2, 3 種地盤の場合：

$$G_s = \begin{cases} 1.5 & (T < 0.64) \\ 1.5\left(\dfrac{T}{0.64}\right) & (0.64 \leq T < T_u) \\ g_v & (T_u < T) \end{cases}$$

(5.29b)

ここに，T は建築物の 1 次固有周期であり，稀に

発生する地震動の場合 T_d の値，極めて稀に発生する地震動の場合 T_s の値をとる．T_u, g_v は次式で表せる．

$$T_u = 0.64\left(\frac{g_v}{1.5}\right) \quad (5.30)$$
$$g_v = \begin{cases} 2.025 & (第2種地盤) \\ 2.7 & (第3種地盤) \end{cases}$$

このようにして，表層地盤による加速度の増幅を考慮した加速度応答スペクトルの算出原理を図 5.17 に示す．

5.2.4 S_a-S_d 関係と地震応答の推定

これまでの説明では，静的解析（増分解析）の結果を用いて 1 質点振動系に縮約し，加速度応答スペクトルを算出して，地震力を推定してきた．しかし，地震時には建築物はどれほどの応答を起こすのかが知りたいだろう．静的増分解析だけでは，建築物の変位応答や加速度応答を推定できない．ここに，建築物の変位応答と加速度応答を推定する方法を順に紹介する．

(1) S_a-S_d 関係曲線

建築物の地震応答を推定するには，加速度応答 S_a と変位応答 S_d との関係曲線を利用するため，S_a-S_d 関係曲線を先に紹介する．

振動解析理論では，減衰が十分小さい場合，加速度応答スペクトル S_a と変位応答スペクトル S_d の間の近似的な関係は次式のように表すことができる．

$$S_a = \omega^2 S_d = \left(\frac{2\pi}{T}\right)^2 S_d \quad (5.31)$$

ここに，ω は固有円振動数である．式(5.31)は振動解析の一般的な理論であるので，固有周期 T は，稀に発生する地震動の場合 T_d に，極めて稀に発生する地震動の場合 T_s に置き換える．そして，式(5.31)と式(5.28b)を連立して固有周期 T_s を消去し，S_a-S_d 関係曲線を作成できる[5.7]．図 5.18 は極めて稀に発生する地震動の S_a-S_d 関係曲線である．

(2) S_a-S_d 関係曲線を用いた応答の推定

それでは，S_a-S_d 関係曲線を用いて加速度応答値を推定する[5.8, 5.9]．まず，増分解析により荷重-変位曲線を得ることに関する知識を復習する．架構が塑性領域まで達した場合，建築物各階の水平せん断力と層間変位の関係は図 4.2(b) や図 4.25(a) のような荷重-変位曲線になる．地震による変位応答がゼロから増大していく過程は，

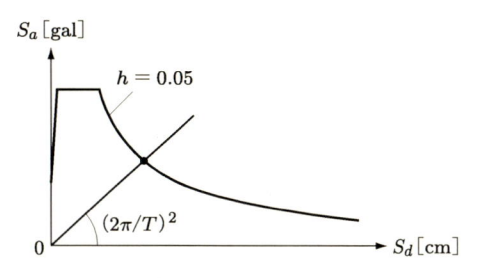

図 5.18 極めて稀に発生する地震動の S_a-S_d 関係曲線

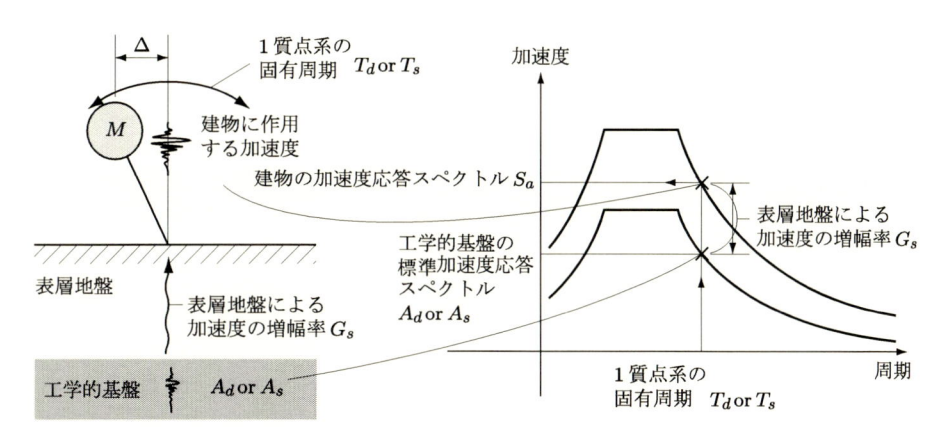

図 5.17 標準加速度応答スペクトルと地震動の増幅

同等の地震力に対する静的増分解析で得た変位の増大と非常に近いものになる．そして，増分解析の解析ステップごとに各層の基礎に対する水平変位（絶対変位）$\{\delta_i\}$ と1階の層せん断力（ベースシャー）Q_{Bs} を算出し，式(5.19)～(5.22)より代表変位 Δ，1質点振動系の有効質量 M_u，固有周期 T_s を定めることができる．地震力は加速度に質量を掛けて得たもの（力＝加速度×質量）なので，反対にベースシャーを等価1質点振動系の有効質量で割ることにより，その等価1質点振動系の最大加速度を得ることができる．増分解析のステップごとに得たベースシャーに対応する擬似加速度 a は，$a = Q_{Bs}/M_u$ で計算できる．このように，増分解析のステップごとに擬似加速度 a と代表変位 Δ を算出することができ，$a - \Delta$ 曲線が得られる（図5.19）．この $a - \Delta$ 関係曲線を，「耐力スペクトル」とよぶことがある．

$a - \Delta$ 関係曲線を $S_a - S_d$ 関係曲線と重ねると，1質点振動系における変位と加速度応答の関係がより明確になる（図5.20）．複数の実線で表している $S_a - S_d$ 関係曲線は，極めて稀に発生する地震動に対応する最大加速度である．太い線は $a - \Delta$ 曲線（増分解析により得たもの）である．

$S_a - S_d$ 関係曲線を作成する場合は，塑性変形による減衰の影響を考慮しなければならない．5.1節において解説したように，塑性変形が大きくなると，塑性率や減衰定数も大きくなるため，加速度応答スペクトルも低減する．架構の塑性変形の増大に応じて，この $a - \Delta$ 曲線上に点 a, b, c, d がプロットされている．点 a, b, c, d の塑性率に応じて等価減衰定数 h_a, h_b, h_c, h_d，加速度低減率 F_{ha}, F_{hb}, F_{hc}, F_{hd} が定められている．これらの加速度低減率に対応する $S_a - S_d$ 曲線は図のようになる．

前述のように，増分解析により得た変位が近似的に多質点振動系の応答変位になる．$a - \Delta$ 曲線は増分解析により算出された代表点の挙動であるため，架構の代表点の最大応答加速度は $a - \Delta$ 曲線上にあるが，想定する最大地震動に対する最大応答点は $S_a - S_d$ 関係曲線上にも存在する．したがって，想定する最大地震動に対する真の最大応答点は，$a - \Delta$ 曲線と $S_a - S_d$ 関係曲線の交点となる．また，等価線形解析理論を適用する場合，縮約された等価1質点振動系の応答はこの最大応答点と原点を結ぶ直線上にある．ただし，$a - \Delta$ 曲線は1本の曲線であり，$S_a - S_d$ 曲線は減衰によって変化する曲線群である（等価減衰定数によって曲線本数が増える）．代表点の真の最大応答点がどの曲線との交点になるのかについては，つぎのように考えていけばわかる．

① 図5.20において，直線 Oa は弾性状態を示している．もし，最大応答点を点 a と仮定すると，1質点振動系の応答点は直線 Oa の延長線と $h_a = 0.05$ に対応する $S_a - S_d$ 曲線の交点 a' になる．Oa 間の線分は弾性状態を表すため，この曲線は架構の塑性減衰を考慮していない（$h_a = 0.05$, $F_{ha} = 1$）．ただし，点 a' に対応する地震力は架構の耐力（点 d に対応しているもの）よりはるかに大きいので，応答点は点 a' にならず，$a - \Delta$ 曲線に沿って点 b へ遷移す

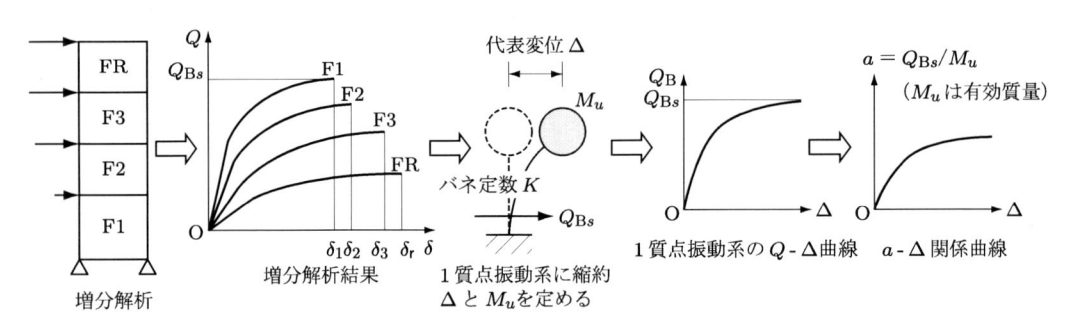

図5.19　$a - \Delta$ 関係曲線

5.2 地震力の求めかた　103

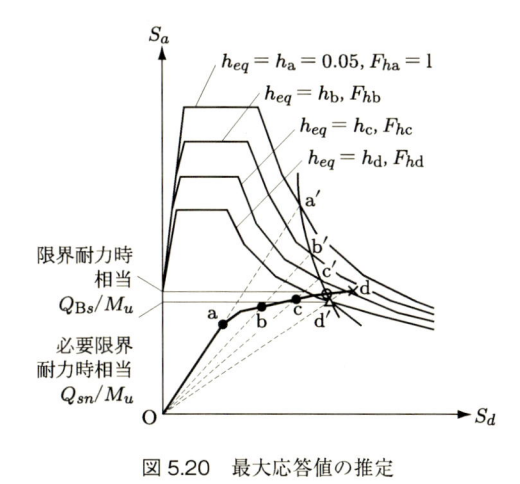

図5.20 最大応答値の推定

る．

② 点bを最大応答点と仮定すると，等価線形化による1質点振動系の応答点はOb直線の延長線とF_{hb}に対応するS_a-S_d曲線の交点b′になる．ただし，点b′に対応する地震力は①と同様に架構の耐力よりはるかに大きいので，架構がさらに塑性変形を生じ，その代表点の最大応答点はa-Δ曲線上の点cへ遷移する．

③ 点cを最大応答点と仮定すると，①，②と同様の考えかたで，等価1質点振動系の最大応答点がF_{hc}に対応するS_a-S_d曲線上の点c′で決まる．もし，架構の耐力（限界耐力）が点cに対応するものと仮定すると，点c′で定められる地震力は耐力より大きいので，架構が安全ではないと判断できる．図5.20では，架構の耐力（限界耐力）は点dに対応するものである．

④ 架構の耐力点の点dを最大応答点とすると，①～③と同様の考えかたで，等価1質点振動系の最大応答点がF_{hd}に対応するS_a-S_d曲線上の点d′（図中の△印）で決まる．この点はa-Δ曲線の下方になっている．この図では，架構の耐力（限界耐力）は点dに対応するものであり，点d′で定められる地震力は耐力より小さいので，ここまで変形できる架構は安全であると判断できる．

⑤ ただし，点c′と点d′のいずれもa-Δ曲線上の点ではないので，真の応答点にはならない．

そして，点c′と点d′を結ぶ線とa-Δ曲線の交点近傍（図中の○印）は真の応答点になる．真の応答点で定められる地震力は，架構の耐力より小さいことがわかる．

・○印の交点の応答変位＜点dの耐力時の変位
・○印の交点の耐力スペクトル＜点dの耐力
したがって，架構が安全であることを確認できる．

上記のように，1質点振動系の真の応答はS_a-S_d関係曲線とa-Δ曲線の交点になり，この交点の求めかたはさまざまな文献で提案されているが，ここでは省略する．また，図5.20の交点a′b′c′d′をつなぐ曲線の勾配は1質点振動系の固有周期によって異なるが[5.7]，本書で扱う計算原理の範囲を超えるため，その詳細解説は省略する．

安全限界の確認計算では，安全限界に達するまで増分解析を行うことにより，建築物自身がもっている耐力である（図5.20の点dに対応する）「安全限界耐力」を算出する（詳細は，5.4.4項）．一方，架構全体に作用する地震力の総和を「必要安全限界耐力」といい，これは本来は上述のような真の応答点（S_a-S_d関係曲線とa-Δ曲線の交点，図5.20の○印）に対応するものである．ただし，現行建築基準法に関連する施行令および建設省告示第1457号で定めている地震力の算出方法では，限界耐力（状態）時の各階の変位を用いて代表変位および1質点振動系の固有周期を計算して，地震力（必要安全限界耐力）を算出する（詳しくは5.3.4項）．上記の議論に関しては多くの研究課題が残っているが，本書は現行建築基準法に関連する施行令および平成12年建設省告示第1457号（平成25年改正）の諸規定に従って解説する．

5.2.5 地震力計算の考えかた

これまで説明した地震力計算の手順および基本的な考えかたを下記にまとめる[5.10]．

① 層せん断力の分布をA_i分布とし，その水平外力分布をp_iとして算出する．

104　第5章　限界耐力計算

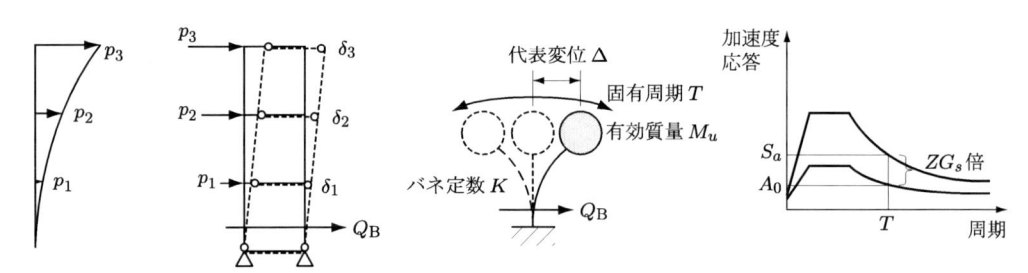

① 水平地震力の分布を水平力分布とする
② 増分解析により各階の変位を求める
③ 1質点振動系に縮約，固有周期 T を求める
④ 加速度応答スペクトルを算出する

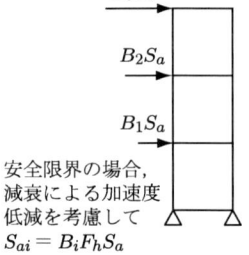

⑤ 1質点振動系の加速度スペクトルを各階へ振分け
安全限界の場合，減衰による加速度低減を考慮して
$S_{ai} = B_i F_h S_a$
⑥ 各階の水平地震力 P_i を算出する
⑦ 各階の層せん断力 Q_i を算出する

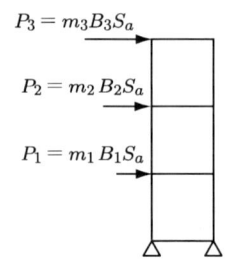

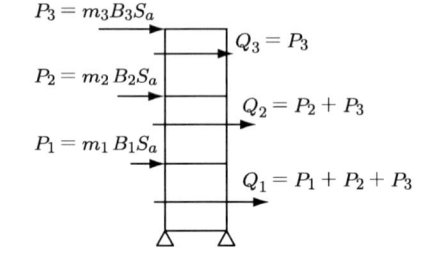

図5.21　地震力計算の考えかた

② 水平力 $\{p_i\}$ を用いて増分解析を行い，各層の変位 $\{\delta_i\}$ を求める．

③ $\{\delta_i\}$ を用いて，縮約する等価1質点振動系の有効質量 M_u，代表変位 Δ，等価固有周期 T を算出する．

④ 等価1質点振動系の等価固有周期 T より，工学的基盤の標準加速度応答スペクトル（A_d，A_s）を算出する．表層地盤の加速度増幅率 G_s を算出する．

⑤ 1質点振動系の加速度スペクトルを各階へ振り分け係数 B_i を算出する．加速度応答スペクトルは1質点振動系の応答スペクトルであるので，これを本来の建物の各階へ分配する必要がある．1質点の加速度を上下に振り分ける方法は，i 階の分布係数 B_i という加速度分布係数と加速度応答スペクトルとを掛けあわせることである．B_i の算出方法は5.2.6項と5.2.7項で説明する．

安全限界時の地震力を計算する場合，加速度低減率 F_h を算出する．

⑥ 各階の水平地震力は，"その階の加速度スペクトル×その階の質量"で求められる．

⑦ 各階の地震層せん断力は，"その上層の水平地震力の合計"で求められる．

これらの手順を図5.21で表す．

5.2.6 稀に発生する地震力の計算（損傷限界対応）

稀に発生する地震力は，建築物の損傷限界の確認のためのものであり，架構の振動が弾性範囲内である．稀に発生する地震動により第 i 層に発生する地震力 P_{di} は次式により算出する．

$$S_{ai} = B_{di} S_{ad} \tag{5.32a}$$
$$P_{di} = m_i \cdot S_{ai} = m_i \cdot B_{di} \cdot S_{ad} \tag{5.32b}$$

ここに，P_{di} は損傷限界耐力時の各階の水平地震力，m_i は第 i 階の質量，B_{di} は損傷限界時における加速度応答スペクトル S_{ad} の第 i 階に対する分布係数である．ただし，式(5.32)の S_{ad} は損傷限界用加速度応答であり，式(5.28a)に従って算出

する.

　式(5.28a)を式(5.32b)に代入して，稀に発生する地震動により建築物の第i階に作用する水平地震力P_{di}は次式により計算できる.

$$P_{di} = \begin{cases} (0.64 + 6T_d) \cdot m_i \cdot B_{di} \cdot Z \cdot G_s \\ \qquad\qquad (T_d < 0.16) \\ 1.6 \cdot m_i \cdot B_{di} \cdot Z \cdot G_s \\ \qquad\qquad (0.16 \leq T_d < 0.64) \\ \dfrac{1.024 \cdot m_i \cdot B_{di} \cdot Z \cdot G_s}{T_d} \\ \qquad\qquad (0.64 \leq T_d) \end{cases} \quad (5.33)$$

ただし，各階の質量m_iの単位は[t]，地震力P_{di}の単位は[kN]となる.

　損傷限界固有周期T_dは，式(5.15)～(5.18)より求める．ただし，これらの式中の変位$\{\delta_i\}$とQ_Bは，「損傷限界時の各階の変形」と「損傷限界耐力」となり，それぞれ$\{\delta_{di}\}$とQ_dで表記し，代表変位Δと有効質量M_uの記号はそれぞれΔ_dとM_{ud}に置き換える．したがって，損傷限界固有周期を求める一連の計算はつぎのようになる.

$$M_{ud} = \frac{(\sum m_j \delta_{dj})^2}{\sum m_j \delta_{dj}^2} \quad (5.34)$$

$$\Delta_d = \frac{\sum_{j=1}^n m_j \delta_{dj}^2}{\sum_{i=1}^n m_i \delta_{di}} \quad (5.35)$$

$$T_d = 2\pi \sqrt{\frac{M_{ud} \cdot \Delta_d}{Q_d}} \quad (5.36)$$

ここに，Q_dの単位は[kN]，Δ_dの単位は[m]，M_{ud}の単位は[t]，δ_{di}の単位は[m]である．損傷限界の定義，損傷限界耐力時の各階の変形$\{\delta_{di}\}$についての詳細と求めかたは，5.3.3項において説明する.

　各階の加速度の分布係数B_{di}は，次式のように，建築物の損傷限界時の各階の変形の分布にもとづき，損傷限界固有周期に応じた刺激関数によって計算した分布に，表5.2の補正係数p, qを乗じて得た数値とする．これは地震荷重における許容応力度等計算との同等性などの要因を考慮するための補正係数であり，その原理についての説明はここでは省略する.

$$B_{di} = p \cdot q \times 刺激関数によって算出した分布 \quad (5.37)$$

建築基準法関連施行令では，地階を除く階数が5以下である建築物の場合においては，加速度の分布係数B_{di}は，「基本分布値b_{di}」に補正係数p, q, 有効質量比$M_{ud}/\sum_{j=1}^n m_j$を掛けて算出する.

$$B_{di} = p \cdot q \cdot \frac{M_{ud}}{\sum_{j=1}^n m_j} \cdot b_{di} \quad (5.38)$$

$$b_{di} = \begin{cases} 1 + (\sqrt{\alpha_i} - \alpha_i^2) \cdot c \cdot \dfrac{\sum_{j=1}^n m_j}{m_n} \quad (最上階) \\ 1 + (\sqrt{\alpha_i} - \sqrt{\alpha_{i+1}} - \alpha_i^2 + \alpha_{i+1}^2) \cdot c \cdot \dfrac{\sum_{j=1}^n m_j}{m_i} \\ \qquad\qquad (最上階以外) \end{cases}$$
$$(5.39)$$

$$c = \frac{2h(0.02 + 0.01\lambda)}{1 + 3h(0.02 + 0.01\lambda)} \quad (5.40)$$

ここに，α_iは式(2.25)と同じで，計算対象とな

表5.2　補正係数pとqの値

(a) 補正係数値pの値

階数	$T_d \leq 0.16$sの場合	$T_d > 0.16$sの場合
1	$1.00 - \dfrac{0.20}{0.16}T_d$	0.80
2	$1.00 - \dfrac{0.15}{0.16}T_d$	0.85
3	$1.00 - \dfrac{0.1}{0.16}T_d$	0.9
4	$1.00 - \dfrac{0.05}{0.16}T_d$	0.95
5以上	1.00	1.00

(b) 補正係数qの値

有効質量比 < 0.75	$q = 0.75\dfrac{\sum m_i}{M_{ud}}$
有効質量比 ≧ 0.75	1.0

る高さの部分が支えるすべての固定荷重と積載荷重の和（多雪区域においては，さらに積雪荷重を加えたものとする）を地上部分の固定荷重と積載荷重の総和で割った数値である．h は建築物の高さであり，λ は木造と鉄骨造部分の高さの割合（建築物の柱梁が木造あるいは鉄骨造である階の高さの合計の h に対する比）である．

$$\lambda = \frac{木造または鉄骨部分の高さの合計}{全体の高さ} \tag{5.41}$$

2.6 節の新耐震設計法の地震力の計算時に導入した層せん断力の分布係数 A_i を用いても同様の結果になる．A_i と b_{di} の分布は似ているが，A_i 分布が最下階において $A_1 = 1.0$ になるのに対して，b_{di} は建築物の高さ方向の途中の代表点において，$b_{dk} = 1.0$ になる．

5.2.7 極めて稀に発生する地震力の計算（安全限界対応）

極めて稀に発生する地震力は安全限界の確認のためのものであり，その計算原理は 5.2.6 項と同じで，計算手順も似ている．加速度および i 階の水平地震力 P_{si} は下記のように計算できる．

$$S_{ai} = B_{si} S_{as} \tag{5.42a}$$
$$P_{si} = m_i \cdot S_{ai} = m_i \cdot B_{si} \cdot S_{as} \tag{5.42b}$$

ここに，P_{si} は安全限界耐力時の各階の水平地震力，m_i は第 i 階の質量，B_{si} は加速度応答スペクトル S_{as} の第 i 階に対する分布係数である．ただし，式(5.42a)の S_{as} は安全限界用加速度応答であり，式(5.28b)に従って算出する．式(5.28b)を式(5.42b)に代入して，次式を得ることができる．

$$P_{si} = \begin{cases} (3.2 + 30T_s) \cdot m_i \cdot B_{si} \cdot F_h \cdot Z \cdot G_s \\ \qquad (T_d < 0.16) \\ 8 \cdot m_i \cdot B_{si} \cdot Z \cdot F_h \cdot G_s \\ \qquad (0.16 \leq T_s < 0.64) \\ \dfrac{5.12 \cdot m_i \cdot B_{si} \cdot F_h \cdot Z \cdot G_s}{T_s} \\ \qquad (0.64 \leq T_s) \end{cases} \tag{5.43}$$

ここに，m_i の単位は [t]，P_{si} の単位は [kN] である．有効質量 M_{us} [t]，代表変位 Δ_s [m]，安全限界固有周期 T_s [s] は式(5.19)〜(5.22)により算出する．

$$M_{us} = \frac{(\sum m_j \delta_{sj})^2}{\sum m_j \delta_{sj}^2} \tag{5.21'}$$

$$\Delta_s = \frac{\sum\limits_{j=1}^{n} m_j \delta_{sj}^2}{\sum\limits_{i=1}^{n} m_i \delta_{si}} \tag{5.19'}$$

$$T_s = 2\pi \sqrt{\frac{M_{us} \cdot \Delta_s}{Q_s}} \tag{5.22'}$$

ここに，$\{\delta_{si}\}$ は安全限界時の各階の絶対変位 [m]，Q_s は安全限界耐力 [kN] であり，その計算方法については 5.3.4 項で説明する．

ただし，建築物が安全限界に達する過程では架構の応力状態は塑性領域に達するので，塑性化による減衰を評価するため，加速度低減率 F_h の導入が必要である．

$$F_h = \frac{1.5}{1 + 10h} \tag{5.24'}$$

ここに，h は建築物の減衰定数である．h の評価理論は非常に難しい問題であるが，建築基準法の関連施行令および建設省告示第 1457 号にある計算方法を簡単に紹介する．

建設省の告示では，建築物の減衰定数 h の計算方法として，個々の部材の減衰特性を評価できる場合の計算方法，建築物全体の塑性程度を評価して減衰特性を評価する方法のいずれかの方法を使用することができる．後者は個々の部材の構造

形式に応じた減衰特性がほぼ同じ場合に適用し，5.2.2項で紹介した等価線形化法の減衰評価の方法（式(5.23)）を用いたと考えられるが，その計算式は次式になる[5.7]．

$$h = \gamma_1 \left(1 - \frac{1}{\sqrt{D_f}}\right) + 0.05 \qquad (5.44)$$

ここに，γ_1は表5.3に示す部材レベルの減衰特性を表す係数である．D_fは建築物の塑性化の程度を表すもので，次式によって計算する．

$$D_f = \frac{\Delta_s Q_d}{\Delta_d Q_s} \qquad (5.45)$$

ここに，Q_dとΔ_dはそれぞれ損傷限界耐力とその代表変位であり，Q_sとΔ_sはそれぞれ安全限界耐力とその代表変位である．

表5.3　γ_1 部材レベルの減衰特性を表す係数

部材の構成形式	γ_1
部材を構成する材料および隣接する部材との接合部が緊結された部材	0.25
その他の部材または地震力が作用するときに座屈による耐力低下を生じる圧縮力を負担する筋かい部材	0.2

加速度の分布係数B_{si}の計算の基本的な考えかたは損傷限界時と同じだが，用いた有効質量，等価固有周期などの諸量はそれぞれ安全限界時のものに置き換える．つまり，各階の加速度の分布係数B_{si}は，建築物の安全限界時の各階の変形の分布にもとづいて刺激関数によって算出した分布に，補正係数p，qを乗じて得た数値とする．

$$B_{si} = p \cdot q \times \begin{array}{c}\text{刺激関数によって}\\\text{算出した分布}\end{array} \qquad (5.46)$$

建築基準法関連施行令によると，建築物が地階を除く階数が5以下である場合においては，次式より計算できる．

$$B_{si} = p \cdot q \cdot \frac{M_{us}}{\sum_{j=1}^{n} m_j} \cdot b_{si} \qquad (5.47)$$

前項と同じように，加速度分布係数B_{si}は，「基本分布値b_{si}」に補正係数p，q，有効質量比$M_{ud}/\sum_{j=1}^{n} m_j$を掛けて算出する．また，$A_i$分布を用いることも同様である[5.8]．

5.3 限界耐力計算による構造計算

5.2節で限界耐力計算に用いる地震荷重の算出方法を説明したので，ここで限界耐力計算による構造計算の方法および手順を紹介する．

5.3.1 断面算定と使用性の確認

構造計画，架構の各部材の断面決定を先に行うことが一般的な構造設計の手順なので，限界耐力計算でも，各部材の断面決定からはじめる．各部材の断面決定の方法は，鉄筋コンクリート造や鋼構造，そして鉄骨鉄筋コンクリート構造など，各構造種別の部材断面算定と同じである．各部材の長期荷重に対する断面算定は，第2，3章で解釈した許容応力度計算と同じように，固定荷重と積載荷重の和（多雪区域においては，さらに積雪荷重を加えたもの）を使用して計算する．また，短期荷重にも十分に耐える断面を設定する必要があるが，限界耐力計算では，許容応力度等計算のような短期荷重に対する断面算定を行わず，代わりに損傷限界の安全確認を行う．

限界耐力計算では，建築物の使用上の支障が起こらないことを確かめる必要がある．その内容は，床や梁のたわみ量のスパンに対する比が1/250以下になるようにすること，架構や床の振動が規定範囲以内であることを検証することである．

5.3.2 積雪と暴風に対する安全性の確認計算

積雪と暴風に対する安全性の確認計算は，限界耐力計算の重要な一部である．限界耐力計算では，「稀に発生する積雪と暴風」と「極めて稀に発生する積雪と暴風」の2段階の荷重レベルを設定して，架構の安全性を確認する．稀に発生する積雪と暴風に対して建築物が損傷しないことと，極

表5.4 極めて稀に発生する積雪と風圧力に関する荷重の組合せ

荷重状態	一般区域の場合	多雪区域の場合	備考
積雪荷重	$G+P+1.4S$	$G+P+1.4S$	建築物の転倒，柱の引抜きなどを検討する場合においては，Pについては，建築物の実況に応じて積載荷重を減らした数値によるものとする．
風荷重	$G+P+1.6W$	$G+P+1.6W$	
		$G+P+0.35S+1.6W$	

＊ G：固定荷重，P：積載荷重，S：稀に発生する積雪荷重，W：稀に発生する風荷重

めて稀に発生する大規模な積雪および暴風に対して建築物に生じる力と材料強度から算出した部材の耐力とを比較し，建築物が倒壊，崩壊しないことを確かめる．

ここに，稀に発生する積雪と暴風とは，存在期間内に1回以上遭遇する積雪および暴風のことである．極めて稀に発生する積雪と暴風とは，存在期間内に遭遇する最大級の積雪および暴風のことを指す．それぞれは再現期間が50年相当と500年相当の積雪と暴風を指す．稀に発生する積雪荷重と暴風の風圧力は，第2章で紹介した荷重の計算方法に従って計算を行う．そして，極めて稀に発生する積雪と暴風時の荷重の大きさは，積雪の場合「稀に発生する」積雪荷重の1.4倍とし，風荷重の場合「稀に発生する」風荷重の1.6倍とする．

- 極めて稀に発生する積雪荷重 = 1.4 × 稀に発生する積雪荷重
- 極めて稀に発生する風圧力 = 1.6 × 稀に発生する風圧力

稀に発生する積雪と暴風に対する安全性確認計算において考慮する荷重は，固定荷重，積載荷重，そして積雪荷重と風荷重であり，地震荷重を除く．また，「損傷しないこと」は，部材に生じる最大応力度が許容応力度を超えないことによって確保する．部材の「許容応力度」の概念も許容応力度計算と同じであり，原則としては「短期許容応力度」を用いる．

極めて稀に発生する積雪と暴風に対する安全性確認計算において考慮する荷重は，表5.4のようになる．その安全性の計算方法は，保有水平耐力の検討や変形に対する力学解析手法を用いてもよ

いが，一般には力学解析を行わずに工学的判断によって判定する．たとえば，すべての階において，極めて稀に発生する風荷重の値が稀に発生する地震荷重より小さい場合，稀に発生する地震荷重に対して損傷がないことを検証できれば，当然なことであるが極めて稀に発生する風荷重により崩壊しないことが確保できたことが検証できる．

5.3.3 地震力に対する損傷限界の検討

5.1.3，5.1.4項において説明したとおり，限界耐力計算のおもな内容は地震力に対する損傷限界と安全限界の確認計算である．ここでは，地震力に対する損傷限界の検討を紹介し，次項においては地震力に対する安全限界の検討を紹介する．

損傷限界とは，建築物の構造耐力上主要な部分が短期許容応力度に達した状態を指す．つまり，構造耐力上主要な部分のうち，ある一部分の応力度が短期許容応力度に達すると建築物全体が損傷限界に達したと判断する．この時点において建築物全体に作用する地震力の総和（1階の層せん断力）を，その建築物の「損傷限界耐力」とよぶ．また，稀に発生する地震により建築物の地上全体に作用する水平地震力のことを，「必要損傷限界耐力」とよぶ．そして，地震に対する損傷限界の確認は下記のようになる．

建築物の損傷限界耐力 ≧ 必要損傷限界耐力

損傷限界に対する安全性確認計算のおもな内容は，必要損傷限界耐力が建築物全体の損傷限界耐力を超えないこと，各階の層間変形角が1/200（条件によって1/120の場合もある）以下になっていることを確認することである．ここに，その

確認計算の手順を順に紹介する．必要損傷限界耐力の計算原理および計算方法は 5.2.6 項で紹介したが，後で再度まとめる．

(1) 損傷限界耐力の計算

損傷限界の確認計算で考慮する荷重は，長期荷重と地震力である．ここに，長期荷重は第2章で紹介した新耐震設計法と同じで，固定荷重と積載荷重の和（多雪地域においては，さらに積雪荷重を加えたもの）である．

損傷限界耐力の計算方法は，建築物の架構を適切にモデル化して，静的力学解析手法を用いる．各層の損傷限界耐力 Q_{di} と建築全体の損傷限界耐力 Q_d の計算方法としては，精算法と略算法の2種類がある．

- 精算法：弾性解析（水平外力分布に対する立体解析）あるいは水平外力分布に対する増分解析
- 略算法：建設省告示 1457 号に定められている方法

■ 精算法

精算法とは，水平外力分布に対する弾性解析（立体解析）あるいは増分解析のことを指す．5.2.1 項で説明したように，地震力の分布を水平荷重とする静的力学解析により得た各層の変位は建物の1次固有モードのよい近似であり，その結果を用いると煩雑な動的解析を行う必要がない．したがって，損傷限界に達するように弾性解析あるいは増分解析を行い，これによって得た層せん断力を損傷限界耐力とする．

鋼構造などの荷重 - 変位関係が線形である構造物の場合，普通の弾性解析により損傷限界耐力およびその時点の各層の変位を算出できる．鉄筋コンクリート造などの場合は，材料非線形特性をもち，ひび割れなどの影響により非線形性状を示すので，損傷限界耐力の計算には増分解析を用いるのがよい．ただし，部材の剛性低下を考慮した等価剛性を用いるならば，普通の弾性解析に従ってもよい．解析に使用する水平外力の分布は，加速度の分布係数 b_{di}，あるいは新耐震設計法の地震力計算時の A_i 分布のいずれを用いても同じである．

いずれの計算方法も，その最終目的は建築物の損傷限界耐力 Q_d，各階の基礎に対する水平変位 δ_{dj} を求めることである．算出したこれらの結果を用いて，代表変位，等価1質点振動系の有効質量などを計算する．

■ 略算法

建設省告示第 1457 号では，損傷限界耐力の略算法を定めている．計算方法の概要はつぎのとおりである．

① 建築物をモデル化し，階ごとに部材の応力度が短期許容応力度に達するときの層せん断力を算出し，これをその階の損傷限界耐力 Q_{di} とする．

② 各階の損傷限界耐力 Q_{di} を用いて「1階層せん断力係数換算値 q_{di}」を算出し，その最小値および最小値の発生する階を求める．

$$q_{di} = \frac{Q_{di}}{\dfrac{\sum_{j=i}^{n} B_{dj} m_j}{\sum_{k=1}^{n} B_{dk} m_k} \cdot \sum_{l=1}^{n} m_l g} \tag{5.48}$$

ここで，B_{dj} の計算式（5.38）を式（5.48）に代入して整理すると次式になる．

$$\begin{aligned}
q_{di} &= \frac{Q_{di}}{\dfrac{\sum_{j=i}^{n} B_{dj} m_j}{\sum_{k=1}^{n} B_{dk} m_k} \cdot \sum_{l=1}^{n} m_l g} \\
&= \frac{Q_{di}}{\dfrac{\sum_{j=i}^{n} p \cdot q \cdot \dfrac{M_{ud}}{\sum_{l=1}^{n} m_l} \cdot b_{dj} m_j}{\sum_{k=1}^{n} p \cdot q \cdot \dfrac{M_{ud}}{\sum_{l=1}^{n} m_l} \cdot b_{dk} m_k} \cdot \sum_{l=1}^{n} m_l g} \\
&= \frac{Q_{di}}{\dfrac{\sum_{j=i}^{n} b_{dj} m_j}{\sum_{k=1}^{n} b_{dk} m_k} \cdot \sum_{l=1}^{n} m_l g}
\end{aligned} \tag{5.49}$$

そして，建築物全体の損傷限界耐力 Q_d は次式により算出する．

$$Q_d = \min(q_{di}) \cdot \sum_{j=1}^{n} m_j g \qquad (5.50)$$

ここに，n は建築物の階数，m_i は各階の質量，g は重力加速度である．つまり，建築物の損傷限界耐力 Q_d は，各階の損傷限界耐力 Q_{di} を用いて計算した1階の層せん断力係数換算値 q_{di} のうちの最小値に，建築物の総重量を乗じた値となる．

③ ②で算出した Q_d を各階へ分配することにより，損傷限界耐力に相当する水平力 $P_{di}{}'$ を計算する．

$$P_{di}{}' = \frac{B_{di}m_i}{\sum_{j=1}^{n}B_{dj}m_j} \cdot Q_d \qquad (5.51)$$

④ 損傷限界時の各階の水平力 $P_{di}{}'$ を用いて，各階の基礎に対する水平変位（絶対変位）δ_{dj} を求める．この計算方法は $P_{di}{}'$ を荷重とした静的弾性解析である．

(2) 必要損傷限界耐力 Q_{dn} の計算

必要損傷限界耐力 Q_{dn} は，稀に発生する地震により建築物の全体に作用する水平地震力のことである．その計算原理は，5.2.6項で紹介したように，建築物の多質点振動系を1質点振動系へ縮約し，この1質点振動系の固有周期（損傷限界固有周期），代表変位，地震力を算出することである．具体的な計算式を再度まとめて示す．

$$M_{ud} = \frac{(\sum m_j \delta_{dj})^2}{\sum m_j \delta_{dj}^2} \qquad (5.34')$$

$$\Delta_d = \frac{\sum_{j=1}^{n} m_j \delta_{dj}^2}{\sum_{i=1}^{n} m_i \delta_{di}} \qquad (5.35')$$

$$T_d = 2\pi \sqrt{\frac{M_{ud} \cdot \Delta_d}{Q_d}} \qquad (5.36')$$

ここに，m_i の単位は [t]，δ_{di} の単位は [m]，M_{ud} の単位は [t]，Δ_d の単位は [m]，T_d の単位は [s]，Q_d の単位は [kN] である．

建築物の状況に応じて，補正係数 p，q，加速度分布係数 B_{di} を決め，地盤状況により加速度増幅率 G_s を決める（式(5.29)）．そして，次式により建築物各層に作用する水平地震力を算出する．

$$P_{di} = \begin{cases} (0.64 + 6T_d) \cdot m_i \cdot B_{di} \cdot Z \cdot G_s \\ \qquad\qquad\qquad (T_d < 0.16) \\ 1.6 \cdot m_i \cdot B_{di} \cdot Z \cdot G_s \\ \qquad\qquad\qquad (0.16 \leq T_d < 0.64) \\ \dfrac{1.024 \cdot m_i \cdot B_{di} \cdot Z \cdot G_s}{T_d} \\ \qquad\qquad\qquad (0.64 \leq T_d) \end{cases}$$
$$(5.33')$$

ここに，P_{di} の単位は [kN] である．各階に作用する水平地震力 P_{di} を上階より足し合わせれば，各階の必要損傷限界耐力 Q_{dni} を算定できる．建築物全体に作用する地震力は必要損傷限界耐力 Q_{dn} となり，Q_{dni} と Q_{dn} は次式のように計算する．

$$Q_{dni} = \sum_{j=i}^{n} P_{dj} \qquad (5.52\text{a})$$

$$Q_{dn} = \sum_{j=1}^{n} P_{dj} \qquad (5.52\text{b})$$

(3) 損傷限界の判定

損傷限界の判定は，建築物の X 方向と Y 方向において，下記のように行う．

① 損傷限界耐力 $Q_d \geq$ 必要損傷限界耐力 Q_{dn}
   余裕度：$Q_d/Q_{dn} \geq 1.0$
② 最大層間変形角 $\leq 1/200$（条件によって $1/120$ の場合もある）

損傷限界の安全性の計算原理および検証の流れを図5.22に示す．

5.3.4 地震力に対する安全限界の確認計算

ここでは地震力に対する安全限界の検討方法を紹介する．安全限界の確認計算は，極めて稀に発生する最大級の地震動に対して建築物が倒壊や崩

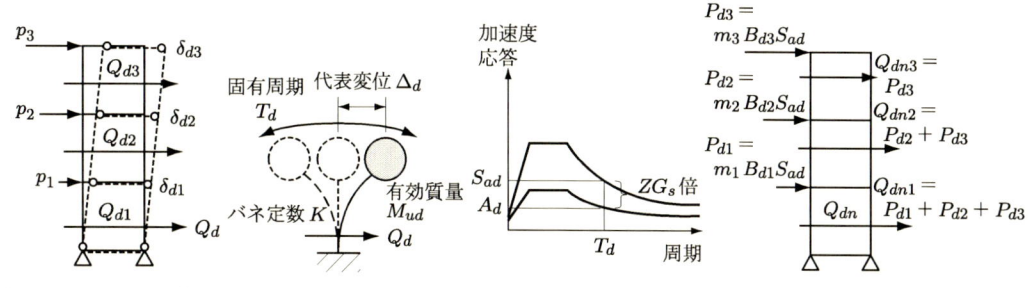

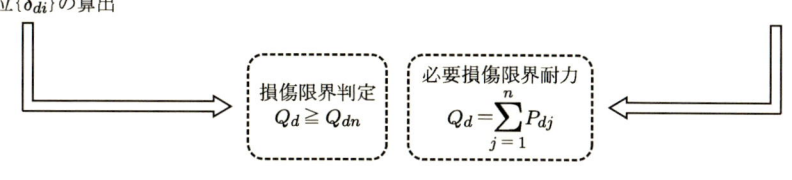

5.3 限界耐力計算による構造計算

図 5.22 損傷限界の判定手順

(a) 力学解析 or 略算法により損傷限界耐力 Q_d と変位 $\{\delta_{di}\}$ の算出
(b) 1質点系に縮約 T_d と M_{ud} の算出
(c) 加速度応答スペクトルを算出
(d) 必要損傷限界耐力の算出

損傷限界判定 $Q_d \geqq Q_{dn}$

必要損傷限界耐力 $Q_d = \sum_{j=1}^{n} P_{dj}$

壊しないことを検証することである.極めて稀に発生する地震動により建築物が安全限界になった時点における建築物全体に作用する地震力の総和（1階の層せん断力）を,その建築物の「安全限界耐力」とよぶ.倒壊や崩壊しないという安全性をもつために,安全限界耐力は次式を満たす必要がある.

$$安全限界耐力 Q_s \geqq 必要安全限界耐力 Q_{sn}$$

この式の右辺の「**必要安全限界耐力 Q_{sn}**」とは,極めて稀に発生する地震力により建築物の地上全体に作用する水平地震力のことである.地震力に対する安全限界の確認計算は,安全限界耐力および必要安全限界耐力を算出して,両者を比較することである.この手順を順に紹介する.

(1) 安全限界耐力の計算

現行建築基準法および関連法令では,「安全限界耐力」は安全限界に達したときの建築物の1階の層せん断力としている.この安全限界は「安全限界変位」にもとづいて定義されている.建設省告示1457号によると,各階の「安全限界変位」は,主要な部材が「部材の限界変形角 R_u」に達した場合の建築物の層間変位である.また,この時点の層間変形角は 1/75（木造では, 1/30）を

超えないものと定めている.ただし,特別な調査または研究の結果にもとづき,安全限界変位に相当する変位が生じる建築物の各階が当該建築物に作用する荷重および外乱に耐えることができることが確かめられた場合は,この限りでない.

上記のような規定を踏まえて,本書では下記の三つの場合のうちの小さい値を各階の安全限界変位とすることを薦める.

① 保有水平耐力時の層間変位（架構が崩壊機構に達するときの層間変位）

② ある一つの耐震部材がその「部材の限界変形角」の規定値に達する時点の層間変位.このときの層間変形角は 1/75（木造では 1/30）を超えないものとする.ただし,限界変形角 R_u に達した部材を取り除いても,架構が倒壊,崩壊しないことを確認できる場合,架構にもとづいて算出した各階の層間変位とする.

③ 設計者が適切に設定した安全限界時の層間変位.例えば,建築物の長辺方向と短辺方向の構造特性を検討したうえ,層間変形角が 1/100 〜 1/50 に達したときの層間変位.

安全限界耐力を求める計算方法は,弾塑性増分解析である.この弾塑性増分解析は第4章で紹介した保有水平耐力の増分解析のことである.

安全限界耐力の確認計算において考慮する荷重は，長期荷重と地震力である．多雪地域においては，さらに積雪荷重を考慮する．転倒などの確認計算には，積載荷重などの鉛直荷重の値を適切に調整できる．弾塑性増分解析の場合，水平外力の分布をあらかじめ設定する必要がある．この水平外力の分布は，5.2節で紹介した安全限界耐力に対する加速度の分布係数 b_{si}，そして新耐震設計法の地震力計算時の A_i 分布のいずれを用いても同じである．

建築物全体の安全限界耐力 Q_s は，各階の偏心やねじれなどによって補正した1階に作用する層せん断力（ベースシャー）に相当するものとして求める．安全限界耐力は下記の手順で求める．

① 建築物をモデル化し，増分解析を行い，各階の保有水平耐力 Q_{ui} を求める．

② 各階の保有水平耐力 Q_{ui} を用いて「1階の層せん断力係数換算値 q_{si}」を算出し，その最小値および最小値の発生する階を求める．

$$q_{si} = \frac{Q_{ui}}{F_{ei} \cdot \dfrac{\sum_{j=i}^{n} B_{sj} m_j}{\sum_{k=1}^{n} B_{sk} m_k} \cdot \sum_{l=1}^{n} m_l g} \quad (5.53)$$

ただし，B_{si} は式(5.46)から求める．F_{ei} は建築物の偏心に対する補正係数であり，各階の偏心率によって定められたものである（表4.10を参照）．そして，全体の安全限界耐力 Q_s を次式により算出する．

$$Q_s = \min(q_{si}) \cdot \sum_{j=1}^{n} m_j g \quad (5.54)$$

(2) 必要安全限界耐力 Q_{sn} の計算

必要安全限界耐力 Q_{sn} は，極めて稀に発生する地震により建築物の全体に作用する水平地震力のことである．この地震力の計算には，5.2.7項で説明した1質点振動系の縮約原理を利用する．ここに，再度その計算式を示す．増分解析によって，安全限界耐力時の各階の基礎に対する変位 δ_{sj} [m] を求め，つぎの各式より1質点振動系の有効質量 M_{us} [t]，代表変位 Δ_s [m]，安全限界固有周期 T_s [s] を算出する．

$$M_{us} = \frac{(\sum m_j \delta_{sj})^2}{\sum m_j \delta_{sj}^2} \quad (5.21')$$

$$\Delta_s = \frac{\sum_{j=1}^{n} m_j \delta_{sj}^2}{\sum_{i=1}^{n} m_i \delta_{si}} \quad (5.19')$$

$$T_s = 2\pi \sqrt{\frac{M_{us} \cdot \Delta_s}{Q_s}} \quad (5.22')$$

ここに，安全限界耐力 Q_s の単位は [kN] である．つぎの手順は補正係数 p, q, 加速度分布係数 B_{si} を決め，地盤状況を分析し，式(5.29)より加速度増幅率 G_s を決める．そして，式(5.44)より減衰定数 h を定め，式(5.24)より加速度低減率 F_h を算出する．つぎに，安全限界時の各階の水平地震力 P_{si} [kN] は下記のようになる．

$$P_{si} = \begin{cases} (3.2 + 30 T_s) \cdot m_i \cdot B_{si} \cdot F_h \cdot Z \cdot G_s \\ \quad (T_s < 0.16) \\ 8 \cdot m_i \cdot B_{si} \cdot Z \cdot F_h \cdot G_s \\ \quad (0.16 \leq T_s < 0.64) \\ \dfrac{5.12 \cdot m_i \cdot B_{si} \cdot F_h \cdot Z \cdot G_s}{T_s} \\ \quad (0.64 \leq T_s) \end{cases} \quad (5.43')$$

ここに，各階の質量 m_i の単位は [t] である．第 i 階の必要安全限界耐力 Q_{sni} は次式により算出する．

$$Q_{sni} = \sum_{j=i}^{n} P_{si} \quad (5.55a)$$

建築物全体の必要安全限界耐力 Q_s は地上のすべての階の安全限界時の地震力の総和で，次式のようになる．

$$Q_{sn} = \sum_{j=1}^{n} P_{sj} \quad (5.55b)$$

(3) 安全限界の判定

安全限界の確認は建築物の X 方向, Y 方向において行い, 下記のように判定する.

① 安全限界耐力 Q_s ≧必要安全限界耐力 Q_{sn}
   余裕度: $Q_s/Q_{sn} \geqq 1.0$
② 必要に応じて：最大層間変形角≦安全限界変形角
③ 必要に応じて：部材変形角≦安全限界時の部材変形角 R_u

安全限界の判定手順について，その計算原理および判定の流れを図 5.23 に示す．安全限界時，柱，梁，耐震壁のせん断破壊などの脆性破壊が生じ，建築物の局部破壊あるいは全体崩壊にいたる可能性がある．脆性破壊を防止するため，主要構造部材の変形能力を確認する必要がある．建設省告示（平成 12 建告第 1457 号）では，構造耐力上主要な部分の変形能力についての確認計算方法を定めている．

5.3.5 限界耐力計算の内容と流れ

ここまで，地震荷重，積雪荷重，風荷重に対する安全性の確認計算の方法を紹介した．ここであらためて限界耐力計算のおもな計算内容をまとめる．

① 荷重と断面算定：部材の特性，固定荷重，積載荷重による部材の断面算定を行う．これは許容応力度計算であり，鉄筋コンクリート造，鉄骨造，木造などの各構造種別の部材断面算定の基本規定に従う．

② 積雪荷重と風荷重に対する損傷限界：稀に発生する積雪荷重，風荷重などに対して建築物が損傷しないことを確認する．

　　部材に生じる最大応力度≦短期許容応力度

③ 積雪荷重と風荷重に対する安全限界：極めて稀に発生する積雪および暴風に対して建築物が倒壊，崩壊しないことを確認する．適切な工学的判断によって建築物の倒壊に対する検証を行う．

④ 地震に対する損傷限界：稀に発生する地震動について，建築物の地上部分および地下部分が損傷しないことを確認する．

損傷限界耐力 Q_d ≧必要損傷限界耐力 Q_{dn}

最大層間変形角 ≦ 1/200（条件によっては 1/120 の場合もある）

⑤ 地震に対する安全限界：極めて稀に発生する地震動について，建築物の地上部分が倒壊，崩壊しないことを確認する．

安全限界耐力 Q_s ≧必要安全限界耐力 Q_{sn}

⑥ 使用性の確認：使用上の支障となる変形または振動がないことを確認する．

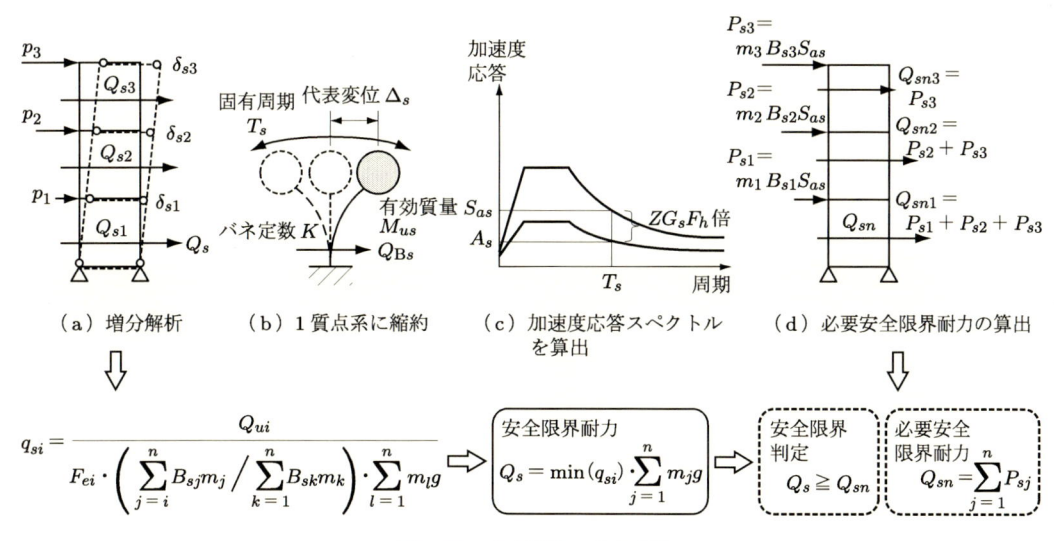

図 5.23　安全限界の判定手順

(a) 増分解析
(b) 1 質点系に縮約
(c) 加速度応答スペクトルを算出
(d) 必要安全限界耐力の算出

$$q_{si} = \frac{Q_{ui}}{F_{ei} \cdot \left(\sum_{j=i}^{n} B_{sj} m_j \bigg/ \sum_{k=1}^{n} B_{sk} m_k \right) \cdot \sum_{l=1}^{n} m_l g}$$

安全限界耐力 $Q_s = \min(q_{si}) \cdot \sum_{j=1}^{n} m_j g$

安全限界判定 $Q_s \geqq Q_{sn}$

必要安全限界耐力 $Q_{sn} = \sum_{j=1}^{n} P_{sj}$

第5章 限界耐力計算

限界耐力計算 スタート

長期荷重

仮定断面の選定・常時荷重時の検証:
- 仮定断面の選定,固定荷重と積載荷重(常時荷重)の算出
- 部材の応力度の算出(弾性領域において解析計算であり,風・雪・地震荷重を考慮しない)
- 部材断面算定

常時荷重に対する使用性の確認:
- 常時荷重によるたわみなどをチェックし,関連規定の確認

損傷限界

損傷限界耐力 Q_d の計算:
- 外力の分布 b_{di} の計算
- b_{di} を水平力として増分解析あるいは弾性応力解析を行う
- 損傷限界を確認,損傷限界耐力 Q_d,各階の変位 δ_{di} を算出

損傷限界固有周期 T_d の計算:
- δ_{di} を用いて有効質量 M_{ud},代表変位 Δ_d,損傷限界固有周期 T_d を算出する

損傷限界時の地震力(稀に発生する地震力)の計算:
- 補正係数 p と q を決め,外力の分布 b_{di} を用いて加速度分布係数 B_{di} を算定
- 地盤を確認,増幅率 G_s を算出
- 各層に作用する水平力 P_{di} と必要損傷限界耐力 Q_{dn} の算出

損傷限界の検証 $Q_d \geq Q_{dn}$ 層間変形角 $\leq 1/200$ → No: 戻る / Yes: 進む

安全限界

安全限界耐力 Q_s の計算:
- 外力の分布 b_{si} の計算(偏心の有無を検討)
- b_{si} を水平力として増分解析を行う
- 安全限界を確認,安全限界耐力 Q_s,各階の変位 δ_{si} を算出

安全限界固有周期 T_s の計算:
- δ_{si} を用いて有効質量 M_{us},代表変位 Δ_s,安全限界固有周期 T_s を算出する

安全限界時の地震力(極めて稀に発生する地震力)の計算:
- 補正係数 p と q を決め,外力の分布 b_{si} を用いて加速度分布係数 B_{si} の算定
- 建築物の減衰定数 h,そして減衰による加速度低減率 F_h を算定
- 地盤を確認,増幅率 G_s を算出
- 各層に作用する水平力 P_{si} と必要安全限界耐力 Q_{sn} の算出

安全限界の検証 $Q_s \geq Q_{sn}$ 各部材変形能力の確認 → No: 戻る / Yes: 進む

積雪暴風に対する計算

存在期間内に数回遭遇する積雪と暴風に対して損傷しないことを確認:
- 固定荷重,常時荷重,稀に発生する積雪と風荷重を算出する(地震荷重を除く).
- 許容応力度計算
  部材に生じる応力度 ≦ 短期許容応力度
  損傷しないことを確認

極めて稀に発生する大雪と暴風に対して建築物が倒壊しないこと:
- 使用期間内に極めて稀に発生する最大級の積雪と暴風(地震荷重を除く)による外力を算出する
- 荷重の組合せ
- 適切な工学的判断によって,建築物が倒壊しないことを確認

その他の安全計算

脆性破壊や土砂災害の確認: 部材や接合部は脆性破壊が生じないこと確認する.土砂災害,その他の安全性を確認する.

外装材の安全性の確認計算:
風圧,地震に対して,外装材構造耐力を計算し,その安全性を確認する.

その他の安全性の確認計算

終了

図 5.24 限界耐力計算の流れ

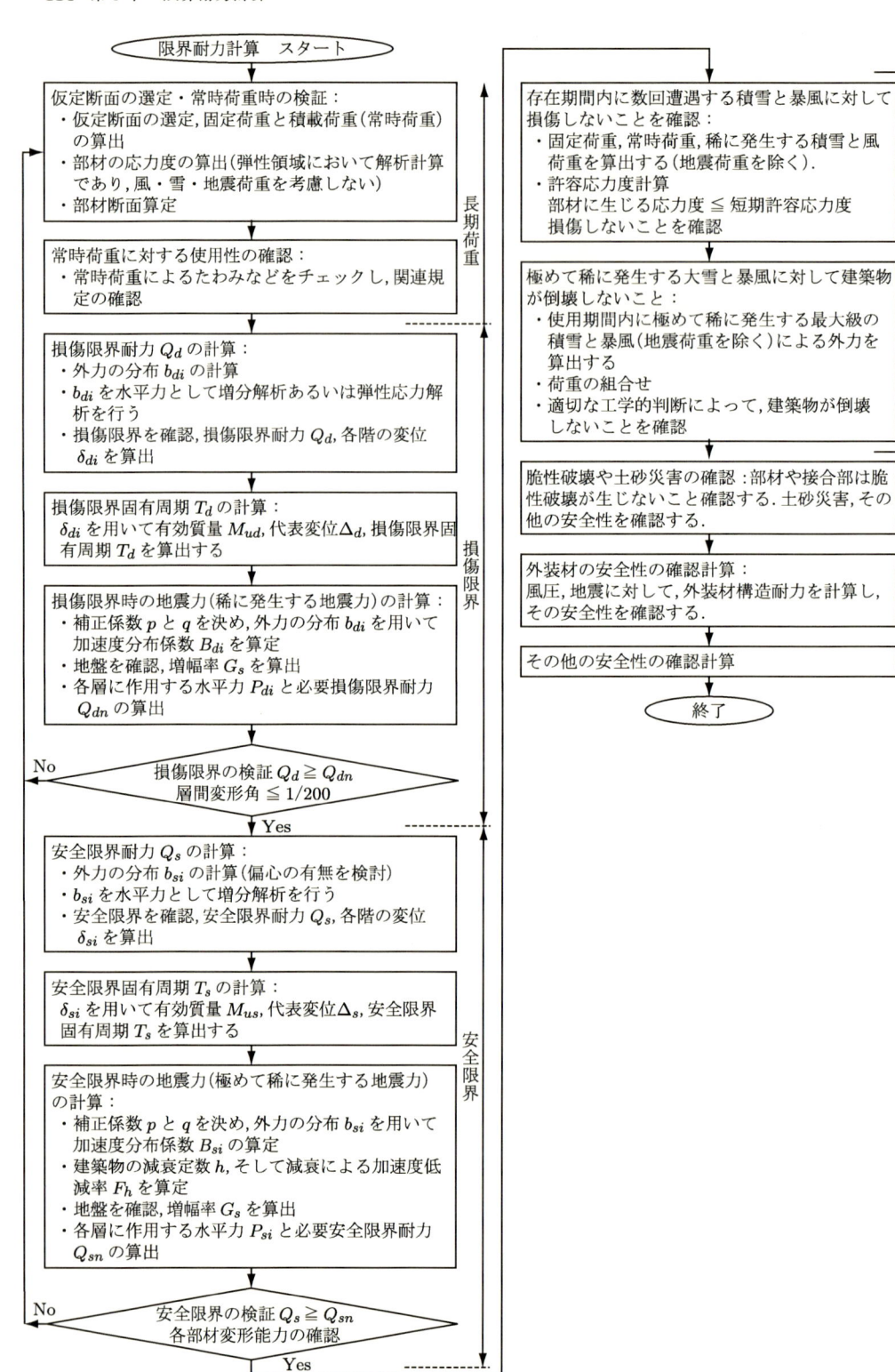

⑦ 脆性破壊や土砂災害の確認：部材や接合部に脆性破壊が生じないことを確認する．土砂災害，その他の安全性を確認する．

⑧ 外装材の安全性：外装材などはその構造耐力上，安全であることを検証する．

⑨ 耐久性の確認：建築基準法で定められている耐久性関係の諸規定を満たすことを確認する．

限界耐力計算法により安全性が確かめられた建築物については，建築基準法で定められている耐久性の諸規定を満たすことを確認し，さらに防火性などについて検討する．その詳細内容は，建築基準法および関連施行令を参考とする．これらの計算の流れを図 5.24 に示す．

第6章 基礎構造の知識

建築物に作用する固定荷重や積載荷重，地震荷重，風荷重そして積雪荷重などの外力は，梁や柱などの構造体を通して基礎構造へ伝達され，最終的には基礎から地盤へと伝わる．基礎構造は建築物全体を支える大変重要な部分である．基礎構造あるいはこれを支える地盤が安全でないと，建築物全体が変形し，場合によって全体倒壊する可能性がある．このように，地盤と基礎は構造設計において十分な検討が必要な部分である．本章では，地盤と土の特性，基礎構造の形式およびその設計にかかわる一般的な知識を説明する．

6.1 地盤と基礎

基礎構造の設計方法を紹介する前に，基礎構造の分類，地盤の種類および土の力学的性質などの概要を説明する．基礎構造と土の力学的性質には専門的な内容が多いが，ここではとくに重要な点に焦点を絞る．

6.1.1 基礎知識

建築物の基礎構造（以下，基礎と略す）とは，多様な荷重を建築物の下部の土質部分に伝え，建築物全体を固定，支持する構造部分の総称である（図6.1）．基礎の直下および周りの土質部分は地盤といい，基礎から伝達してきた力を受ける．地盤の深さの範囲は，構造設計上の諸要件を考慮し，（特殊な場合を除いて）地表から 100 m 程度までである．

(1) 基本構造の分類と選定

構造形式，施工方法，用いた材料などによって，基礎の分類方法はさまざまであるが，ここでは構造形式による分類を図6.2 に示す．まず，直接基礎形式と杭基礎形式に大別できる．直接基礎とは，構造物の荷重を直接に良好な地盤に伝達する形式であり，さらにこれはフーチング基礎とべた基礎に分類される．フーチング基礎は独立，複合，連続（布基礎）の3種類に分類できる（図6.3）．

杭基礎とは，地盤内に設置された杭を介して構造物から伝達してきた力を地盤に伝える基礎である．杭基礎は，その支持方式から支持杭と摩擦杭に大別できる．支持杭は，杭先端を硬い支持層に到達させ，おもに杭先端支持力によって荷重を支

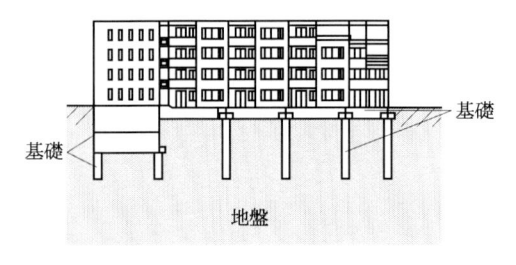

図 6.1 基礎と地盤

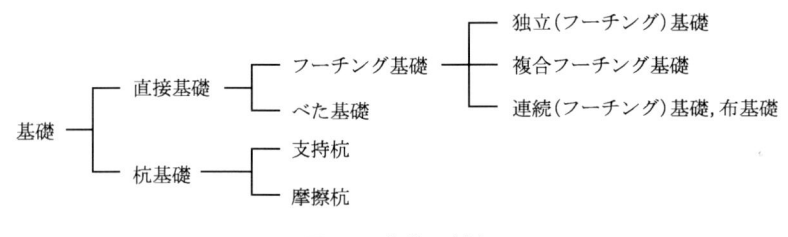

図 6.2 基礎の分類

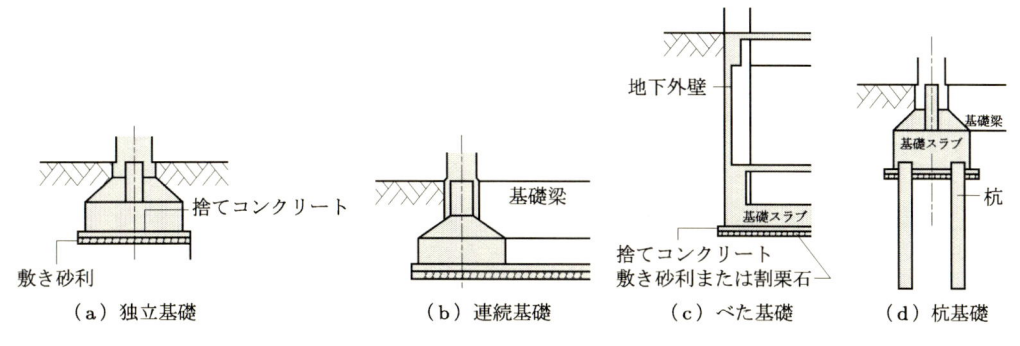

(a) 独立基礎　(b) 連続基礎　(c) べた基礎　(d) 杭基礎

図6.3　直接基礎と杭基礎

える．摩擦杭は，おもに杭の周面と地盤との間の摩擦力によって荷重を支えるものである．

これらの中から，地盤の調査結果にもとづいて適切な形式を選択する．地盤が良好な場合や，建築物が比較的低層の場合には，直接基礎を用いる．軟弱な地盤に構造物を建設する場合や，浅い基礎では構造物を支えることができない場合には，深く杭を打ち込むなど杭基礎で構造物を支える．建築基準法施行令や関係告示（建設省告示第1347第1）では，表6.1のように，地盤の長期許容応力度に応じて採用する基礎の構造形式を定めている．地盤の許容応力度については，6.2.1項において解説する．

表6.1　地盤の長期許容応力度に応じた基礎形式

長期許容応力度 $[kN/m^2]$	基礎形式
$f_L < 20$	杭基礎
$20 \leq f_L < 30$	杭基礎，べた基礎
$30 \leq f_L$	杭基礎，べた基礎，布基礎

＊ f_L は地盤の長期許容応力度，以降の節において説明する．

構造形式によって支持力や沈下量が異なるため，同一構造物に異なる形式の基礎を併用すると不同沈下の原因となる．したがって，同一構造物に異なる形式の基礎を併用することは原則として避けるべきである．

(2) 地盤の知識

地盤は建築物の下部にある地表層の土部分であり，基礎から伝達されてきたさまざまな力を受ける．地盤不良であれば建物の不同沈下が生じ，建築物は大きなダメージを受ける．また，地盤の液状化や変形などの問題もあり，この場合は建築物の耐震性能が著しく損なわれるなどの重大な問題が生じる．このように，地盤は建築物の安全性，使用性などの各性能に対して極めて重要な役割を果たしている．そのため，地盤を調査してその特性を把握し，適切に利用することが重要である．

地盤はさまざまな方法で分類される．第2章で述べたように建築の構造計算においては，地盤を第1種，第2種，第3種と分類する．ただし，図6.4および表6.2に示すように「沖積層」，「洪積層」，「第3紀層」と形成年代で分ける地質学の分類方法が一般的に用いられている．

基礎の設計には，地盤の力学特性やその他の性質を把握することが必要である．地盤調査は地盤の性質を調べるための重要な手法の一つである．地盤調査とは，現地で土のサンプルを採取したり，分析したりする調査方法である．地盤調査により，地質時代の推定，土の構成，地下水位，地盤の支

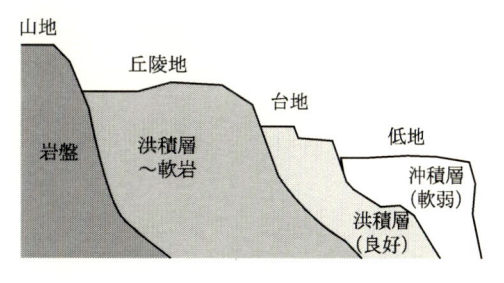

図6.4　地盤の分類

表 6.2 地質時代と地盤の分類

地質分類 名称	地質分類 形成期	分布地形	説明
第 3 紀層以前の地層	約 6000 万年前	山岳地帯	母岩であり，非常に硬い．風化土の場合もあるが，良好な地盤である．
第 3 紀層	6000 万年〜200 万年前	山岳地帯	一般に，岩盤とよばれる比較的堅く安定した地盤が多い．建築物の支持地盤としてはもっとも信頼できる．
洪積層	第四紀，約 2〜200 万年前	台地，丘陵地	第四紀前半の洪積世に堆積した地層をいい，おもに砂れき層や粘土層から構成され，固結している．粘土（過圧密土），砂質土，基礎地盤としては信頼できる良質な地盤．
沖積層	第四紀，約 1 万年〜2 万年前から現在まで	平野部，および台地の谷間の表層部	地質年代のなかで，もっとも新しい時代に堆積した地層で，比較的軟弱な地盤である．おもに砂層やシルト層から構成される軟弱な地層であるので，構造物の基礎としては注意が必要な地層．

持力や剛性などの力学的性質に関する情報を入手できる．一般的な地盤調査は，標準貫入試験，スウェーデン式サウンディング試験，平板載荷試験である．表 6.3 に各調査方法を簡単にまとめる．建築物の構造形式，規模，軟弱地盤か硬い地盤かによって，調査方法が異なる．スウェーデン式サウンディング試験や平板載荷試験は小規模建築物（戸建住宅や低層住宅）の計画や構造設計に適用する．標準貫入試験は，中大規模建築物の計画や構造設計に適用する．

標準貫入試験では N 値を得る．N 値とは，63.5 kg ± 0.5 kg のハンマーを 76 cm ± 1 cm の高さから自由落下させ，スプリットサンプラーが地盤に 30 cm 貫入したときのおもりの落下回数である．N 値からは，たとえば，砂質土の場合，土のヤング率，地耐力（後述になる），液状化性状などを，粘性土の場合は土の硬さや地耐力などを推定できる．

表 6.3 主要な地盤調査方法

試験方法	試験内容	試験装置と説明
標準貫入試験	滑車で吊り上げた 63.5 kg のハンマーを 76 cm 落下させ，ノッキングヘッドを打つことにより，先端のスプリットサンプラーを地盤に貫入する．30 cm に貫入したときのおもりの落下回数を N 値という．N 値が最大 50 で打ち止めとし，標準貫入量を測定する．同時に，地盤の土サンプルを採取する．	
スウェーデン式サウンディング試験	ロッドの先端にスクリューポイントを取り付け，中間部にはおもりを段階的（25 kg ごと）に増加させて，手でハンドルを回転して，貫入量を測定する．回転数と貫入量の関係から地盤の性質を測定する．	
平板載荷試験	直径 30 cm の平面板で地盤に圧縮力をかける載荷試験である．載荷方法は"アンカーによる方法"（図の左側）と"実荷重"（図の右側）による方法の 2 種類がある．地盤の沈下量を測定し，地盤の強さ（地耐力）を計算する．載荷試験では，深い位置での影響が出ず，試験で地耐力が満足しても，実際の建物では地耐力が足りないこともある．	

6.1.2 土の性質

基礎設計のためには地盤の特性だけでなく，地盤を構成する土の力学的性質に対する理解も必要である．ここでは，土の構成およびその力学的性質を簡単に紹介する．

(1) 土の構成

地盤は大変複雑な自然物で，工学的に取り扱うことが難しい．また，土の分類，定義，関連基準や規定は研究機関によって異なる面もある．地盤の土質は，粒径によって，一般に砂質土と粘性土とに，さらに礫分，砂分，シルト分に分類される（表 6.4）．

表 6.4 粒径による土の分類[6.1]

名　称	粒子径 [mm]
礫	75.0 ～ 2.0
砂　粗砂	2.0 ～ 0.425
細砂	0.425 ～ 0.075
シルト分	0.075 ～ 0.005
粘土分	0.005 ～ 0.001 (0.001 以下はコロイド分)

図 6.5 に示すように，土全体は，粒子の実質部とその周辺の空隙により構成されており，空隙は空気か水あるいはその両方で満たされている．粒子間の空隙が水で満たされている状態のものを「飽和土」とよび，空隙に空気も含んでいる状態のものを「不飽和土」という．地下水位より深い土は飽和土とみなす．

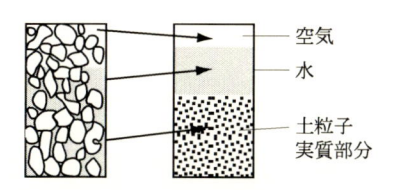

図 6.5 土の構成

また，砂質土と粘性土の微視構造が異なる．砂質土は，粒子が自然に堆積した状態であり，図 6.6 (a) のように粒子と粒子が接触して支えられた構造になっている．粘性土の微視的な構造は，図 (b) に示しているように，蜂の巣状になっており，そ

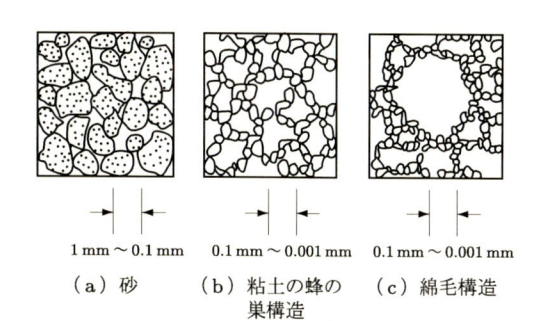

(a) 砂　1 mm ～ 0.1 mm
(b) 粘土の蜂の巣構造　0.1 mm ～ 0.001 mm
(c) 綿毛構造　0.1 mm ～ 0.001 mm

図 6.6 土質の構造

の空隙には水分を含んでいる．粘性土を完全に乾燥すれば，粉体になる．粘性土の粒子が非常に細かく，その直径が 0.001 mm 以下であるものをコロイドといい，その構造は図 (c) のように綿毛構造となっている．粘性土の粒子と粒子が接触する場合，その表面分子の引力による粘性力が支配的である．

(2) 土の力学的性質

土の強度は粒子間のせん断抵抗力によって決まる．この粒子間のせん断抵抗を説明するため，図 6.7 に示している滑り実験を説明する．図 (a) は二つの粒子間の滑り現象を示し，作用力 W の傾斜角度が ϕ まで増大したところで粒子の間が滑り出すとする．図 (a) 全体を反時計回りに角度 ϕ 回転させると，図 (b) のようになる．そして，図 (b) は，鉛直圧力 W の作用により粒子が角度 ϕ の斜面で滑り出すことを示している．土を連続体と考えると，その内部の各方向の切断面において応力が分布している．そして，土の圧縮試験の全体様子を図 (c) と同じものとすると，土は角度 ϕ の切断面でせん断破壊を起こす．

図 6.7 のように，圧縮力 W に対して土はある角度 ϕ の斜面でせん断破壊を起こし，斜めに破壊することがわかる．この角度 ϕ を「内部摩擦角」または「せん断抵抗角」という．内部摩擦角が小さい土は，比較的小さい角度 ϕ の斜面に沿って崩壊するので，せん断破壊しやすく，せん断抵抗力が小さい．逆に，内部摩擦角が大きい土は崩れにくく，せん断抵抗力が大きい．土の種類によってその内部摩擦角が異なり，各種の土の内部摩擦角を表 6.5 に示す．

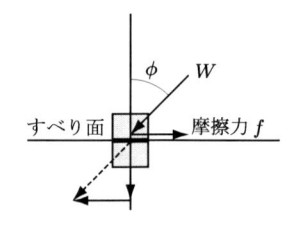

(a) 圧力Wを一定のままで角度φを増大していくと滑りはじめる

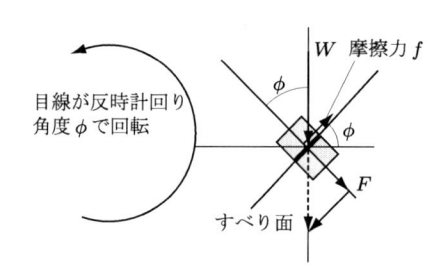

(b) 図(a)を反時計回りに角度φで回転した図. 圧力(重さ)Wの作用により角度φの斜面で滑り出す

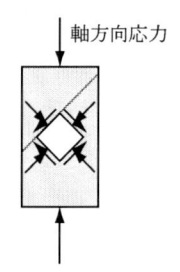

(c) 連続体としての実際の土の応力状態

図6.7 内部摩擦角の概念

表6.5 内部摩擦角 [6.1]

土種類	含水状態	内部摩擦角 φ [°]
粘土	飽和	0 ~ 2
	湿	4 ~ 6
	乾	8 ~ 12
粘土まじり土	湿	15 ~ 20
	乾	30 ~ 35
砂	湿	25 ~ 30
	乾	30 ~ 35
砂および砂利	湿	25 ~ 30
	乾	35 ~ 40

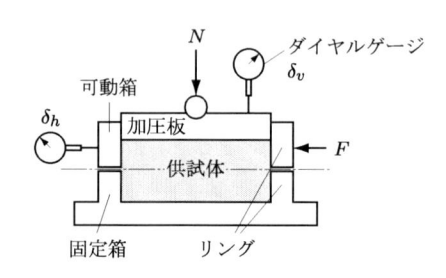

図6.8 土のせん断と圧縮試験

- 内部摩擦角が小さい⇒せん断抵抗力が小さい⇒土の圧縮強さが小さい
- 内部摩擦角が大きい⇒せん断抵抗力が大きい⇒土の圧縮強さが大きい

土はせん断と圧縮を同時に受ける場合が多い. 図6.8は土質のせん断と圧縮の試験を示している. 供試体の断面積をAとすると, 供試体内の圧縮応力度は$\sigma = N/A$, せん断応力度は$\tau = F/A$となる.

このときのせん断応力度と圧縮応力度の関係は,

$$\tau = C + \sigma \tan\phi \quad (6.1)$$

となる. ここに, Cは土の粘着力, ϕは内部摩擦角である. 式(6.1)は, クーロン(Couloumb)によって導かれたもので, クーロンの式という. 図6.9に, 土の種類別のクーロンの式のグラフを表す. クーロンの式の一般的な表現は図(a)になる. きれいな砂は粘着力があまりないので, $C = 0$となり, そのグラフは図(b)となる. そして, 純粋な粘性土は粘着力が支配的な存在であり, そのクーロンの式は図(c)のようにモデル化される.

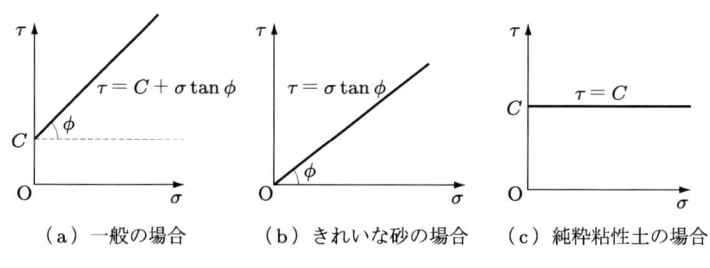

(a) 一般の場合　　(b) きれいな砂の場合　　(c) 純粋粘性土の場合

図6.9 土のせん断応力と圧縮応力の関係

土の力学的性質の一般的な知識を紹介したところで，砂質土と粘性土の力学的性質を比較してみる．まず，乾燥した砂は引張り抵抗力がほぼゼロである．しかし，水分を含むと分子の吸着力や膠着力が生じ，弱い引張り抵抗が生じる．一方，粘性土は水分を含んでいるので，粘着力の存在により大きな引張り抵抗力をもっている．このことは，砂質土と粘性土の構成が異なるため，それぞれの力学的性質が異なることを表している．表 6.6 に砂質土と粘性土の性質をまとめる．

表 6.6 砂質土と粘性土の違い

	砂質土	粘性土
粒径	大きい	小さい
透水性	高い	低い
強度の判断	内部摩擦角	粘着力
圧縮性	小さい	大きい
圧縮速度	早い	遅い

- 砂質土のせん断強さは，一般には内部摩擦角 ϕ に支配されている．
- 粘性土のせん断強さは，一般には粘着力 C に支配されている．

6.2 基礎の設計の基本

基礎構造は地盤に支えられているので，その規模と形状は地盤の支持能力によって決まる．したがって，基礎を設計するためには地盤の支持能力を十分に把握しておく必要がある．本節では，地盤の支持力の算出方法を説明し，直接基礎および杭基礎の設計にかかわる知識を紹介する．

6.2.1 地盤支持力

地盤が崩壊することなく基礎を支える力を地盤支持力という．ここでは，まず地盤支持力を求める原理を紹介し，つぎにその計算方法を説明する．

(1) 基本原理

地盤は，せん断破壊などの原因で崩壊し，基礎を支持できなくなる．図 6.10(a) に地盤崩壊による建築物の転倒を図示する．基礎直下およびその周辺の土部分に滑り面ができて，土が滑り出したことにより，建築物が転倒する．これは，建築物から伝達してきた力の作用による地盤内のせん断力がそのせん断抵抗力を超えることで，地盤内に滑り面が形成され，土がその安定性を失って突然滑り出す現象である．このように，地盤の支持力や安定性はそのせん断抵抗力に左右される．このことから，地盤のすべり破壊を分析することによって鉛直支持力を定めることができる．

地盤の破壊は，図 6.10(b) に示すテルツァギ (Terzaghi) のモデルを用いて解説できる．基礎底面が粗面，基礎は長さ無限の連続基礎で，その断面は 2 次元の応力状態であると仮定する．地盤がその支持能力の極限に達したときの破壊面は図に示すようになり，地盤内に I，II，III の三つの領域でモデル化される．I 領域は三角部分であり，弾性状態を保って基礎と一体化になって，基礎の一部とみなす．基礎から伝達される鉛直荷重 W_1，基礎下の I 領域の土重さ W_2 は，ほかの土

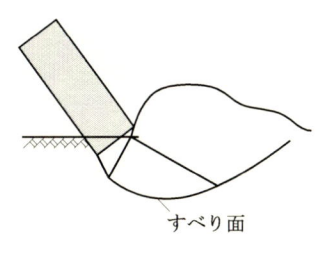

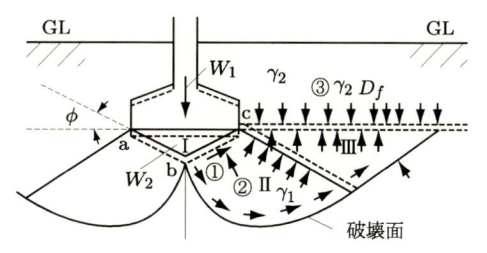

(a) 地盤のすべり崩壊 　　(b) 地盤挙動のモデル化

図 6.10 地盤破壊のモデル

の部分に対して見掛け上の荷重となる．その結果，領域ⅡとⅢの土はこの見掛け荷重（W_1+W_2）と釣り合うことになる．領域ⅡとⅢの土の抵抗力は図に示す①～③の力となる．

① 滑り面に沿っての土の粘着力
② 土が横方向にはらむ力を抑える土の内部摩擦力
③ 滑りを抑えようとする基礎底面上方の土の自重による力

がある．これらの①～③の土の抵抗力の釣り合い条件によって，設計時の極限支持力を算出する．

(2) 地盤支持力の計算方法

実際の基礎形状は長方形や円形などのさまざまな形があり，上述のような無限の連続基礎という仮定には合わない．そのため，現在の地盤支持力の計算方法は，テルツァギのモデルにもとづいた計算式に，基礎底面形状やその他の工学要因を総合的に考慮した補正係数を導入している．

地盤支持力の算出方法としては，建築基準法施行令および関連告示による計算方法，日本建築学会が薦める方法，載荷実験による方法がある．本書では，建築基準法および関係告示による計算方法を解説する．

建築基準法施行令および関連告示では，鋼材，木材，コンクリートなどの材料強度や許容応力度と並んで地盤や杭の基礎の地盤許容応力度を定めている．したがって，建築基準法施行令では，許容応力度という用語，概念を用いて地盤支持力を表現している．表6.7に小規模建築物の基礎設計，計画段階に利用できる地盤の許容応力度を示す．

通常は地盤調査の結果をもとに計算を行って許容応力度を定める．

地盤の許容応力度の計算方法は，テルツァギのモデルにもとづいた計算式に工学的な判断要因に加味したもので，次式のように地盤の長期と短期の許容応力度が定められている．

地盤の長期許容応力度：

$$_Lq_a = \frac{1}{3}(i_c\alpha CN_c + i_\gamma\beta\gamma_1 BN_\gamma + i_q\gamma_2 D_f N_q)$$
(6.2)

表6.7 建築基準法関係施行令に掲載している地盤の許容応力度 [kN/m²]

地盤	長期許容応力度	短期許容応力度
岩盤	1000	長期の2倍
固結した砂	500	
土丹盤	300	
密実な礫層	300	
密実な砂質地盤	200	
砂質地盤（地震時液状化のおそれのないものに限る）	50	
堅い粘土質地盤	100	
粘土質地盤	20	
堅いローム層	100	
ローム層	50	

地盤の短期許容応力度：

$$_sq_a = \frac{2}{3}(i_c\alpha CN_c + i_\gamma\beta\gamma_1 BN_\gamma + i_q\gamma_2 D_f N_q)$$
(6.3)

ここに，q_a：地盤の許容応力度 [kN/m²]

i_c, i_γ, i_q：基礎に作用する荷重の鉛直方向に対する傾斜角に応じて $i_c = i_q = (1-\theta/90)^2$，$i_\gamma = (1-\theta/\phi)^2$ で計算した数値（θ：基礎に作用する荷重の鉛直方向に対する傾斜角 [°]）

ϕ：地盤の内部摩擦角 [°]

α, β：基礎荷重面の形状に応じた係数（表6.8）

C：基礎荷重面下にある地盤の粘着力 [kN/m²]

B：基礎荷重面の短辺または短径長さ [m]

表6.8 基礎荷重面の形状に応じた係数 α, β

基礎底面の形状	円形	円形以外
α	1.2	$1.0 + 0.2(B/L)$
β	0.3	$0.5 - 0.2(B/L)$

N_c, N_γ, N_q：内部摩擦角に応じた支持力係数（表6.9）

γ_1：基礎荷重面下にある地盤の単位体積重量または水中単位体積重量 [kN/m³]

γ_2：基礎荷重面より上方にある地盤（根入れ部分）の平均単位体積重量または水中単位体積重量 [kN/m³]

D_f：基礎に近接した最低地盤面から基礎荷重面までの深さ（基礎の根入れ深さ）[m]

表6.9 ϕ と支持力係数

内部摩擦角 ϕ [°]	N_c	N_q	N_γ
0	5.1	1.0	0.0
5	6.5	1.6	0.1
10	8.3	2.5	0.4
15	11.0	3.9	1.1
20	14.8	6.4	2.9
25	20.7	10.7	6.8
28	25.8	14.7	11.2
32	35.5	23.2	22.0
36	50.6	37.8	44.4
40以上	75.3	64.2	93.7

6.2.2 直接基礎設計の基本

直接基礎は，建築物から伝達してきた力を基礎スラブ底面を通して地盤へ伝える．設計方法について，建築基準法および関連施行令や関係告示にある許容応力度設計法を用いるほかに，建築学会の関係指針が勧める設計法がある．ここでは，建築基準法関係施行令の規定を中心として，説明する．

直接基礎から地盤に伝達する力は地盤の許容応力度以下にすること，そして地盤の変形や沈下は所要の規定を満たすことが要求されている．直接基礎から地盤に伝達する力は，一般には「接地圧」で表現される．接地圧とは，基礎底板が地盤に伝える単位面積あたりの圧力であり，同様の荷重に対しては，基礎底板の面積が大きいほうが接地圧は小さくなる．

図6.11のように，偏心やモーメントの作用によって，基礎底面の接地圧の分布は均一にならないこともある．建築物から伝達される主な力を鉛直力 N'，モーメント M とすると，直接基礎計算の基本式は，次式となる．

$$\sigma_{\max} = \alpha \frac{N}{A} \leqq f_e \tag{6.4}$$

ここに，$\sigma_{\max}$：接地圧の最大値
f_e：地盤の許容地耐力
N：建築物から伝わってきた鉛直力 N' と基礎自重の和，$N = N' +$ 基礎自重（図6.12を参照）
α：接地圧係数であり，偏心による最大応力を算出するための係数で，つぎのように計算する（図6.11参照）．

$$\alpha = 1 + 6\frac{e}{l}, \ \alpha' = 1 - 6\frac{e}{l} \ \left(\frac{e}{l} \leqq \frac{1}{6}\right) \tag{6.5a}$$

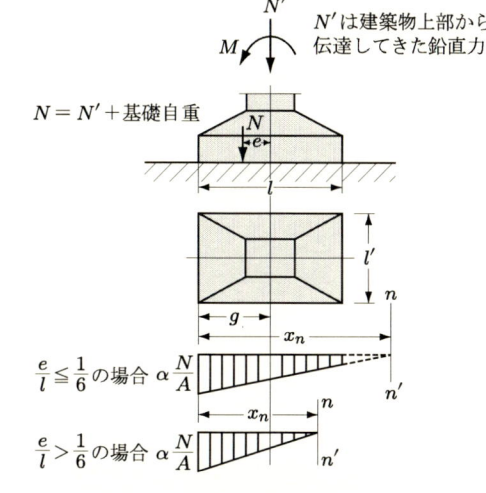

図6.11 長方形基礎底面の接地圧の分布

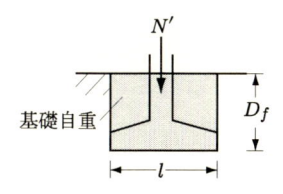

図6.12 基礎自重の範囲

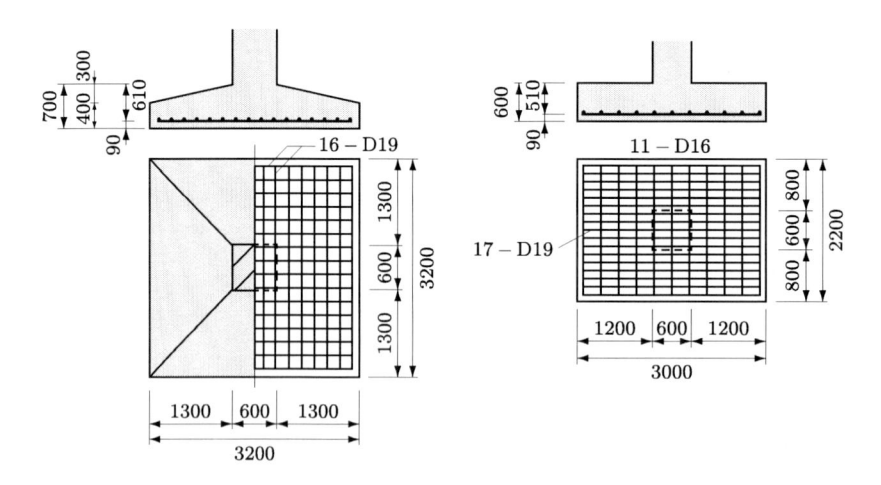

図6.13 基礎スラブの配筋例

$$\alpha = \frac{2}{3\{(1/2)-(e/l)\}} \quad \left(\frac{e}{l} > \frac{1}{6}\right) \tag{6.5b}$$

ただし,

$$e = \frac{M}{N} \tag{6.6}$$

基礎底面積が十分な広さであることを確認したうえで，基礎本体の配筋を算定する．一般に，直接基礎は鉄筋コンクリート構造であり，その主要な構成部分は基礎スラブである．基礎スラブの配筋例を図6.13に示す．基礎スラブの断面算定の原理は鉄筋コンクリートのスラブと同じであり，その詳細については鉄筋コンクリートや基礎設計の専門書を参照してほしい．

6.2.3 杭基礎設計の基本

図6.3に示すように，杭頭は基礎スラブ（基礎フーチング，パイルキャップ）という構造部分を介して柱や基礎梁と連接する．基礎スラブ部分の設計計算については関連書物を参考にしてほしい．ここでは，杭本体の設計知識を説明する．

前述のように，杭基礎はその支持方式によって「支持杭」と「摩擦杭」に分けられる．支持杭は，図6.14(a)に示すように杭先端を硬い支持層に到達させ，おもに杭先端に上向きにはたらく先端支

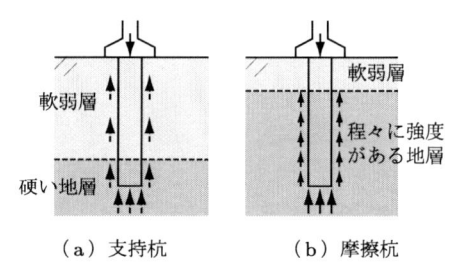

図6.14 支持杭と摩擦杭

持力によって荷重を支える．地盤状況によって杭周面の摩擦力を考慮する場合もある．一方，摩擦杭は，図(b)に示すように，おもに杭の側面と地盤との間にはたらく周面摩擦力によって荷重を支える．支持層がかなり深い場合には摩擦杭を採用する．

杭を設計するには，地盤の杭に対する支持力を算出する必要がある．地盤の杭に対する支持力，杭の設計，そして杭設計にかかわる留意事項を順に紹介する．

(1) 杭の支持力

杭の支持力とは，地盤と杭の構造体が協働して荷重を支える能力のことである．既製杭の場合，製造メーカがその耐力や関係性能の詳細を定めている．ここでは，建築基準法および関係告示（平13国交告1113号）にある支持杭と摩擦杭の支持力の計算方法を紹介する．

■ 支持杭の許容支持力

支持杭の許容支持力は，つぎに示す杭載荷試験結果による計算式または支持力算定式によって求める．

杭載荷試験結果による計算式：

$$長期：{}_LR_a = \frac{1}{3}R_u$$
$$短期：{}_SR_a = \frac{2}{3}R_u \quad (6.7)$$

ここに，R_a は許容支持力 [kN]，R_u は杭載荷試験結果による極限支持力 [kN] である．

支持力算定式による算定方法：

$$長期：{}_LR_a = q_p A_p + \frac{1}{3}R_F$$
$$短期：{}_SR_a = 2q_p A_p + \frac{2}{3}R_F \quad (6.8)$$

ここに，q_p は杭先端の地盤の許容応力度 [kN/m²]，A_p は杭先端の有効断面積 [m²]，R_F は杭周面摩擦力 [kN] である．

■ 摩擦杭の許容支持力

摩擦杭の許容支持力の計算方法は支持杭と同じく，杭載荷試験結果による計算式または支持力算定式によって求める．

杭載荷試験結果による計算式：

$$長期：{}_LR_a = \frac{1}{3}R_u$$
$$短期：{}_SR_a = \frac{2}{3}R_u \quad (6.9)$$

ここに，R_a は許容支持力 [kN]，R_u は杭載荷試験結果による極限支持力 [kN] である．

支持力算定式による算定方法：

$$長期：{}_LR_a = \frac{1}{3}R_F$$
$$短期：{}_SR_a = \frac{2}{3}R_F \quad (6.10)$$

ここに，R_F は杭周面摩擦力 [kN] である．つまり，摩擦杭の支持力計算式は，支持杭の計算と同じであるが，杭先端の支持力を無視したものである．

(2) 杭体設計の基本

杭基礎の材料としては，木杭，鋼杭，鉄筋コンクリート杭などがあり，施工方法としては，既製杭の現場打ち込み工法と埋め込み工法，現場コンクリート打ち込み工法などがある．杭は，建築物の要求性能，地盤支持力や液化状況などの地盤条件，施工条件，コストなどを考慮して選定する．日本建築学会の関係指針では，杭の設計計算は要求性能の極限状態に応じた計算法を用いている[6.2]．これらの設計計算の詳細は省略するが，杭基礎の設計にあたっては，一般につぎの項目を確認する必要がある．

① 杭の鉛直支持力，沈下量，そして杭の長さと杭径，群杭の本数
② 鉛直荷重に対する杭の応力算定
③ 地震や暴風による水平荷重に対する杭の応力と変位の算定
④ 地震や暴風による水平荷重に対する構造物の転倒と杭の引き抜きについての検討
⑤ 杭体の設計，断面算定（鉄筋量，鋼管の肉厚）
⑥ 基礎フーチングの応力と断面の算定
⑦ 杭と基礎フーチングの接合部の検討

杭基礎の常用フーチングの形状を図 6.15 に，杭の間隔の基準を表 6.10 に示す[6.2, 6.3]．

(3) 負の摩擦力

杭基礎の設計には負の摩擦力に留意する必要がある．負の摩擦力とは，軟弱層を通して下部の支持地盤に打設された支持杭において，その軟弱層の沈下にともない，杭に下向きにはたらく摩擦力である（図 6.16）．負の摩擦力が生じると，杭先端部の軸方向力が増大する．

地盤沈下が生じている地域で杭基礎を用いる場合，負の摩擦力が作用している杭について以下の式が成立するかを検討する必要がある[6.2, 6.4]．

$$P + P_{FN} < {}_sf_c A_P \quad (6.11)$$

$$P + P_{FN} < \frac{R_P + R_F}{1.2} \quad (6.12)$$

126　第6章　基礎構造の知識

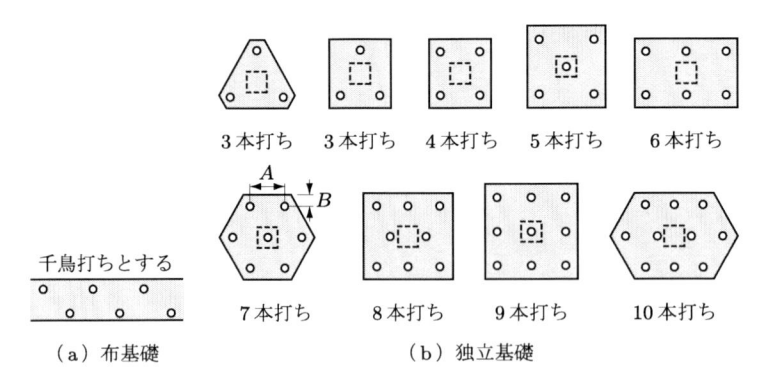

図 6.15　杭配列の例

(a) 布基礎　　(b) 独立基礎

表 6.10　杭の中心間隔 [建築基礎構造設計指針] [6.2]

	杭種類	杭間隔 A [mm]	へりあき B [mm]
打ち込み杭	既製コンクリート杭 鋼杭 H 型，開端杭 閉端杭	2.5d 以上かつ 750 以上 2d 以上かつ 750 以上 2.5d 以上かつ 750 以上	1.25d 以上
	埋め込み杭	2d 以上	1.25d ～ 1.0d 以上
	場所打ちコンクリート杭 （拡大部の直径 d_1）	2d 以上かつ ($d+1000$) 以上 ($d+d_1$) 以上かつ (d_1+1000) 以上	有効へりあき B' 200 ～ 300 以上

＊ d : 杭径 [mm]

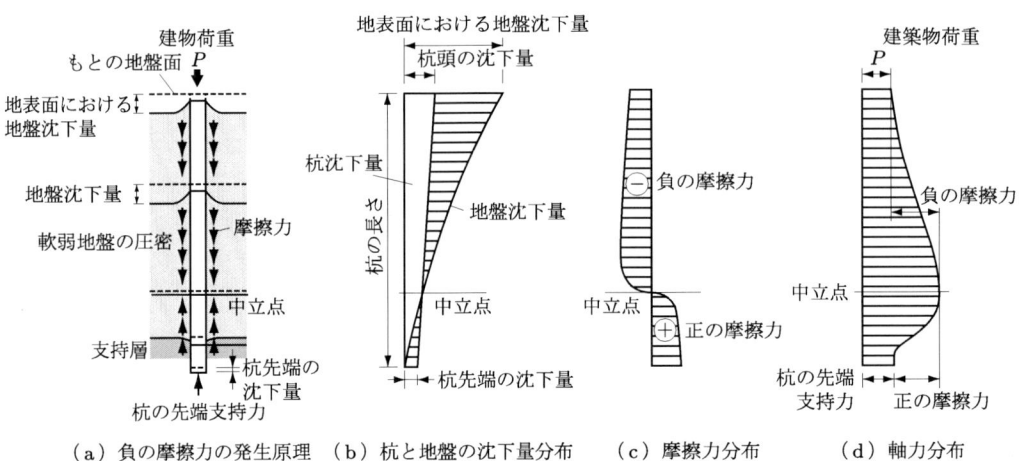

(a) 負の摩擦力の発生原理　(b) 杭と地盤の沈下量分布　(c) 摩擦力分布　(d) 軸力分布

図 6.16　杭の負摩擦力

ここに，P は杭頭に作用する長期荷重，P_{FN} は負の摩擦力の合力，A_P は杭断面積，${}_sf_c$ は杭の短期許容応力度，R_P は杭先端地盤の極限支持力，R_F は中立点以深の正の摩擦力の合力である．

(4) 群杭の効果

基礎フーチングの下に設置されている杭の本数によって，杭基礎は単杭と群杭に大別できる．単杭とは，1 基の基礎フーチングの下に 1 本の杭を設置して荷重を支えることをいう．群杭とは，1 基の基礎フーチングまたは基礎の下に複数の杭を密集させて構造物を支えることをいう．群杭の杭間隔がある限界以内の場合，その挙動，支持力や変形の性状は単杭の場合と異なる．この現象を群杭の効果とよぶ．群杭については模型実験や載荷実験，理論解析と数多くの研究がなされているが，地震などに対して，群杭の挙動を正確に把握することは困難であり，群杭の挙動に関する研究課題が残っている．

単杭と群杭の支持力や沈下量について，日本建築学会「建築基礎構造設計指針」にある内容を簡単に紹介する[6.2, 6.4]．

■ 支持力について

群杭の終局限界支持力を考える場合，基礎の破壊形態として，つぎの二つの要因を考慮する必要がある．

・杭の貫入破壊：図 6.17(a) のように，個々の杭が単独で挙動すると考えられるもの
・ブロック破壊：図 (b) のように，杭に囲まれている土ブロックが全体化になって荷重に抵抗すると考えられるもの

群杭の終局限界支持力特性は，群杭率 η という概念を用いた次式で表す．

$$\eta = \frac{\text{群杭の終局限界支持力}}{n \times \text{単杭時の終局限界支持力}}$$

ここに，n は杭の本数である．

単杭と群杭の挙動について，これまでの研究でわかっていることを下記にまとめる．

・粘土質地盤においては，群杭の終局限界支持力は単杭時の総和より小さい傾向があり，杭

(a) 杭の貫入破壊　　(b) 杭のブロック破壊

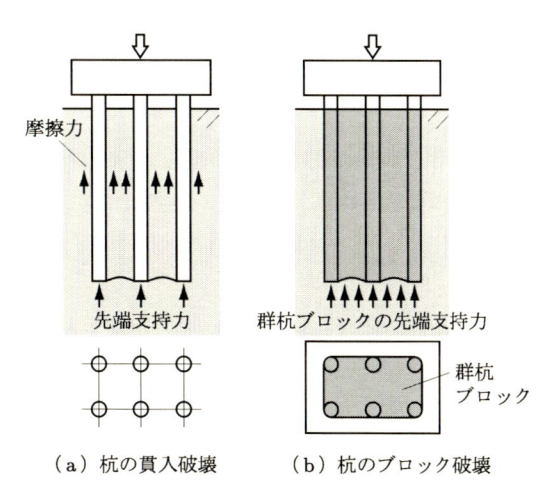

図 6.17　群杭の支持力の機構

中心間隔と杭径の比が小さくなる（杭間隔が小さい）につれて，群杭率が小さくなる．
・砂質土地盤においては，群杭の終局限界支持力は単杭時の総和より大きい傾向がある．

■ 沈下量について

実験研究の結果，群杭は，地中応力の重ね合わせにより大きな値となり，沈下に影響する地盤の範囲が深部にまでおよぶため，杭 1 本あたりの荷重が同じであっても単杭よりも大きな沈下を生じる．また，支持杭の場合には沈下量の絶対値が相対的に小さいので，群杭効果による増分沈下量も小さくなる．1 本の柱を 1 本の杭で支持する場合でも建築物全体でみたときに杭間の相互作用による影響（群杭効果）を無視できない場合は，群杭として沈下量の計算を行う必要がある．

第7章
種々の技術と構造設計の流れ

これまでの各章において紹介した内容は構造設計の基本知識である．また，建築基準法などの法令は，建築構造の安全性を確認するために守らなければならない最低限度の決まりであるが，これを守るだけでは建築構造を設計できるとは限らない．よりよい構造設計を実現するために，新しい技術を開発，導入し，設計者の豊富な知識と努力が必要である．多彩な構造設計を実現するために，本章では地震に備える技術，超高層技術および大空間技術などを紹介する．

また，平成17年に構造計算書偽装問題が発覚してから，さまざまな法規改正や規定の修正が行われ，構造計算書に対する審査方法への関心が高まっている．そこで，本章では，構造設計の流れを解説し，構造計算書の作成に関する基本知識も紹介する．

7.1 制振と免震

地震大国である日本は，地震に備えてさまざまな技術が開発され，諸外国に比べてもその技術レベルが高い．ここでは，これまでに開発されてきた技術の中でもとくに重要な耐震，制振，免震技術について説明する．

7.1.1 耐震，制振，免震の概説

制振と免震という技術が登場するまでは，地震に対する建築物の安全性を確保する設計法や構法をすべて「耐震」とよんでいた．このため，今日においても，地震に対する技術を総称して「耐震」という場合がある．ただし，さまざまな技術が登場している現在，図7.1に示すように，その対処方法によって，耐震，制振，免震という使い分けをするのが一般的である[7.1, 7.2]．それらの違いを順に説明する．

(1) 耐震構造

耐震とは，建築物の骨組の変形によって地震エネルギーを吸収する，構造体の耐力により地震力に抵抗することである．耐震構造には，つぎの二つの基本的な考えかたがある．

① 十分な「強度」を確保する「強度抵抗型」
② 十分な「強度」および「変形能力」をもたせる「靭性型」

「強度抵抗型」構造は，地震動により主要な耐震部材に生じる応力度を許容応力度以下にし，十分な強さをもたせることを目的とする（図7.2(a)）．この構造は中小規模の建築物に適用し，弾性解析を用いる許容応力度等計算で設計する．しかし，強度のみを設計目標とすると，変形能力の確保は無視され，変形能力が貧しく脆性破壊にいたる危険性がある．

一方，「靭性型」構造は，各部材の強度条件を満足したうえで，さらに十分な靭性，変形能力をもたせ，崩壊までに大きな塑性変形を許すものである（図7.2(b)）．この構造は，保有水平耐力設計や限界耐力設計法を通して，強度と変形能力を検証する．このようにして，耐震構造の設計計算の方法は第3～5章まで紹介した内容となる．

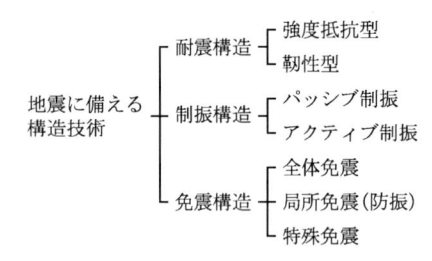

```
                  ┌ 強度抵抗型
          耐震構造 ┤
                  └ 靭性型
地震に備える        ┌ パッシブ制振
構造技術   制振構造 ┤
                  └ アクティブ制振
                  ┌ 全体免震
          免震構造 ┼ 局所免震（防振）
                  └ 特殊免震
```

図7.1　耐震・制振・免震の分類

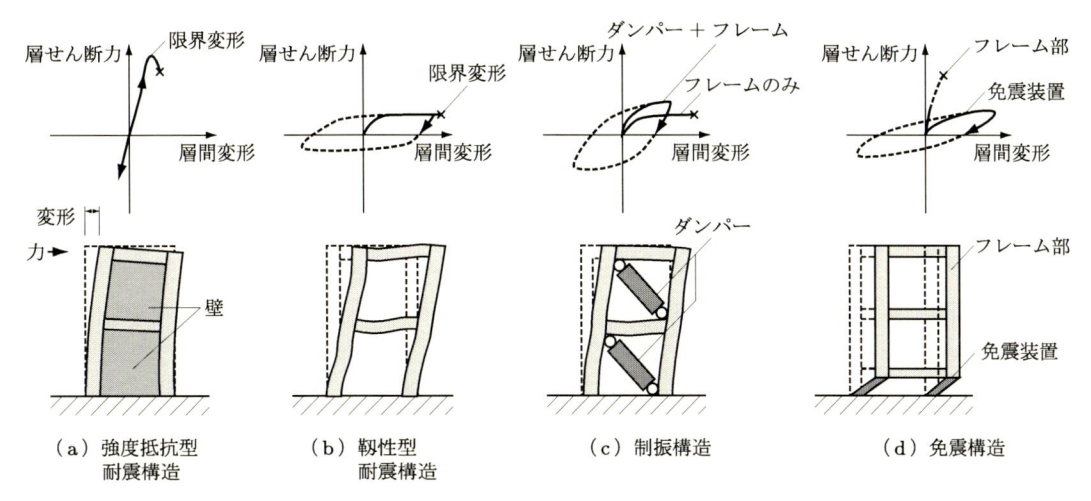

図 7.2 耐震・制振・免震の概念

(a) 強度抵抗型耐震構造
(b) 靱性型耐震構造
(c) 制振構造
(d) 免震構造

(2) 制振構造

制振構造とは，運動エネルギーを吸収できるダンパーなどの装置や，揺れを抑える機能をもつ装置を構造架構に設置して，地震や暴風，そして設備による建築物の振動を抑える構造技術である（図 7.2(c)）．「制震」と書かれる場合もあるが，物体や構造体の振動を抑えるという意味からすれば，「制振」という用語を用いるべきである．「制震」はもっぱら地震による構造体の振動を抑える場合であり，風などの地震以外の原因による振動を抑える場合には使わない．現在，パッシブ（受動的）マス・ダンパー，アクティブ（能動的）マス・ダンパー，摩擦ダンパー，粘性体ダンパー，履歴減衰ダンパーなどのさまざまな制振技術が続々と開発されている．その原理については 7.1.2 項において紹介する．

(3) 免震構造

免震構造（技術）とは，建物の基礎あるいは中間層に運動絶縁装置を設置し，地震動の上層部への伝達を低減する技術である（図 7.2(d)）．たとえば，積層ゴムや滑り支承を基礎に設置して，建築物への地盤の振動の入力を低減することが免震である．免震構法については，7.1.3 項において紹介する．

7.1.2 制振構造

制振装置を導入する構造物の設計は，高度な技術や計算理論を必要とする．制振の原理と分類，装置の設置計画など一般的な知識をまとめて説明する[7.1, 7.2]．

(1) 制振の原理と分類

現在はさまざまな制振装置が開発されているが，その原理は，つぎの「エネルギー吸収効果」と「質量の慣性効果」の二つを使って説明できる．

・エネルギー吸収効果：振動系の運動エネルギーを熱などのほかのエネルギーへ変換して振動系の外へ発散させ，振動を抑える「減衰」を利用した効果のことである．減衰により生じる振動抑制の力を減衰力という．減衰のない構造体は存在せず，すべての構造物は減衰力をもっているが，暴風や地震の振動を抑えるには建築物自身の減衰力だけでは不十分であり，大きな減衰力を提供してくれる装置が必要となる．図 7.3 に示すように，制振構造の建築物ではそのような装置を架構に設置して振動の運動エネルギーを吸収，消耗する．装置のエネルギー吸収の原理は，材料の塑性化（降伏），あるいは材料間や材料内部の摩擦によって運動エネルギーを吸収することである．

・質量の慣性効果：物体がその運動状態を維持

(a) 架構に減衰力を提供する装置を装着
(b) 架構の振動モデル

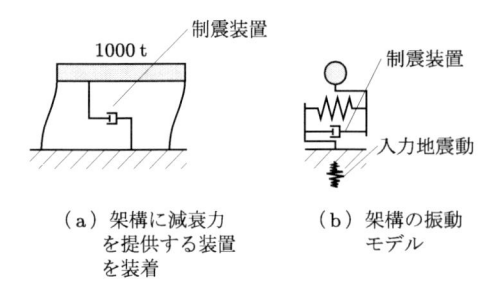

図7.3 エネルギー吸収による制振原理

しようとする「慣性」を利用した技術のことである．物体の運動状態を変えようとするときに，慣性を克服するための作用力が必要となり，この「作用力」は「慣性力」と釣り合うことになる．図7.4(a)に示すように，電車が急発進や急停車をすると，乗っている人は吊り革を通して電車の加速度の反対方向に力をかける．電車を建築物に，乗っている人を付加質量に，電車の急発進や急停車を建築物の地震応答にたとえれば，付加質量の慣性力は常に地震応答加速度の反対方向に作用し，建築物の動きを止める効果としてはたらくことがわかる．これは質量の慣性効果である．

上記の二つの基本原理を用いてさまざまな制振装置が開発されているが，本書では主要な装置に絞って以下に紹介する．

■ チューンド・マス・ダンパー

質量の慣性効果を利用した制振装置をマス・ダンパーという．付加質量（マス），バネ，減衰装置で構成されるマス・ダンパーは，図7.4(b)のように，振り子に減衰装置を設置したものである．一般に，建物の地震応答は，1次固有振動モードが支配している．マス・ダンパー（振り子）の固有振動周期T_2を建物の1次固有振動周期T_1と一致するように設計すると，常に同周期で建物の加速度方向の反対方向に付加質量による慣性力が作用するようになり，応答加速度を抑制できる（図(c)）．同周期とは同調することであり，英語ではtunedというため，このような装置をチューンド・マス・ダンパー（tuned mass damper, TMD）とよぶ．付加質量からの慣性力はバネを通して建物に作用するとともに，減衰装置からの減衰力も同時に作用する．マス・ダンパーの実用方法のイメージを図7.5に示す．

■ 履歴ダンパー

履歴ダンパーは，エネルギー吸収効果を利用した制振装置の代表例である．降伏型履歴ダンパーは，普通鋼材や低降伏点鋼材，鉛などの材料の早期降伏特性を利用する．図7.6に履歴ダンパーの例を示す．図(a)はブレースを通して履歴ダンパーを架構に設置する例である．このブレースは高い剛性をもっており，地震による層間変位はブレースを通して履歴ダンパーに伝わるため，層間変位とほぼ同じ変形量で装置を変形させて運動エネルギーを吸収する．図(b)に示すアンボンドブレースは芯材（鋼板）の周辺を座屈拘束材としてのコンクリート（モルタル）で包み込んだものであり，芯材と拘束材の間に存在する微小なクリアランスによって，芯材が自由変形できる．地震に

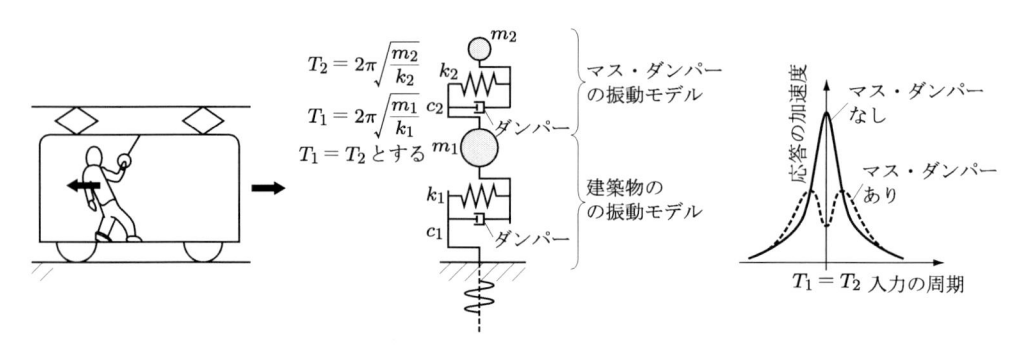

$T_2 = 2\pi\sqrt{\dfrac{m_2}{k_2}}$

$T_1 = 2\pi\sqrt{\dfrac{m_1}{k_1}}$

$T_1 = T_2$ とする

(a) 慣性の法則
(b) マス・ダンパーの振動モデル
(c) 応答加速の抑制原理

図7.4 質量の慣性効果

7.1 制振と免震

図7.5 マス・ダンパーの実用方法
(a) ゴム支持方式
(b) バネ-レール方式
(c) 吊り方式

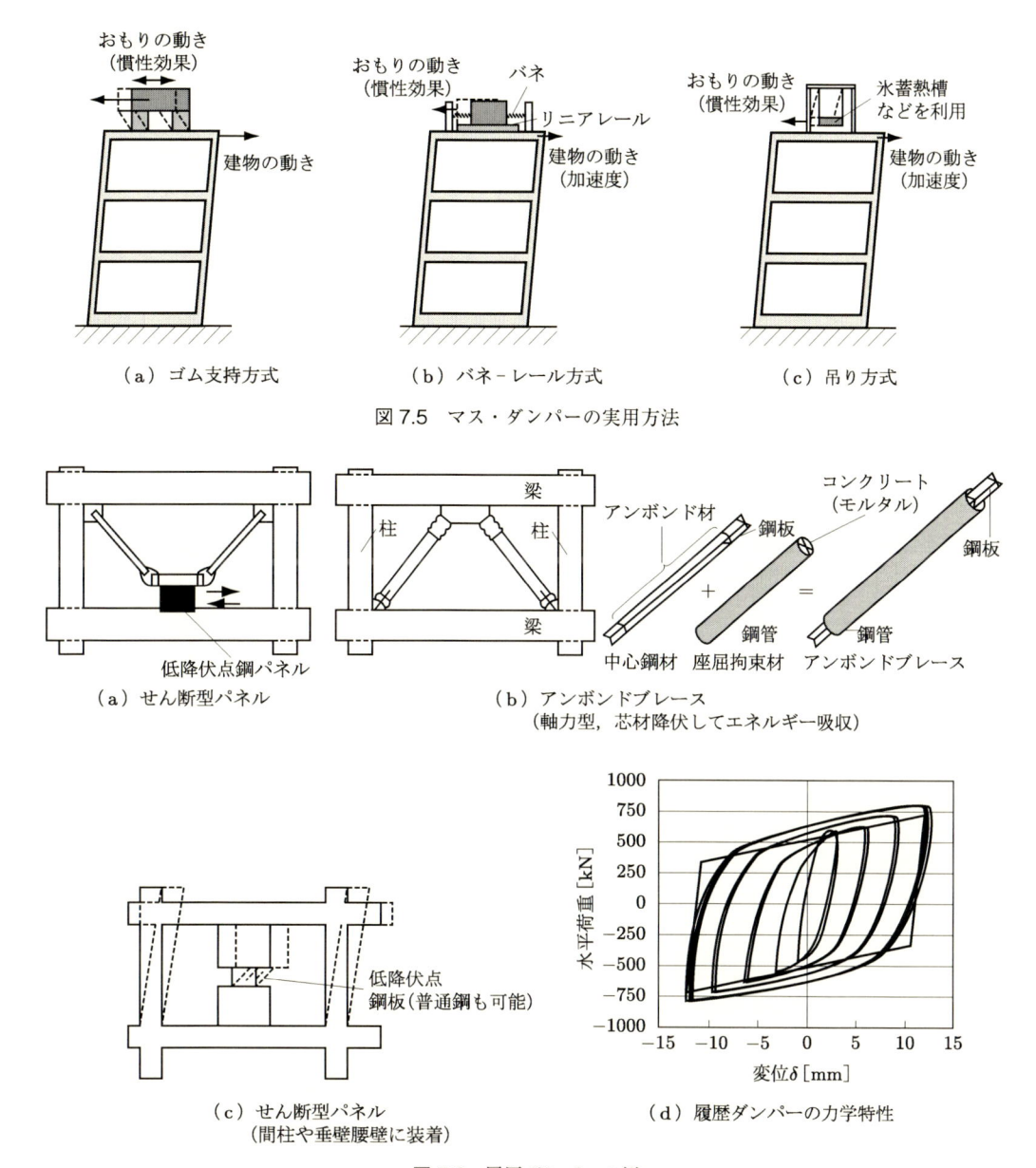

図7.6 履歴ダンパーの例
(a) せん断型パネル
(b) アンボンドブレース（軸力型，芯材降伏してエネルギー吸収）
(c) せん断型パネル（間柱や垂壁腰壁に装着）
(d) 履歴ダンパーの力学特性

よる層間変位に従って芯材が伸縮運動をし，芯材の降伏により運動エネルギーを吸収する．図(c)は間柱や垂壁・腰壁に履歴ダンパーを装着する例である．剛性が高い間柱や垂壁・腰壁の中央部に，低降伏点鋼材あるいは普通鋼材のパネルを設置することで，パネルの上下縁部の水平せん断変位が層間変位とほぼ等しくなり，その結果パネルは架構より先に降伏させて運動エネルギーを吸収する．降伏型履歴ダンパーの力学特性を荷重-変位曲線で表すと，図(d)のようになる．

■ 粘性減衰付加型ダンパー

粘性減衰付加型ダンパーは，オイルや粘性体，粘弾性体の運動によって減衰力を発生させる制振装置である．粘性減衰付加型ダンパーには，オイルダンパー，粘性体ダンパー，粘弾性体ダンパーなどの種類がある．各ダンパーの特徴はつぎのよ

うになる．

- オイルダンパーは鋼製のシリンダーのなかに封入した油の流体抵抗力を減衰力としてエネルギーを吸収する（図7.7）．
- 粘性体ダンパーは，高分子系の高粘性体を隣接する鋼板の間に充填し，互いに逆方向に移動するときに生じる，鋼板とのせん断抵抗力を減衰力として，エネルギーを吸収する．ダンパーの性能は鋼板面積，鋼板間の距離に左右される（図7.8）．粘性体ダンパーは，変位が大きくなるにつれて減衰力が低下する特性があり，その減衰力 - 変位曲線は図(b)のような楕円形になる．
- 粘弾性体ダンパーは，粘性体ダンパーと同じ原理であるが，鋼板の間に高分子系の粘弾性体を充填したものである（図7.9(a)，(b)）．鋼板間の逆方向運動に対する粘弾性体の抵抗が減衰力となる．ただし，粘弾性体の力学特性（減衰力 - 変位曲線）が粘性部分と弾性部分を含んでいるため，その復元力特性も，図(c)に示すように，粘性部分と弾性部分を含んでいる．

これらの制振装置は，その粘性減衰力が建物の応答速度に比例することから，速度比例型ともよ

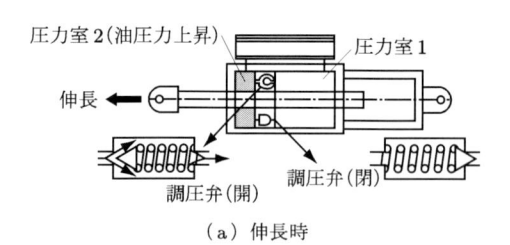

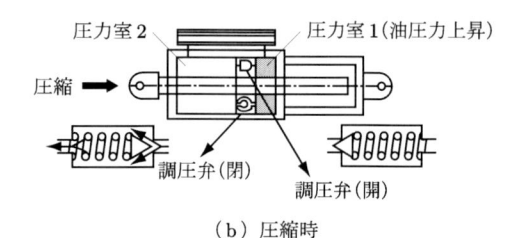

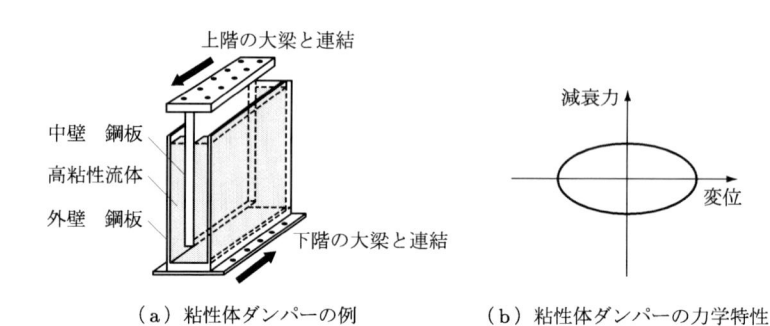

（a）伸長時

（b）圧縮時

図7.7 オイルダンパー

（a）粘性体ダンパーの例　　（b）粘性体ダンパーの力学特性

図7.8 粘性体ダンパー

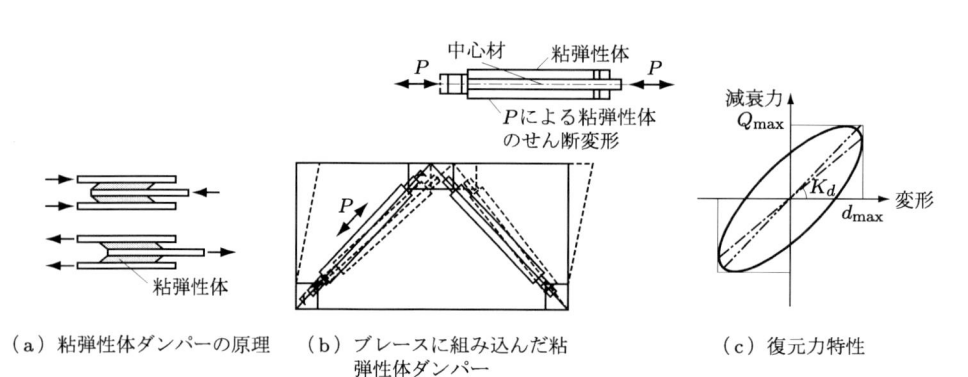

（a）粘弾性体ダンパーの原理　（b）ブレースに組み込んだ粘弾性体ダンパー　（c）復元力特性

図7.9 粘弾性ダンパー

ばれる．ただし，粘性減衰付加型ダンパーは減衰力が小さく，比較的小さい振動にその効果を発揮できる．また，油や高分子系の材料を用いることが多く，使用環境の温度によって減衰力が変化する場合がある．

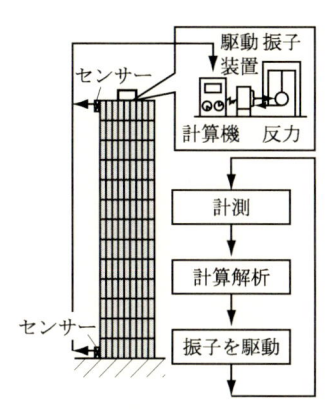

■ パッシブ・ダンパー，アクティブ・ダンパー

制振ダンパーはさらに「パッシブ（受動的）」と「アクティブ（能動的）」の2種類に大別できる．パッシブ・ダンパーとは，建物の地震応答に受動的に反応するものであり，駆動能力をもっていない．前述のようなマス・ダンパー，履歴ダンパー，そして粘性，粘弾性減衰ダンパーはパッシブ・ダンパーである．これに対して，アクティブ・ダンパーとは，コンピューターで制御された油圧ジャッキや電動モータなどの駆動装置により，建物に力を加えて振動を抑制するものである．

図7.10にアクティブ・ダンパーの原理を示す．まず，建物に設置されている振動感知装置（センサー）により，建物の振動方向，速度や加速度などのデータを計測し，その計測結果をコンピュータに送って解析を行う．コンピュータは解析結果に従って建物の上部に設置されている駆動装置に指令を送り，振子を強制的に揺らす．振子を揺らすと，建物は駆動装置を介して振子からの反力を受け，この反力が建物振動の制御力になる．

アクティブ・ダンパーはさらに，フルアクティブ，セミアクティブ，ハイブリッドに分類できる．

大地震時に対応するためには非常に大きな制御力が必要であるため，アクティブ・ダンパーの制御力が課題となっている．しかし，強風や中小地震，さまざまな原因による揺れに対する不快感の解消やエレベーターの機能確保を目的として，数多くのアクティブ・ダンパーが建物に設置されている．

これまで紹介したさまざまな制振装置を図7.11にまとめて示す．

(2) 制振装置の設置計画

つぎに，制振装置の設置計画について紹介する．図7.12に示すように，制振装置の設置は，一般に，壁タイプ，間柱タイプ，ブレースタイプに分けられる．複数の種類のダンパーを組み合わせることも可能である．ダンパーの縦方向と平面上の配置例を図7.13に示す．図では，色の濃い部分が装置の設置場所である．設置場所は，偏心が少なく，剛性，耐力分布のバランスのよい配置を心掛ける必要がある．また，エネルギーを吸収させる層や部位，層せん断力の分担率などの要因を総合的に考慮して最適な配置計画を行うことも大切である．ただし，制振装置の最適配置についてはまだ多くの課題が残されている．

7.1.3 免震構造の知識
(1) 免震の原理

免震の基本原理は，絶縁物体であるアイソレー

図7.10 アクティブ・ダンパー

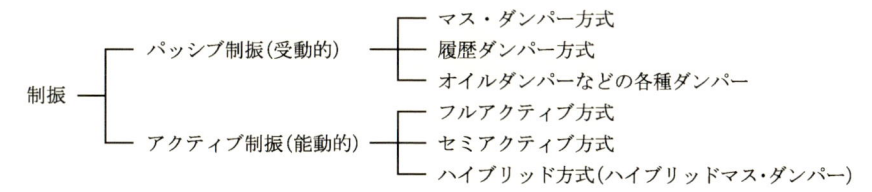

図7.11 制振構造の分類

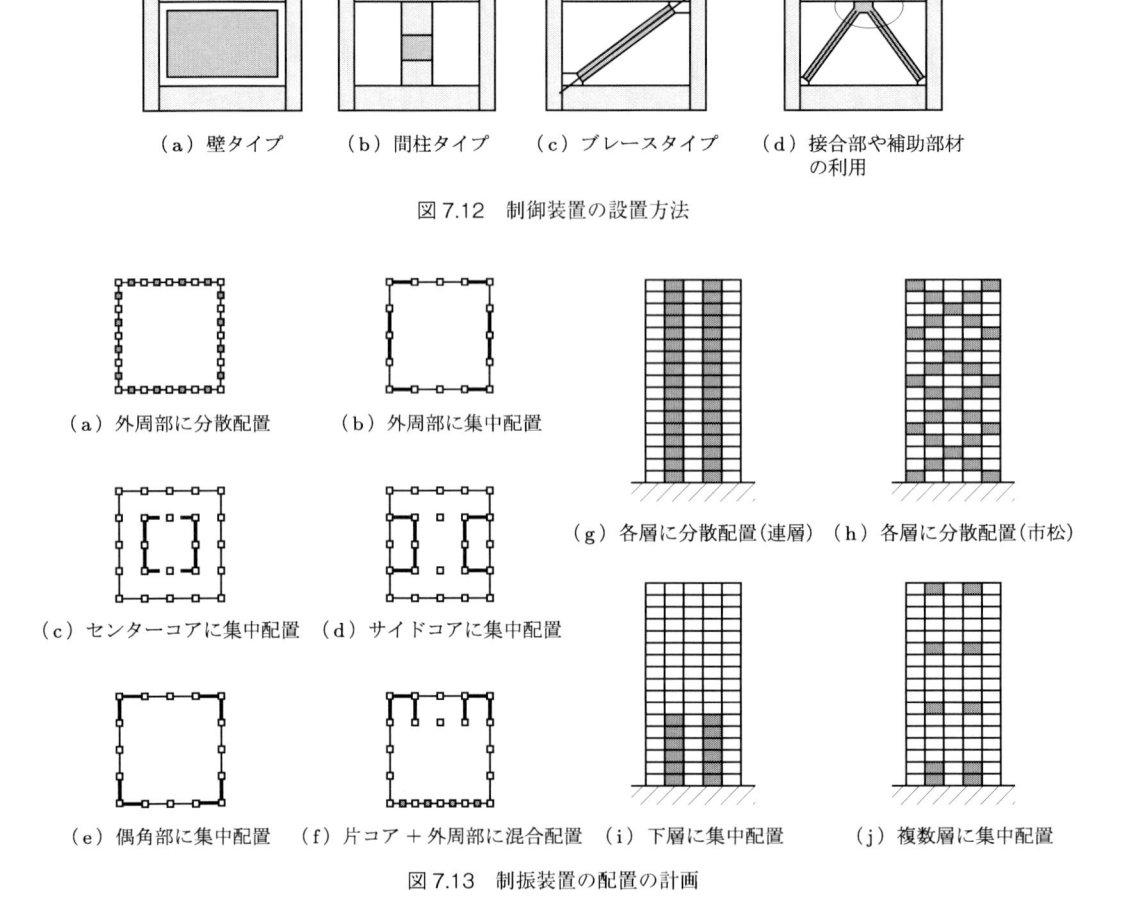

(a) 壁タイプ　　（b）間柱タイプ　　（c）ブレースタイプ　　（d）接合部や補助部材の利用

図 7.12　制御装置の設置方法

(a) 外周部に分散配置　　（b）外周部に集中配置

(c) センターコアに集中配置　　（d）サイドコアに集中配置

(g) 各層に分散配置（連層）　　（h）各層に分散配置（市松）

(e) 偶角部に集中配置　　（f）片コア＋外周部に混合配置　　（i）下層に集中配置　　（j）複数層に集中配置

図 7.13　制振装置の配置の計画

タ (isolator) を使って建物と地盤を絶縁し，建物への地震動の伝達を抑制することである（図7.14）．アイソレータは建物を地盤から完全に絶縁することはできないが，水平剛性が非常に小さいため，地震動の建物への伝達を低減するのに大きな効果がある．

アイソレータの構造には，図7.15(a)に示すように薄いゴムシートと鋼板を交互に積層して接着した積層ゴムを用いるのが一般的であり，鋼板によって，鉛直荷重によるゴムの横変形を拘束し，鉛直支持力を保持する．小規模免震装置として滑り支承を用いることもある．こうしてできたアイソレータは，水平方向には非常に低い剛性をもち，大きく変形するが，鉛直方向には大きな支持力を負担させることができる．

地震動を受けると，建物はアイソレータ上で滑り，振動する．アイソレータの水平剛性は非常に小さいため，建物と地盤の間の相対変位が非常に大きくなる恐れがあり，この相対振動を止めるために減衰力が必要となる．そこで，図7.15(b)，(c)

(a) 免震装置なし　　（b）免震装置あり

図 7.14　免震構造の概念

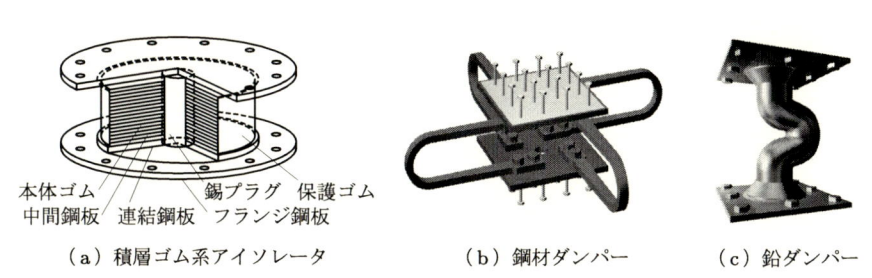

(a) 積層ゴム系アイソレータ　　(b) 鋼材ダンパー　　(c) 鉛ダンパー

本体ゴム　錫プラグ　保護ゴム
中間鋼板　連結鋼板　フランジ鋼板

図 7.15　免震装置の例

に示すようなダンパーによって減衰力を発生させ，振動を抑制する．したがって，免震構造にはアイソレータだけではなくダンパーの機能も必要である．

上記の原理を力学の視点から解説してみる．まず，水平剛性の小さい建物の固有振動周期が長いことを復習しておく．2.6 節において，地震加速度応答スペクトルは固有周期の短い領域で大きく，周期が一定値を超えてから加速度応答が低減すると説明した．つまり，長い固有周期をもつ建物の加速度応答は小さい（図 2.40）．免震構造では，小さい水平剛性をもつアイソレータを設置することにより，建物全体の固有振動周期が長くなり，加速度応答が小さくなる（図 7.16）．建物の全体の加速度応答が小さくなるに従って，建物の水平地震力が小さくなる．また，建築物と地盤の間の変位を抑制し，揺れを止めるために，運動エネルギーを吸収できるダンパーを導入する．この原理から，固有振動周期の長い地盤の上の建物に免震装置を設置すると，その免震効果があまり期待できない場合がある．

(2) 免震装置の設置

免震装置の設置方法は図 7.17 に示すように，基礎免震，中間層免震，局部免震，特殊免震などがある．

基礎免震は，図 7.18(a) に示すように，建物の最下層の基礎部分に免震層を設けて免震装置を設置する構法である．建物の最下層に 1 階分の免震層を構築するため，根切り量や材料と工期の増大が生じる．また，建物と地盤の相対変位に対して十分に配慮した配管などのディテール設計が必要である．免震層を通過する配管の例を図 7.19

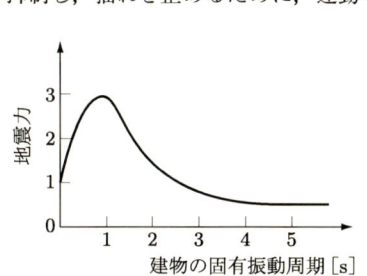

図 7.16　固有振動周期が長いと加速度応答が小さくなる

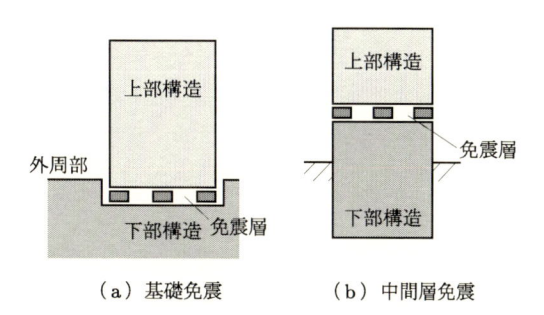

図 7.18　基礎免震と中間層免震

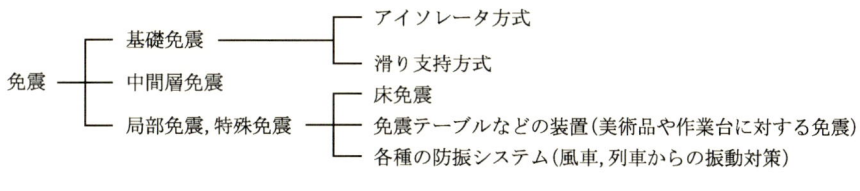

(a) 基礎免震　　(b) 中間層免震

免震 ─┬─ 基礎免震 ─┬─ アイソレータ方式
　　　│　　　　　　└─ 滑り支持方式
　　　├─ 中間層免震
　　　└─ 局部免震, 特殊免震 ─┬─ 床免震
　　　　　　　　　　　　　　　├─ 免震テーブルなどの装置(美術品や作業台に対する免震)
　　　　　　　　　　　　　　　└─ 各種の防振システム(風車, 列車からの振動対策)

図 7.17　免震構造の分類

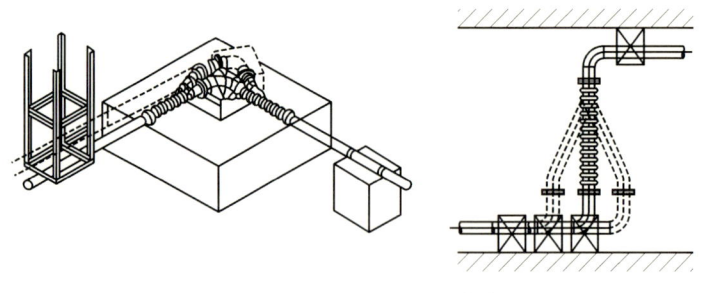

図7.19 免震層での配管例[7.3]

に示す．

中間層免震は，図7.18(b)に示すように基礎より上層部の途中階に免震層を設け，下部構造は通常の建物と同様に地盤に接しているものであり，免震層以上の部分が免震対象となる．この方法では，基礎免震のような根切り量や躯体材料の増大問題が緩和されるが，免震層より下の階に対する免震効果が期待できず，免震層を貫く階段やエレベーターシャフト，設備配管の変形に対する対策が必要になる[7.1～7.3]．

7.2 超高層構造の紹介

地震大国にもかかわらず，日本では超高層建築物がより高くなっているとともに，その数も増えている．これは，日本に限ったことではなく，経済と技術の発展にともなって，諸外国においても超高層建築物の建設は増えている．超高層建築物の構造設計には高度な理論と特殊な手法が必要である．まだ数多くの研究課題が残されているが，超高層構造技術は建築構造設計の重要な構成部分であるので，ここでは，超高層構造物にかかわる一般知識を説明し，その構造設計の基本原理を解説する．

7.2.1 超高層建築とは

超高層構造技術を紹介する前に，超高層建築の歴史発展にかかわる知識を簡単にまとめておく．初期の超高層建築はアメリカ，ニューヨークを中心に発展を遂げてきた．1930年にニューヨークで高さ（尖塔部）319 mとなるクライスラービルが建てられ，翌年には軒高381 mのエンパイアステートビルが完成した．1972年には高さ417 mのワールドトレードセンターが建設され，世界一高い建築の地位を長い間占めていた（2001年9月11日のアメリカ同時多発テロ事件によって崩壊）．その後，1974年にシカゴに高さ442 mのシアーズタワー，2004年に台湾台北市に高さ509.2 mの台北101が建てられた．台北101は2007年のなかばまで世界一の高さを誇っていたが，2010年にドバイで軒高636 m，全高（尖塔高）828 mのブルジュ・ハリーファが建設されて世界一の座を譲った．

第2次大戦前の日本においては，耐震などの技術的な限界のために，建築物の高さが100尺以下に規制されていた．この高さ規制は戦後において31 mとして引き継がれたが，1963年の法規改正でこの高さ規制が解禁された．そして，1968年に霞が関ビル（36階，147 m）が建設され，これが日本の超高層時代の幕開けとなった．

超高層についての世界的に統一された定義はない．広辞苑や建築大事典（彰国社）では，超高層建築とは15階以上または100 m以上の高さの建築物であるとしている．海外諸国では，高さが100 m，あるいは150 m以上のビルを超高層ビルとよぶ場合が多い．

現在，日本の建築基準法のおもな構造設計の関連規定では，高さが60 m以下の建築物に適用されるものであり，高さが60 mを超える建築物に対する構造設計は特殊な方法として大臣の認定を

要する. そこで本書では，高さが 60 m を超える建築物を超高層建築物とし，その構造技術および構造計算に関する基礎知識を紹介する.

7.2.2 超高層建築物の構造形式

超高層建築物の構造体は巨大な躯体の自重を支えるとともに，暴風や地震などの外力に抵抗し，建築物の安全性と機能性を確保しなければならない. このため，図 7.20 に示すようなさまざま構造形式が開発されている. 現在，よく利用される超高層建築物の構造形式には，ラーメン構造，チューブ構造，スーパーストラクチャー（メガストラクチャー）などがあり，さらに近年は複雑で特殊な構造形式も登場している. 各構造形式を順に説明する.

(1) ラーメン構造

超高層建築物を支えるもっとも基本的な構造形式はラーメン構造である. ラーメン構造は，梁と柱を互いに剛接し，鉛直荷重，風や地震による水平方向の力などの荷重に対して曲げとせん断で抵抗することが特徴である. ラーメンには，鉄骨造（S 造），鉄筋コンクリート構造（RC 造），鉄骨鉄筋コンクリート構造（SRC 造）やコンクリート充填鋼管構造（CFT 造）などがある. これらの構造の全体剛性の一般的な大きさの関係は S ＜ SRC，CFT ＜ RC である.

図 7.20(a) はコア＋ラーメンフレーム構造であり，構造体の中央コア部に壁厚が数十 cm あるいは 1 m 以上である壁を設け，その周辺にラーメンのフレームを配置する構造である. 中央部のコア構造は地震や暴風による水平荷重に抵抗する.

超高層建築物，とくに鋼構造超高層建築物は水平剛性が弱く，地震や暴風による水平揺れが比較的大きい. このため，全体剛性を高めるために開発されたのが，図 (b) に示すようなコア＋ベルト・トラス・フレーム構造である.

(2) チューブ構造

チューブ構造は，建築物の外周に柱を並べ，内部空間に立ち並ぶ柱を少なくした構造システムである. 外周に立ち並ぶ柱がチューブ形状を形成していることがその名前の由来である. チューブ構造には，図 7.20(c) のようなチューブ・イン・チューブ構造，図 (d) のようなバンドル・チューブ構造，またチューブとコアなどの複合構造があ

(a) コア＋ラーメン・フレーム構造　(b) コア＋ベルト・トラス・フレーム構造　(c) チューブ・イン・チューブ構造　(d) バンドル・チューブ構造（束ねチューブ構造）　(e) スーパーストラクチャー構造

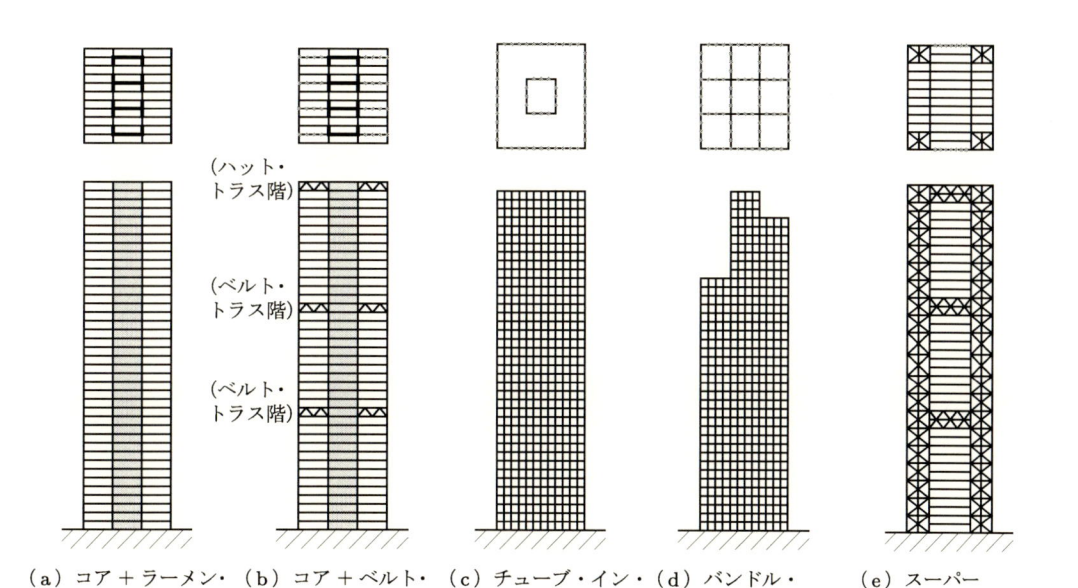

図 7.20　超高層の基本的な構造形式

る．一般に，外周柱はおもに鉛直荷重を負担し，中央部のコア構造や内層チューブを設けて地震や暴風による水平荷重に抵抗する仕組みとなっている．

(3) スーパーストラクチャー

スーパーストラクチャーはメガストラクチャーともいわれ，大型組立部材により架構を構成し，そのなかにさらに小さい架構を構築するシステムである．図7.20(e)に示すように，大きな立体フレームが隅柱のようにはたらき，高さ方向の中間部にも梁のような立体フレームを構築し，その間に重層構造を構築する例も多く存在する．数百mの超高層構造の多くはスーパーストラクチャーである．

(4) 複雑構造形態

近年，複雑な形態をもつ超高層構造物が世界各地で建設されている．曲線や曲面，不整形な形状，また複数の構造ブロックを組み合わせた構造体などもある．図7.21(a)に示す台湾のT＆Cビル，図(b)に示す中国北京に建てられた中国中央テレビなどの建築物がその例である．このような背景には，コンピュータ解析技術と施工技術の発展によって，より複雑な形態の力学解析，施工生産が可能になっていることが挙げられる．

7.2.3 超高層建築物の構造設計

超高層建築物の構造設計の一般的な手順は，構造計画，各部材の断面を確定すること，構造計算によって骨組の安全性を確認することの順である．高さが60mを超える超高層建築物では，現行建築基準法の大部分の規定は適用できないので，コンピュータにより時刻歴動的解析を行い，その構造計算は指定性能評価機関による評価(大臣認定)を行うことが義務付けられている．ここでは，超高層建築物の構造計画，コンピュータによる時刻歴動的解析について説明する．

(1) 超高層建築物の構造計画

構造設計の最初の手順は構造計画である．ここで，建築物の使用目的，安全性や経済性，そして施工工法などの要件を考慮して適切な構造形式を選択し，柱や梁などの部材の配置を検討して構造形態を計画する．超高層の構造形式には7.2.2項で紹介したものがあるが，その選定手順は大変複雑である．建築物の用途，コスト，都市計画，地盤条件，地震や暴風などの荷重条件，そして施工技術や解析技術などを総合的に考慮して，何度も試行設計とコスト概算の比較を行いながら，最適な構造計画案を決定する．

超高層建築物の構造の特徴は固有振動周期が長いことである．そのため，構造計画のための試行設計の段階では建築物の振動，揺れと居住性の検討が重要である．実際，高さが300〜500m級の超高層建築物を分析したところ，その固有振動周期は5〜6秒程度までに抑えられている．また，自重低減のために，軽量化が不可欠であるし，剛

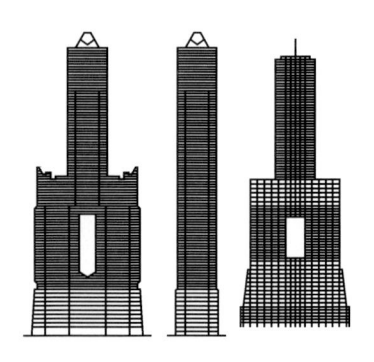

(a) T＆Cビル(台湾)　　(b) 中国中央テレビ (中国北京)

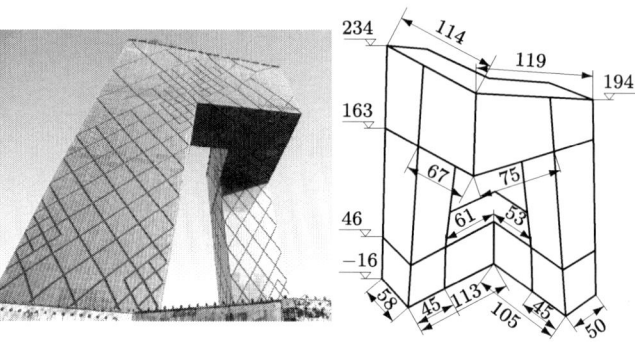

図7.21　複雑な構造形態 [7.4]

性を高めて変形を抑え，固有振動周期の短縮化を配慮して部材の仮定断面を定めることも重要である．すなわち，構造強度よりも構造体全体の剛性を高めることが重要な場合もある．

建設地によっては地震荷重よりも風荷重の影響が大きくなる可能性もある．風荷重は建築物の形状や周辺の環境，そして剛性（固有振動周期）に依存するので，試行設計の段階で検討し，建築物の平面形状と構造形態を定める必要がある．

構造形式は，建築の用途を総合的に考慮して選定する．たとえば，鋼構造は鉄筋コンクリート構造や鉄骨鉄筋コンクリート構造と比べて，全体の剛性が低く，風や地震に対する揺れが比較的大きい．そのため，超高層集合住宅には一般的には鋼構造が適用しにくく，鉄筋コンクリート構造が多用される．オフィスビルは大スパンが要求される場合が多いため，中央部には共用コアやエレベーターシャフトを設け，外周に大スパンのオフィス空間を確保できるチューブ構造が多用される．

(2) 時刻歴動的解析のためのモデル化

前述のように現行建築基準法では，高さが60 m を超える建築物に対して，コンピュータによる時刻歴動的解析を行い，その構造計算は指定性能評価機関による評価（大臣認定）を行うことが義務付けられている．

時刻歴動的解析では，骨組のモデル化が必要である．現在用いられているモデルは，図 7.22(a) に示す等価せん断モデル，図(b)の等価曲げせん断モデル，図(c)の3次元立体解析モデルなどである．

等価せん断モデルは集中マス（1層分の質量），バネ（1層分の水平剛性）と減衰ダッシュポット（図 7.22 では省略している）のモデルで構成される．これは水平振動のみの解析モデルであり，建築物の全体の曲げや回転は無視する．

柱が軸力変動により，その軸方向の変形を起こし，建築物に水平せん断と全体の曲げ回転変形が生じる．このため，等価曲げせん断モデルを用いて解析する必要がある．等価曲げせん断モデルは，建築物の柱の軸変形による建築物全体の曲げ変形も考慮した回転バネを設置するので，水平振動と曲げ回転振動を評価できる．

3次元立体解析モデルは，主要な耐震部材を構成要素として，立体的に組み立てる解析モデルである．建築物のねじれ振動や各部分の地震応答，複雑形態をもつ構造物の振動特性を分析する場合に有効である．ただし，3次元立体解析モデルを用いた動的解析は，等価せん断モデルや等価曲げせん断モデルより長い解析時間が必要である．現在，超高層の3次元立体解析モデルを用いた非線形動的解析は，非常に高性能なコンピュータが必要であり，それを使っても解析時間は大変長く，解析が収束しなくなる場合もある．そのため，依然として等価せん断モデルと等価曲げせん断モデルが活用されている．

解析モデルの復元力特性は，解析結果を支配する．復元力特性は，層せん断力と層間変位の関係曲線で決める．復元力特性を求める方法は，一般には立体モデルを用いた静的荷重増分解析を行い，各層の層せん断力と層間変位を求め，その層せん

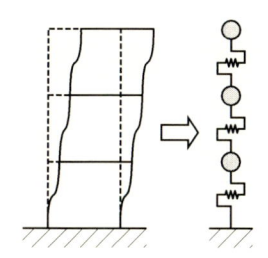

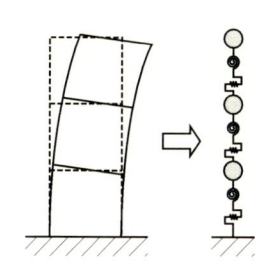

（a）等価せん断モデル　（b）等価曲げせん断モデル　（c）3次元立体解析モデル

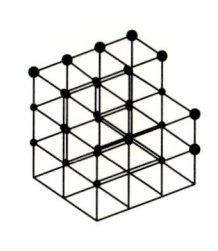

図 7.22　時刻歴応答解析のモデル化

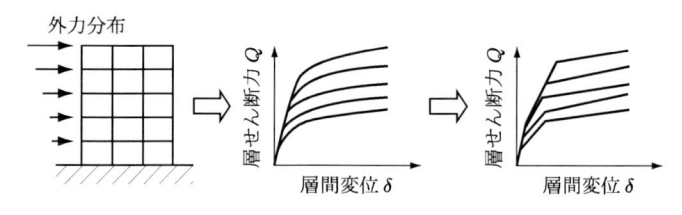

図7.23 復元力特性のモデル化

断力と層間変位の関係曲線を求める．増分解析は4.3.4項で紹介した保有水平耐力計算の解析と同じ原理であり，固定荷重，積載荷重，設備などの特殊荷重を一定の値として与え，水平外力の分布を設定してその倍率（荷重パラメータ）を増分することにより，各階の層せん断力‐層間変位曲線を追跡する．増分解析で得た層せん断力‐層間変位曲線は，比較的滑らかである．

動的解析では，この滑らかな曲線をさらに折れ線に簡略化，モデル化する必要がある．つまり，層せん断力‐層間変位曲線を図7.23のようなバイリニアー（bi-linear）モデルやトリリニアー（tri-linear）モデルにしてから時刻歴動的解析に用いる．このように，折れ線でモデル化された荷重‐変位曲線のことを，各層の復元力曲線の「スケルトン」とよぶ．

制振装置を用いた場合，その効果を解析モデルに反映する必要がある．まず，実験や理論解析などの方法で，荷重‐変位曲線，減衰性能を含む装置の復元力特性を把握する．そして，これらの制振装置の特性のバネ定数，減衰定数，復元力特性を定めて，解析モデルに取り込む．取り込む方法は振動解析手法や解析ツールによって異なるが，その基本的な考えは，図7.24に示すように，層と層の間に装置の力学特性を反映できるバネ，質点そして減衰ダッシュポットなどを挿入した解析モデルを作成することである．

(3) 地震動に対する時刻歴動的解析

作成した解析モデルに地震波を入力して動的解析を行う．入力地震動は，時刻歴の加速度の波であり，一般にその強さはレベル1，2，3の三つの水準に分けられる．

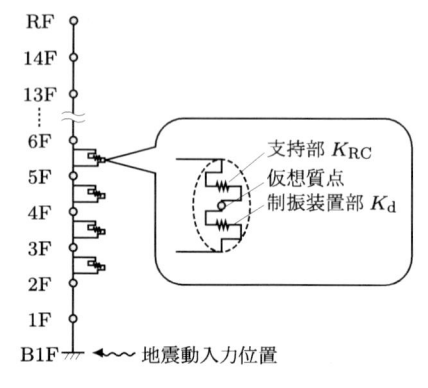

図7.24 制振装置のモデル化

支持部 K_{RC}
仮想質点
制振装置部 K_d

レベル1入力地震動は稀に発生する地震動に相当するもので，一般に入力地震動の最大速度は25 Kine（＝cm/s）である．時刻歴の解析結果から層せん断力や層間変位の応答値が得られる．図7.25に示すように，動的解析の結果から各層に作用する最大水平力を算出し，この水平力を立体モデルに与えて，静的弾性解析や増分解析を行い，各部材の応力と変形を求める．レベル1入力地震動に対して，各部材が弾性範囲にあり，その最大応力度が許容応力度を越えていないこと，層間変形角≦1/200であること，部材の変形を確認し，居住性と使用性を検討する．

レベル2入力地震動は極めて稀に発生する地震動に相当するものであり，一般に入力地震動の最大速度は45～55 Kineとし，弾塑性応答解析を行う．この動的解析結果より，各階に作用する最大地震荷重を求め，この荷重を立体モデルに与えて静的弾塑性増分解析を行い，各部材の応力と変形を求め，降伏機構を確認する．一部の部材は塑性化されるが，その性状を確認し，建築物の安

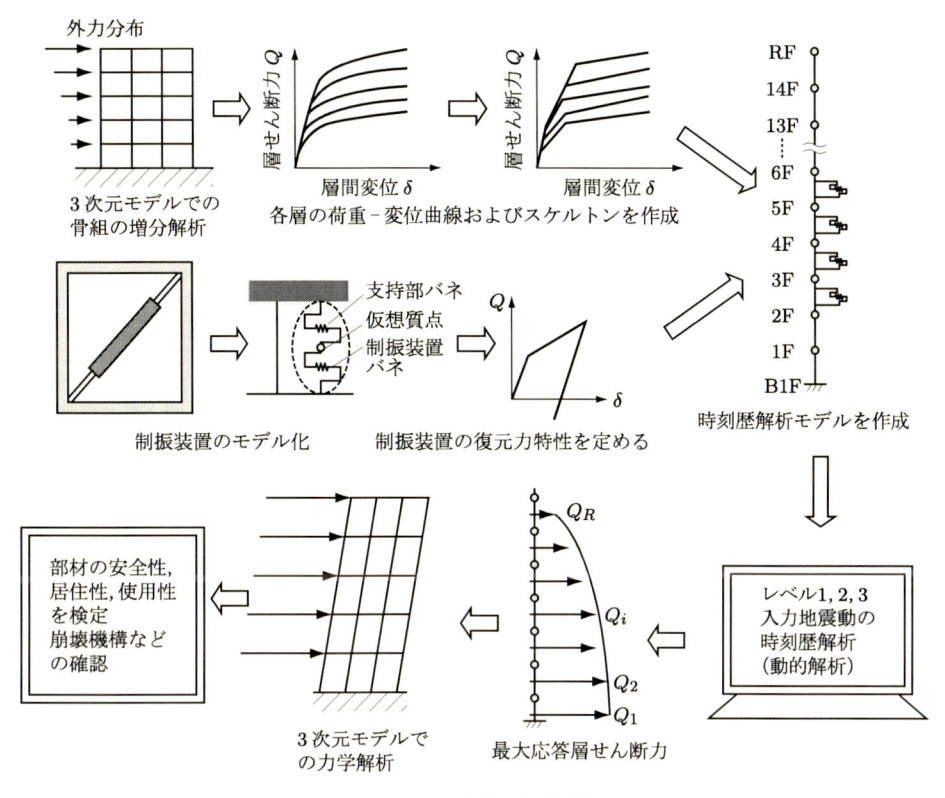

図 7.25 一般的な解析手順

全性を検証する．実例や文献などによれば，レベル 2 入力地震動による最大層間変形角の目安は，1/140 ～ 1/150 以下に抑えることが望ましい（設計事情によって，1/100 をとる場合もある）．

レベル 3 入力地震動の最大速度は，一般に，65 ～ 70 Kine 以上とし，必要に応じて応答解析を行い，各階に作用する最大地震荷重を求める．この地震荷重を立体モデルに作用させて静的弾塑性増分解析を行い，崩壊機構を確認し，建築物の安全性を検証する．

これらの解析から，ねじれ応答の検討，上下動の検討，基礎の設計などの設計の計算に必要なデータが得られる．時刻歴動的解析によって，各階の応答（変位，速度，加速度，運動エネルギー，減衰エネルギー）を把握し，構造全体の動的応答性状を確認する．さらに，制振装置や設計案の整合性を検証する．

(4) 風荷重に対する検討

超高層は，周囲の建築物よりはるかに高いので，地表面の粗度区分の適用は難しい場合もある．したがって，各階に作用する風力の計算にあたっては，風洞実験を行うとよい．風荷重には，再現期待値 100 年（レベル 1）と 500 年（レベル 2）を用いるのが一般的である．そして，各階の風荷重と地震荷重の分布を比較して，全体の安全性を確認する．また，動的解析を行って，建物の挙動を把握し，転倒の可能性や制振装置の機能を確認する．風荷重による各部材の応力が弾性領域内に収まることが重要である．

(5) 構造計算の流れ，その他の検討事項

高さが 60 m を超える建築物の構造設計は構造設計者の適切な判断によって実施され，その手順は設計者によって異なる．図 7.26 に超高層の構造計算の流れの一例を示す．

超高層建築物の固有振動周期は低層の建物に比

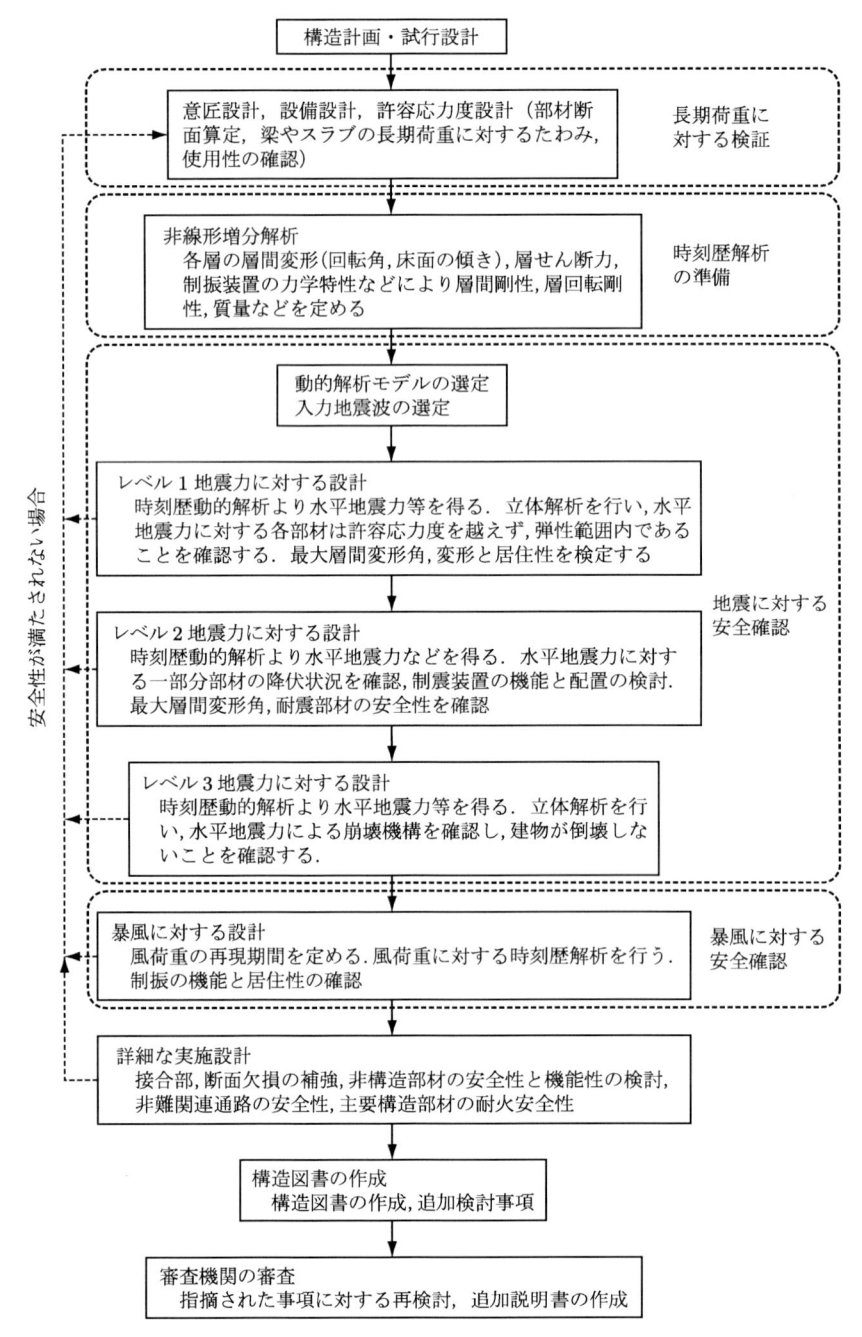

142　第7章　種々の技術と構造設計の流れ

```
                    構造計画・試行設計
                            │
        ┌───────────────────▼───────────────────┐
        │ 意匠設計，設備設計，許容応力度設計（部材断  │  長期荷重に
        │ 面算定，梁やスラブの長期荷重に対するたわみ，│  対する検証
        │ 使用性の確認）                          │
        └───────────────────┬───────────────────┘
                            │
        ┌───────────────────▼───────────────────┐
        │ 非線形増分解析                          │
        │   各層の層間変形(回転角,床面の傾き),層せん断力, │ 時刻歴解析
        │   制振装置の力学特性などにより層間剛性,層回転剛 │ の準備
        │   性,質量などを定める                    │
        └───────────────────┬───────────────────┘
                            │
              ┌─────────────▼─────────────┐
              │ 動的解析モデルの選定         │
              │ 入力地震波の選定            │
              └─────────────┬─────────────┘
                            │
        ┌───────────────────▼───────────────────┐
        │ レベル1地震力に対する設計                │
        │   時刻歴動的解析より水平地震力等を得る．立体解析 │
        │   を行い，水平地震力に対する各部材は許容応力度を │
        │   越えず，弾性範囲内であることを確認する．最大層 │
        │   間変形角，変形と居住性を検定する         │
        │                                      │
        │ レベル2地震力に対する設計                │  地震に対する
        │   時刻歴動的解析より水平地震力などを得る．水平地 │ 安全確認
        │   震力に対する一部分部材の降伏状況を確認，制振装 │
        │   置の機能と配置の検討．最大層間変形角，耐震部材 │
        │   の安全性を確認                        │
        │                                      │
        │ レベル3地震力に対する設計                │
        │   時刻歴動的解析より水平地震力等を得る．立体解析 │
        │   を行い，水平地震力による崩壊機構を確認し，建物 │
        │   が倒壊しないことを確認する．           │
        └───────────────────┬───────────────────┘
                            │
        ┌───────────────────▼───────────────────┐
        │ 暴風に対する設計                        │  暴風に対する
        │   風荷重の再現期間を定める．風荷重に対する時刻歴 │ 安全確認
        │   解析を行う．制振の機能と居住性の確認．    │
        └───────────────────┬───────────────────┘
                            │
        ┌───────────────────▼───────────────────┐
        │ 詳細な実施設計                          │
        │   接合部，断面欠損の補強，非構造部材の安全性と機能性の検討， │
        │   非難関連通路の安全性，主要構造部材の耐火安全性 │
        └───────────────────┬───────────────────┘
                            │
              ┌─────────────▼─────────────┐
              │ 構造図書の作成               │
              │   構造図書の作成，追加検討事項 │
              └─────────────┬─────────────┘
                            │
              ┌─────────────▼─────────────┐
              │ 審査機関の審査               │
              │   指摘された事項に対する再検討，│
              │   追加説明書の作成           │
              └───────────────────────────┘
```

（左側に「安全性が満たされない場合」の戻り矢印）

図7.26　超高層の構造計算の流れ（例）

べて長いため，海溝型巨大地震の長周期地震動と共振する可能性がある．このため，長周期地震動に対する解析検討，高層階用エレベーターの機能確保を検討する必要がある．当然，施工工法や精度管理の検討が必要である．施工過程中には柱圧縮変形が生じるので，必要に応じて施工時解析を行い，施工途中の応力と変形を予測し，精度管理上の対策を検討する．

7.3 空間構造の紹介

集会場や体育館，渡り廊下などはその用途から大きなスパンが必要である．大スパン構造物の設計および施工には高度な力学，形態解析理論が必要である．まだ数多くの研究課題が残されているが，現代の建築にとって必要不可欠な内容であるため，本節では，大スパン空間構造に関する基礎知識を説明する．

7.3.1 空間構造とは

空間構造 (spatial structures, space structures) とは文字どおり，空間を確保する構造物のことである．東京ドームや代々木国立競技場は大スパンを実現した空間構造の代表例である．規模が小さいものの，広義には，屋根トラスや梁により建てられた部屋，鳥の卵の殻，貝殻，石鹸膜，蜘蛛巣などの構造体も空間構造である．空間構造は力学的視点から，アーチやシェルのような推力構造，ケーブルや膜のような張力構造，平面トラスや立体トラスのように軸力が節点で釣り合うベクトル構造などに分類できる．構造力学的視点からいうと，空間構造は曲げ応力を最小限に抑え，材料の強度を最大限に発揮させ，また力を2次元あるいは3次元に流せる特徴をもっている．

空間構造では，空間を確保するために曲げ材がよく利用される．ただし，曲げ材はその縁部の応力度が大きく，中立軸部の応力度がゼロであるため，曲げ部材の縁部が先に強度に到達し，中立軸付近における材料強度を十分に発揮できない．そのため，**構造計画**，とくに空間構造の計画では，できるだけ部材に曲げモーメントを生じないように工夫する必要がある．

7.3.2 代表的な空間構造

アーチやトラス，そしてドームなどの空間構造は，宗教建築，産業技術の発展など文明の発展に従って誕生し，今日まで活用されている．現在，技術の発展により，鋼材やケーブル，膜材など多様な材料が開発され，それらを用いて，より軽く巨大な空間を創り出すことが可能になっている．ここでは，代表的な空間構造を紹介する．

(1) アーチ

アーチは，古くから用いてきた構造であり，れんがや石を積んでつくることが多かった．現在は，鉄骨造や鉄筋コンクリート造のアーチが多くつくられている．

アーチの原理はケーブルを用いて説明できる．図 7.27(a) に示しているケーブルは，伸びのない剛的なものと仮定すると，荷重の作用により折れ線の形状となり，その節点において荷重とケーブルの張力が釣り合う状態となる．当然，ケーブルには曲げモーメントが生じず，軸力のみが存在する．図(b)は図(a)のケーブルの芯線を上下逆にした形の構造体である．図(a)から軸方向の変形

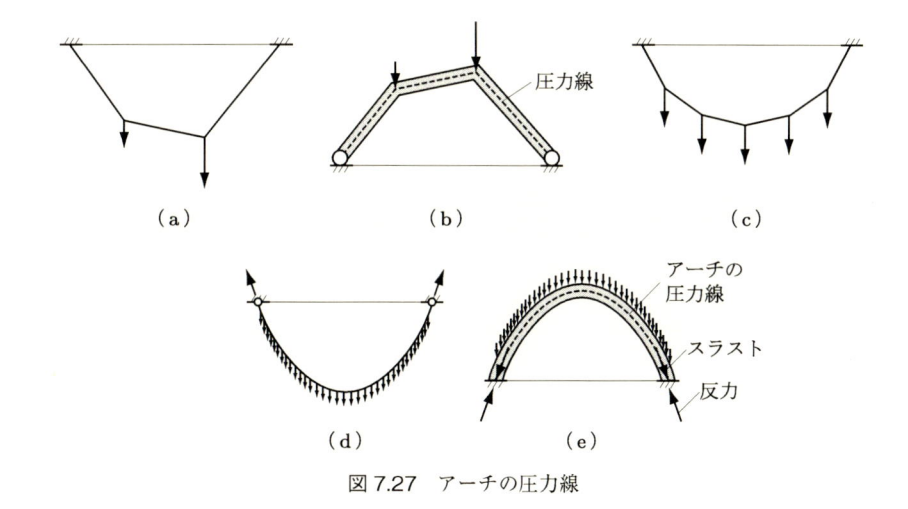

図 7.27 アーチの圧力線

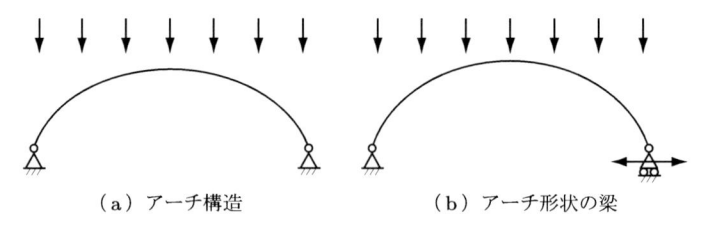

(a) アーチ構造 (b) アーチ形状の梁

図 7.28 梁とアーチの区別

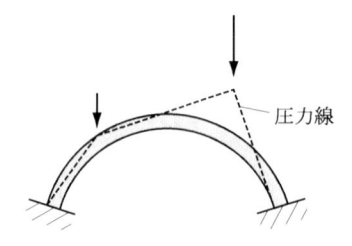

(a) 非対称荷重による圧力線は厚みの外に出ると、大きな曲げ応力が生じる   (b) 非対称荷重によるアーチの崩壊

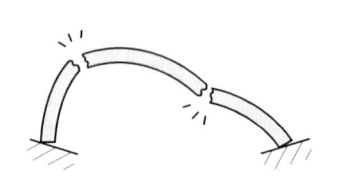

図 7.29 荷重とアーチの形状

は無視できるので、これも曲げモーメントが生じないものであることが理解できるだろう[7.5]. ただし、図(b)の構造の軸力は張力ではなく圧縮力となり、その中心線は圧力線である. 図(c)のように、荷重の数を十分増やすと、ケーブルが次第に滑らかな曲線になり（図(d)）、それを逆にした構造（図(e)）がアーチである. 図(e)に示しているように、曲げが生じず、圧縮力しか生じないアーチは理想のアーチである. 内部に圧縮力が存在するため、アーチの支持部にスラストという推力がはたらく. スラストの存在により、その脚元には外へ開く力が生じるため、アーチの安定性を保つためには足元を拘束する必要がある.

図 7.28(a) に示すように、構造の両端部がピン支持で、構造内部に生じるスラストで荷重を支えることができる構造がアーチ構造である. 一方、図(b)に示す構造はローラー支点をもち、主として曲げで荷重に抵抗する構造で、これはアーチ形状の梁（曲梁）という.

現実のアーチは圧縮応力のほかに、非対称荷重により生じる曲げに抵抗する耐力をもつ必要がある. 荷重状態により形成する圧力線（釣り合い状態の作用線）がアーチ構造の厚みのなかに納まる

ならば、アーチの応力は圧縮が主体となり、曲げは小さく、安定した構造物となる（図 7.27(e)）. しかし、図 7.29 に示すように、その作用線がアーチ構造の厚みから外れると、大きな曲げ応力が生じ、アーチは崩壊するおそれがある（図(b)）.

(2) ケーブル構造

ケーブル構造は、吊り橋として古くから利用されてきた. 現在では空間構造として建築物に広く利用されている. ケーブルは張力構造であり、曲げとせん断抵抗が生じず、引張りしか受けないので、引張り力のみで力を伝達する構造である. ただし、ピアノの弦のように、あらかじめ引張り力を強く導入すれば、ケーブルも圧縮を受けることができ、これはプレストレスの効果の一つである.

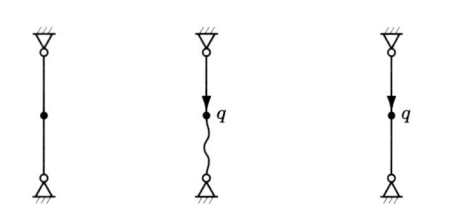

(a) ケーブル (b) プレストレスなし (c) プレストレスあり

図 7.30 プレストレス導入すると圧縮を受けられる

たとえば，図7.30(a)に示すようなケーブルで考えてみる．中央においてケーブルの軸方向に荷重Pを作用させると，ケーブルは図(b)のように変形し，下部には緩みが生じて不安定構造となる．しかし，このケーブルにあらかじめ張力（プレストレス）を導入してから荷重Pを作用させると，上部の張力は増えるものの，下部のケーブルが荷重からの圧縮力を受けることによって張力が減る．このとき，下部のケーブルの張力が完全にキャンセルされるまで荷重（圧縮力）を受けることができる．

このほかの特徴としては，一般に剛性が弱い点である．

ケーブル（材料）は引張強さが非常に高く，軽量であるため，大空間構造に適している．ケーブル構造は，図7.31のようなネット構造や図7.32に示す吊り橋のようなサスペンション構造に用いられる．

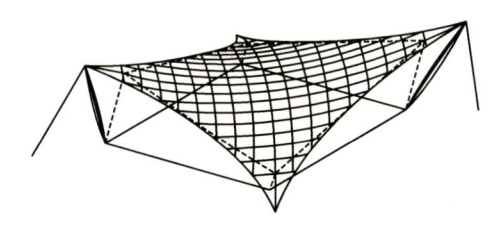

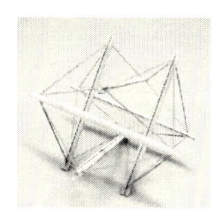

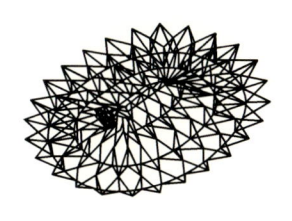

(a) 一例 　　　 (b) 構造

図7.33　テンセグリティおよびその原理の利用例

図7.31　ケーブル・ネット構造

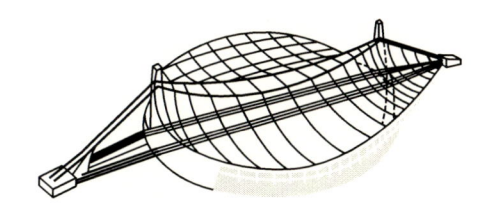

図7.32　代々木国立競技場のサスペンション屋根構造

(3) テンセグリティ

テンセグリティ（tensegrity）は20世紀に入ってから，ケネス・スネルソン（K.D.Snelson）が考案し，建築家のバックミンスター・フラー（R. Buckminstar Fuller）が構造体として確立した構造である．テンセグリティとは，tension（引張り）と integrity（完全状態）を組み合わせた造語で，「引張材の張力によって完全状態となる構造体」のことである．その原理は，図7.33に示すように，不連続な圧縮材や構造ユニットを引張材でつなぐことによって，構造体を構築することである．テンセグリティの設計，施工上の特徴はつぎのとおりである．

① 養生や現場溶接が少ない．
② 部材に曲げが生じず，材料の強度を最大限度発揮できるため，軽量化できる．
③ プレストレスの導入，施工中の形状および応力の管理が必要である．
④ 膜屋根とする場合が多く，耐風対策に工夫する必要がある．
⑤ 全体剛性が比較的低い．

本格的なテンセグリティは少ないが，その原理を利用した構造物は多い．アメリカのジョージア州アトランタに建設されたジョージア・ドーム（Georgia Dome）は，長軸方向のスパンが約220 mを超える，テンセグリティ原理の典型的な実用例である．図7.34に示す天城ドーム（体育館）は，斎藤公男により tension strut dome（TSD）と命名された構造で，ケーブルと木製ストラッドのみで空中に浮遊するテンセグリティである[7.6]．この屋根は，地上で地組みされた後リフトアップ工法で所定の高さまで吊り上げられ，バックステイを緊張することで架構全体に初期張力が導入される構造である．

(4) 膜構造

獣皮や毛織物などの皮膜を利用して居住空間を確保する方法は，太古の昔から用いられている．このような膜構造技術は，簡易テントから発展し

146 第7章 種々の技術と構造設計の流れ

図 7.34 天城ドーム

て，現在では恒久建築物に利用できるようになっている．

膜は薄くて軽い材料であり，膜構造は面外方向に曲げとせん断を生じず，おもに張力を伝達する構造である．ケーブル構造と同様に，あらかじめプレストレスを導入すれば，ある程度の面内圧縮を受けられる．

膜構造は骨組支持膜構造と空気膜構造に大別できる．骨組支持膜は，図 7.31，7.33(b)，7.35 のような構造体の表面に膜を張り付けて内部空間を確保する構造物である．空気膜は気圧の差を利用して成り立ち，図 7.36(a)〜(d) のような空気支持膜構造と図(e)，(f) のようなチューブ膜構造が存在する [7.5, 7.6]．東京ドームは空気支持膜構造の実用例であり，室内の空気圧と外部空気圧の間に気圧差が存在し，常時，気圧の差を維持する必要があるため，空気漏れがないようにしなければならない．

膜は，常にテンション状態を保持することによって安定な構造形状を保持できる．平面膜は面

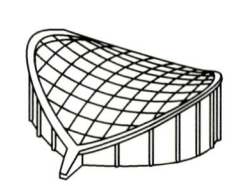

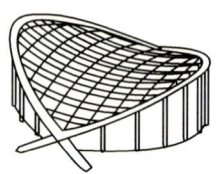

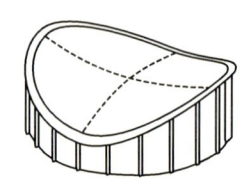

図 7.35 膜を支持できる骨組の例

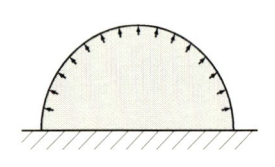

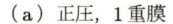

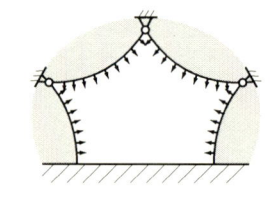

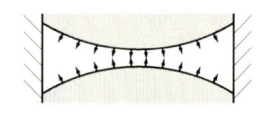

(a) 正圧，1重膜　　(b) 正圧，2重膜　　(c) 負圧，1重膜

(d) 負圧，2重膜　　(e) 梁のような空気チューブ　　(f) アーチのような空気チューブ

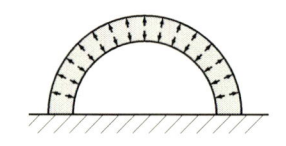

図 7.36 空気膜構造

外へ変形しやすく，形状安定性がよくない．ボールの表面のように正の曲率をもつ膜の場合，気圧や水圧など，膜面に垂直に作用する力によって，膜にテンションを与えて形状を保持できる．また，形状を安定させるほかの方法として，膜を鞍形にしてテンションを導入することもできる．

(5) 曲面構造（シェル）

面構造は平面（プレート）と図 7.37(a) のような曲面（シェル）に大別される．スラブ（平面板構造）は，面外荷重による曲げが生じるので，大スパンに適用できない．しかし，いくつかの平面板を折板のように組み合わせると，より合理的な空間構造を創出できる．さらに，面内の応力と面外の荷重が釣り合うことによって，曲げが生じない理想的な曲面構造を創出できる．図(b)に示すシェルのように，曲げが生じず，応力が薄い面内に分布して膜応力状態が形成されるため，材料の強度を最大限利用でき，薄い曲面構造で大スパンを実現できる．理想的なシェルはモーメントが生じず，薄いシェル面内に応力を伝達するものである．さまざまな荷重に対し，厚みが薄く，曲げモーメントを最小化できることがシェル形状設計のポイントである．ただし，ライズの低いシェルは，図(c)のように，突然面外へ変形して座屈を起こす恐れがあるため，シェル構造には座屈の配慮が必要である．また，施工においても形状精度の管理が要求される．

(6) トラスと立体トラス（スペースフレーム）

トラスや立体トラス構造は，図 7.38 に示すように，三角形やダイヤモンド型などの部材ユニットを組み合わせてできた構造体である．理想的なトラスは，節点がピン接合であり，部材の軸力のみで力を伝達する．

立体トラスはスペースフレームともよび，複層スペースフレームと単層スペースフレームに分類できる．曲率をもつスペースフレーム構造は，全

(a) 利用例 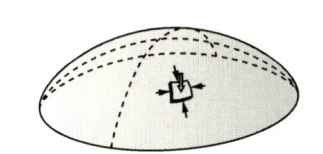 (b) 膜応力状態 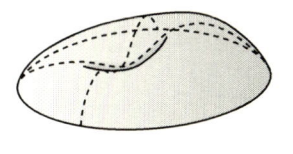 (c) シェルの座屈

理想的なシェルはモーメントが生じず，面内の応力で荷重と釣り合う

図 7.37 シェル構造

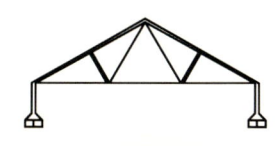

(a) 平面トラス  (b) 3ヒンジ門型平面トラス
(c) 円筒型単層スペースフレーム 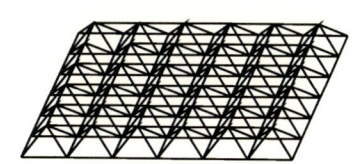 (d) ダブルレアー・スペースフレーム 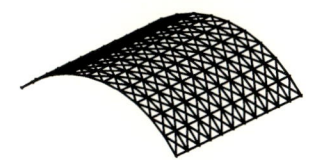

図 7.38 トラスとスペースフレーム構造

体座屈や局部座屈問題があり，設計，計算上はとくに単層スペースフレームの座屈問題を重視することが重要である．また，トラスや立体トラスは，工場での大量生産ができ，鋼材，木材，FRPなどのさまざまな材料を利用できる．

(7) 張弦梁とハイブリッド構造

ハイブリッド（hybrid）は混合という意味であり，ハイブリッド構造とは異なる種類の構造システムの相互の長所を利用し，互いに補強する目的で組み合わせた構造である．図7.39は張弦梁であり，これは曲げ構造システム（梁）を張力構造システム（ケーブル）で補強する構造である．図(a)に示す普通の梁では，梁の中央に大きなモーメントと大きな変形が生じる．一方，図(b)に示すように，ケーブルと束材により梁を補強すると，梁の中央部のモーメントと変形が小さくなる．

2種類の構造物を単純に組み合わせるだけでは，よいハイブリッド構造にはならない．組み合わせることで，短所を補えるように，それぞれの構造の長所と短所を十分吟味することが大切である[7.5〜7.7]．図7.40にハイブリッド構造の応用例を示す．

7.4 構造計画の基礎知識

構造計画は，構造設計の初期段階であり，どのような構造体や技術を用いて建築物を支えるかという全体の方針を決める重要な段階である．さまざまな技術を駆使して素晴らしい構造体を計画するには，構造設計者の豊富な知識と経験が必要である．本節ではその基本となる知識を紹介する．

7.4.1 基礎知識

構造計画とは，建築物の使用目的，機能，安全性，経済性，生産性などの要件を満たすために構造形式を選択し，構造部材の配置の検討を行い，構造形態を計画することである．構造計画では，建築主の意向のもとに，建築計画やデザインとの整合性を図りながら，安全かつ合理的な構造体を創出する．

構造計画の実施や手段に関する規定はとくになく，設計者の想像力と創造力が必要である．ただし，構造計画で考慮する要因に関連する内容は非常に多く存在し，物件によって異なる．ここに，構造計画で考慮する要件の一部をつぎにまとめる．

① 構造機能：建築物の使用目的や空間に対する

(a) 単純梁のたわみ　　(b) 梁とケーブルと束材のハイブリッド構造

図7.39　張弦梁の原理

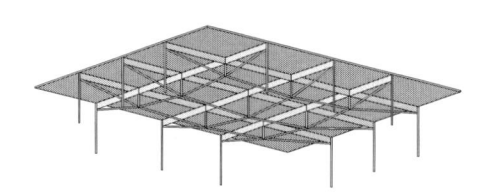

(a) スラブ・梁とケーブルが相互の短所を補強する　　(b) ケーブル支持された単層スペースフレーム

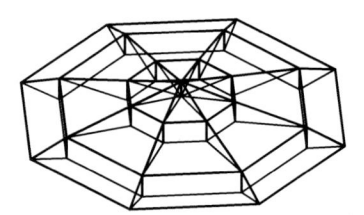

図7.40　ハイブリッド構造の例

要求，平面や立面などの建築計画，内装や外装計画，主要構造材料の選定，設備計画，エレベーターなどの設備の機能，荷重や外乱，耐震耐風のコンセプト，耐震と耐風などの安全性，全体剛性，揺れや居住性に関する要求の保証
② 法律や規定：建築基準法，施行令，告示，各種規準や指針の規定を満足すること（ただし，法規や諸規定は構造物の安全性に対する最低限度の決まりであり，よりよい構造物を実現するために一層の努力が必要である）．
③ 施工工法：建築物の事業計画，品質管理と精度の確保，施工工期，施工合理化，工業化と構造計画の関係，建設公害，全体工程計画
④ コスト：構造の経済性，生産効率，特注品の有無，運搬コスト
⑤ 土地条件，地盤や環境の条件
⑥ 地域性の配慮：地域材料の使用の検討，地域自然や社会の環境
⑦ 耐久性：対象建築物の耐久性能や耐用年限，性能保証年限の検討，耐候性や維持管理に関する検討
⑧ ライフサイクル関連：ライフサイクルコストや環境負荷の低減などのライフサイクル計画と構造計画の関係

7.4.2 構造コンセプトの検討

構造計画者は，構造コンセプトの妥当性について，検討する必要がある．**構造コンセプトとは，造形や形状の設計理念，構造体の成り立ちの根拠，そして地震や風などの外乱に対する対処方法に関する基本的な考えかたである**．

たとえば，ラーメンを採用した場合，ラーメンの原理と構造の特徴がその架構のコンセプトである．ラーメンは曲げ，せん断，軸方向力の応力を生じるので，剛性の高いフレームで外部荷重に抵抗することになる．すなわち，ラーメンを用いて建築造形の実現および空間の確保を行い，常時荷重や地震と風などの外乱に抵抗することがその構造コンセプトである．

図 7.41 に示すような，四隅に四つのコア（太

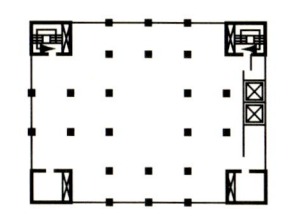

図 7.41 外周四隅にコア配置例

い線部分）を配置して地震や風荷重に抵抗し，常時荷重はその他のラーメン部分で負担するという構造コンセプトもしばしばみられる．

図 7.42 はアメリカのミネアポリス連邦準備銀行の構造コンセプトである[7.5]．この建築物の両端にはコアを設けてあり，その間にスパン 90 m 程度のケーブルのような吊り材により各階の荷重を支え，1 階部分の 90 m スパン間は無柱の大空間となる．さらに，上部 6 階分はアーチで支えられるが，この部分は増築される予定であるので，吊るされた部分が先に完成した後に，吊材の両端をつなぐ巨大トラスで水平力に抵抗する．

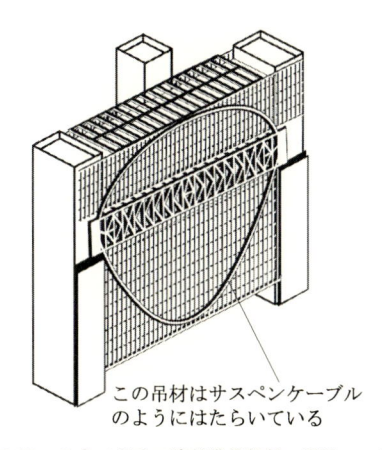

図 7.42 ミネアポリス連邦準備銀行の構造コンセプト

建築物を設計する際，意匠デザインを先に行い，構造家が意匠デザインを実現するための骨組を設計すると思われがちだが，構造家が安全性と合理性などの要因を総合的に勘案して，ユニークな建築形態を先に提案する場合も少なくない．このため，構造計画を行う構造家は，力学や構造技術などの知識を備え，芸術的な素養を身につける必要

である．

7.4.3 平面計画の留意事項

構造部材や各耐震要素の配置についての検討は，構造計画の重要な内容の一つである．構造部材や各耐震要素の平面上の配置についての検討を平面計画といい，その基本的な考えは 7.4.1，7.4.2 項において解説した内容である．ここでは，平面剛性のバランスについての留意事項やエキスパンションジョイントに関する知識を紹介する．

(1) 平面剛性

耐震壁は，建築構造物の挙動を支配する重要な構造要素である．耐震壁の設置にあたっては，偏心によるねじれに注意する必要がある．図 7.43 (a) に示すような建築物は，耐震壁が一端に偏って配置されているため，建築物の平面剛性のバランスが悪く，水平荷重によりねじれが生じる．これに対して，図 (b) に示すように，耐震壁や筋かい，柱をバランスよく平面に配置すれば，ねじれは生じない．図 7.44 によく採用される耐震壁の配置形式を示す．

(2) エキスパンションジョイント

複雑な平面や長大な平面をもつ建築物の場合には，エキスパンションジョイントを設ける必要がある．エキスパンションジョイント（expansion joint）とは，建築物を構造的に分割し，建築物を基礎から屋根まで二つ以上の部分に分離する切れ目である．ただし，上部構造はエキスパンションジョイントによって分離されているが，基礎は一体になっているものもある．エキスパンションジョイントによって建築物を分離するのにはつぎの理由がある．

- 図 7.45 のように，L 型やコ型など，複雑な平面形状の場合には地震時の複雑な応答により局部的に過大な応力が集中し，ひび割れや圧壊などの損傷が起こりやすくなるので，地震動による局所的な応力集中を避ける．
- 図 7.46 のように，上部構造の通り芯はズレがあり，構造体を二つに分解することで，地震時の水平応答により壁どうしが押し合い，破壊しやすくなることを防ぐ．

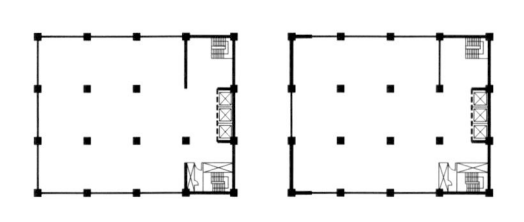

(a) バランスの悪い配置　(b) バランスの良い配置

図 7.43　平面剛性のバランス

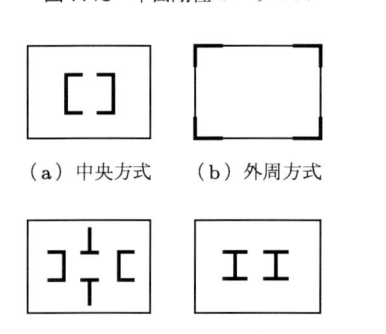

(a) 中央方式　(b) 外周方式

(c) 分散方式　(d) 組合せ方式

図 7.44　耐震壁やコア配置の例

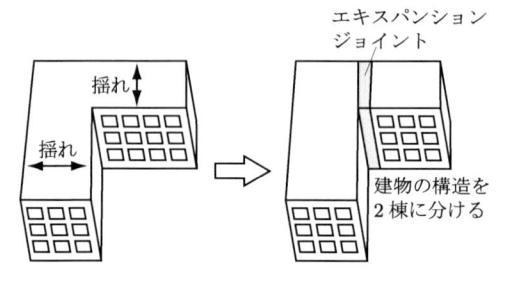

図 7.45　エキスパンションジョイント

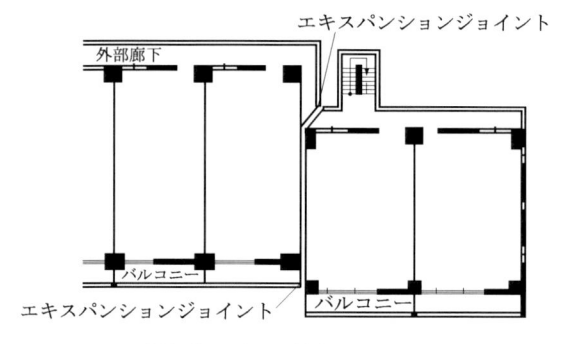

図 7.46　通り芯のズレに対するエキスパンションジョイントの設置例

7.4.4 縦方向の計画

駐車場や店舗など，壁や柱が少なくて比較的広い空間は，大地震時に変形が集中し，崩壊しやすい．このため，建築物の上下方向において，剛性と耐力の急変は避けるべきである．したがって，構造計画において，建築物の上下の剛性と耐力の分布はできるだけ均等にすることが望ましい．また，3.3 節で説明したとおり，剛性率の規制が満たさなければならない．このように，比較的広い空間は適切に補強する必要がある．

建築物の縦方向の構造計画の重要な内容は，耐震壁，ブレースや制振装置などの耐震要素の配置である．一般に，層せん断力の分布は，1 階が最大となり，上へ行くにつれて小さくなる．層せん断力の分布に合わせて，制振要素の性能と数を下から上へ変化させる．図 7.48(a) のように，下部には多くの耐震要素を設置し，上部には耐震要素の数を低減するのが一般的である．図(b)は，耐震要素の縦方向の配置例を示す．

7.4.5 構造計画の留意事項

構造計画では，骨組の配置，部材形状，仮定断面を適切に設定することが重要である．これには，豊富な経験が必要であるが，必要に応じて構造物についての略算や試行構造設計を行う場合もある．当然，基本設計や実施設計の段階では，より詳細な構造計算と設計を行う．

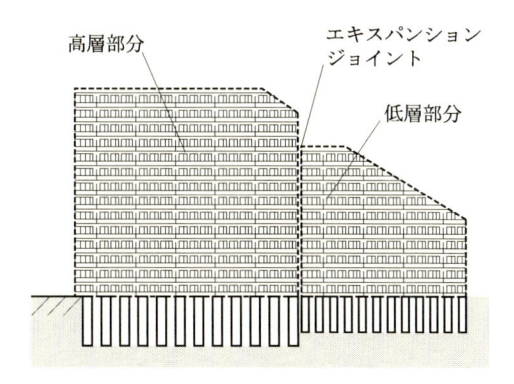

図 7.47 階数が異なるエキスパンションジョイントの設置例

・図 7.47 のように，地盤条件や基礎形式が異なる部分を有する場合，不同沈下や複雑な変形を起こしやすいので，これらの部分を分離する．
・乾燥収縮や温度応力による構造物の変形を避ける．

エキスパンションジョイントのクリアランス（隙間のあき）は，建築物高さの 1/100 程度，または地震時に衝突のないように，1 次設計用地震力による水平変形量の 2 倍以上とする．同一の建築物を分離すると，スラブ（床と天井），壁に切り目の隙間を設け，最上部の笠木をカバーして処理する必要がある．エキスパンションジョイント・カバーには数多くの既製品が開発されている．

（a）超高層の耐震要素の配置　　（b）耐震要素の縦方向の配置例

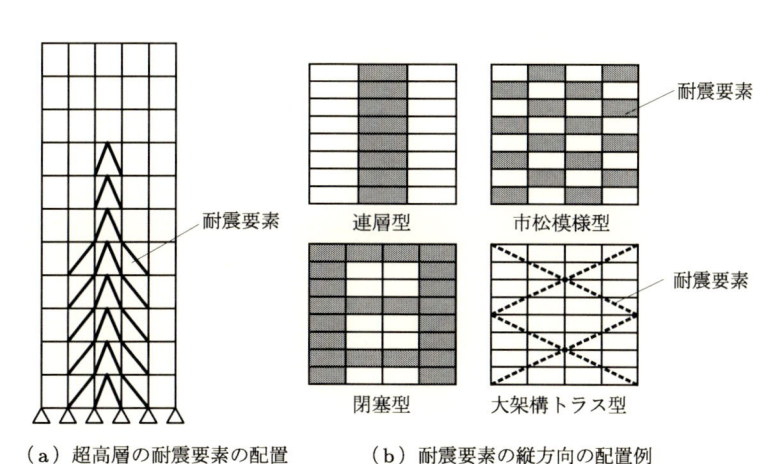

図 7.48 耐震要素の配置例

建築計画や設備設計のために,耐震壁を設けることができない場合や,梁,耐震壁,スラブに貫通孔が必要とされる場合がある.これらの貫通孔を設けると,部材断面に欠損が生じ,構造性能の確保に影響をおよぼすため,確認が必要な場合がある.構造計画の段階において,孔や主要な構造断面の欠損を最小限にし,意匠設計者と設備設計者との打合せを十分に行いながら作業を進める必要がある.

袖壁,垂れ壁,腰壁,方立壁などの構造解析のモデルに取り込まない部分(構造的効果を考慮しない部分)は非構造部材とよばれている.天井,間仕切り壁などの部分も非構造部材であり,設計状況によっては,階段も非構造部材(非耐震構造)として扱われる場合もある.これらの非構造部材は大きな荷重,とくに地震荷重を負担しないようにしなければならない.

図7.49(a)に示すような長い柱は,靱性がよく,大きな水平変形を吸収できる.ただし,図(b)に示すように垂壁や腰壁が柱と一体化すると,柱の変形が拘束され,せん断破壊の恐れがある.そのため,図(c)に示すように,コンクリート柱と隣接している袖壁,垂れ壁,腰壁は,柱との間に耐震スリットを設ける必要がある.耐震スリットを設けると,コンクリート柱の有効長さが長くなり,水平方向の変形能力を確保でき,せん断破壊を防ぐことができる.

設備機器の耐震設計,防振設計,屋上水槽などの耐震設計,エレベーターの耐震設計,天井の落下防止,地震動による物体の転倒などについての非構造部材の安全確認も不可欠である.

基礎の計画にあたっては,不同沈下や転倒が生じないように,建築物の敷地の地盤条件を考慮して,直接基礎,杭などの基礎支持形式を選択する.基礎どうしをつなぐ基礎梁は,つぎの条件を満たす必要がある,
① 不同沈下などの影響を最小限にすること
② 柱脚モーメントに抵抗できること
③ 地震時の水平力を建築物平面に分散して基礎へ伝達できるようにすること

7.5 構造設計全体の流れ

ここまで,構造設計の原理や規定,さまざまな構造関連技術,構造計画の基礎知識を説明してきた.本節では,それらの知識を用いて,構造設計全体の流れ,各段階の成果品,構造計算書にかかわる知識を紹介する.

構造設計の大きな流れは,図7.50に示すように,順に「企画」,「基本計画」,「基本設計」,「実施設計」である.表7.1は各段階のおもな作業内容である.これらの内容を以降の各項において説明していく.

7.5.1 企画と基本計画

企画と基本計画は建築設計の初期段階である.敷地形状や周囲環境を調査し,建築物の用途,容積を検討したうえで設計方針を決める.構造部門

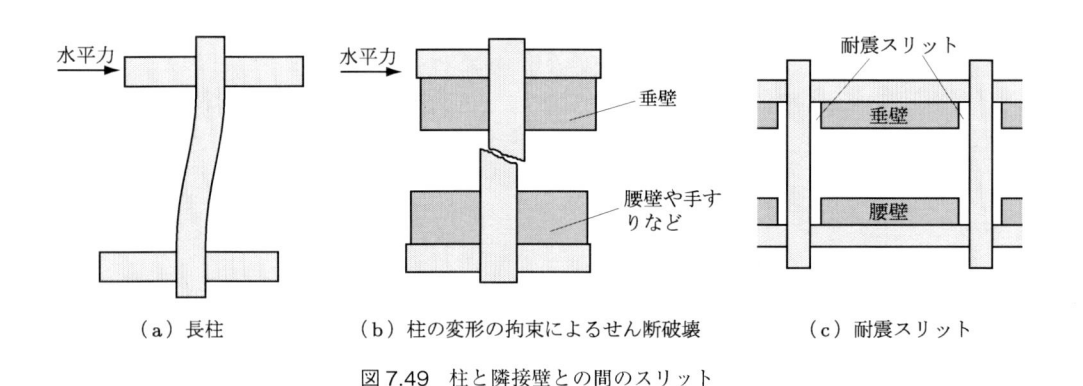

(a) 長柱　　(b) 柱の変形の拘束によるせん断破壊　　(c) 耐震スリット

図7.49 柱と隣接壁との間のスリット

7.5 構造設計全体の流れ

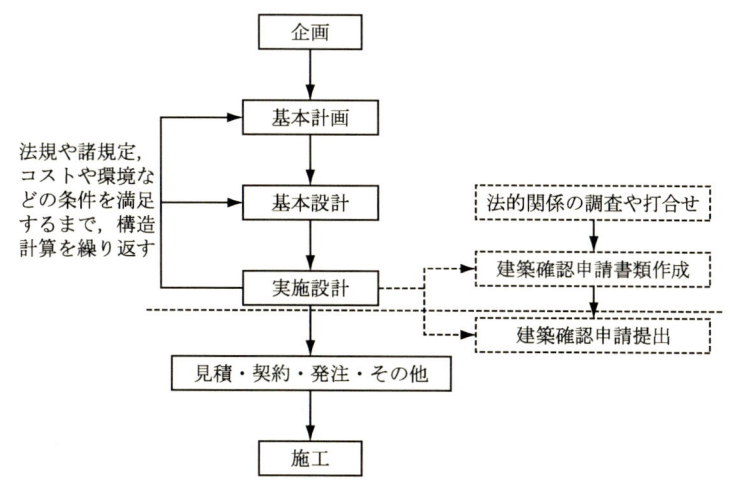

図 7.50 建築設計の手順

表 7.1 建築設計の手順と内容の概要

流れ	意匠,設備設計の内容概要	構造設計 内容概要	参考章・節	備考
①企画	建設プロジェクトを理解し,現地調査や関連情報の収集,建築物の規模,要求性能,合理的な建設方法などを検討する.また,周囲環境,設計プロセスや設計体制などの検討を行う.	地盤調査,現地調査,構造方式や構造性能の検討	第7章	
②基本計画	プランやゾーニング,平面,立面,コアなどの意匠計画,設備設計の計画を行う.防災計画や省エネ計画なども平行して行う.工期計画とコスト予算を行い,計画案を検証する.また,必要に応じて,パース,CGや模型などを作成する.関連法規や条例,諸官庁手続きの調査を行う.	構造計画を行う.架構形式や耐震架構のコンセプト,基礎形式,耐久性と構造機能性の検討	第7章	確認申請の計算書,図面の準備
③基本設計	さまざまな規定にもとづき,詳細な計算を行い,面積,高さの規定,各種設備の機能などの基本計画で決まったプランを検証する.基本設計図を完成する.また,必要に応じて,パース,CGや模型などを作成する.	静的解析,応答解析,断面算定,1次設計,2次設計を行い,耐震性能を検証する.基本設計図や構造計算書を作成する.	流れは本節,構造計算は第2〜6章	
④実施設計	より細かな寸法を決め,各部分の詳細を図面で表現する.施工,生産性の検討を行う.見積や施工ができるように,詳しい実施計図(意匠図,設備図)を完成し,建築主による承認と理解を求める.	2次部材や仕上げ材の安全性の検討:構造細部の設計計算,生産性を考慮して配筋や接合部を検討する.詳細な実施設計図の構造設計図を完成する.		
⑤見積契約施工,施工図				確認申請

の企画段階では，地盤調査，積雪，風や地震に関する地域環境の情報を収集する．構造部分の基本計画では，構造形式，基礎形式を検討する．構造部門の検討事項は，7.4節で説明した内容に従って，架構のコンセプトや耐震性能を決めて構造計画を行う．基本計画のおもな内容は，つぎのとおりである．

① 構造種別の選定：鉄筋コンクリート構造，鉄骨造，鉄骨鉄筋コンクリート構造，木造などの構造種別を選定する．主要構造材料の強度についての検討を行う．
② 構造方式の選定：純ラーメン構造，トラス，ケーブルなどの構造システムの使用を検討する．つづいて，耐震壁や耐震ブレースなどの耐震要素，制振や免震などの技術の導入について検討する．
③ 架構の検討：構造コンセプトに従って，平面および高さ方向の構造計画（伏せ図や軸組図），スパンや階高さ，コア部分の配置，エキスパンションジョイントの有無などを検討する．
④ 基礎や地下構造の計画：地盤調査資料にもとづいて，基礎や地下構造形式を検討する．基礎種別，基礎梁の背，地業工法を決める．
⑤ 異質構造に対する処理：鉄筋コンクリート構造の一部分を鉄骨構造にしたり，大スパン部分はトラスを利用するなど，ケーブル構造を利用するかなどについての検討を行い，それぞれの部分の構造特徴，互いの分離，あるいは一体化する場合の構造的影響を検討する．

7.5.2 基本設計と実施設計

企画と基本計画の完了後は，基本設計，実施設計へと進む．基本設計と実施設計は構造設計の中心であり，部材の断面や骨組の安全性を検証し，法的効力をもつ計算書や設計図面を作成する．ここでは，第1章で簡単に解説した基本設計と実施設計について詳しく解説する．

(1) 基本設計

構造部門の基本設計は，非常に手間と時間がかかる重要な設計段階である．基本設計では，荷重の算出，断面算定，さまざまな耐震計算などの構造計算を行う．そのおもな内容は第2～6章に紹介したものとなる．これらの計算により，構造物の安全性や要求性能を数値で検証し，構造設計図の作成や模型検討を経て主要構造体の成り立ちを検証する．

基本設計では，構造安全性のほかに，経済性，生産性，環境負荷やライフサイクル評価などの検討も同時に行う．これらの検討過程においては，構造材料や部材断面の変更があれば，そのつど荷重を調整し，構造計算を何回もやり直すことになる．

基本設計の成果品は，基本設計図と構造計算書である．基本設計図は，意匠設計図，構造設計図，設備設計図の三部分の図面からなる．これらの図面は，上記の三部分に分けて綴じるのが一般的である（小規模建築物の場合，一冊にする場合もある）．

(2) 実施設計

実施設計は建築設計の最終段階であり，さまざまな設計条件を考慮して，細部の設計を行う．構造設計の実施設計では，鉄筋や鉄骨の詳細（ボルト，溶接），2次部材や仕上げ材の安全性の検討，構造細部の設計を行う．また，施工工法の生産性を考慮して，構造細部を検討する．たとえば，2本の部材の接合部において，溶接やボルト接合のための作業スペース，溶接線の間隔あるいはボルト間の距離の確保などについての検討結果に従って，部材断面や関連寸法の微調整が必要となる場合もある．このようにして，詳細な構造設計図および説明書を完成する．実施設計図書には，基本設計にもとづき，施工計画および工事費の精算に必要となる詳細な図書を作成する．実施設計図のリストを表7.2にまとめる．

7.5.3 構造計算書の知識

構造計算書は，構造設計者が建築物の安全性を確保して建築物の架構を設計したことを法的に証明する書類であり，建築確認申請の重要な提出資料の一つである．建築基準法および関連法令など

7.5 構造設計全体の流れ 155

表7.2 実施設計図面の一式例

	図面名称	図面番号例
意匠設計図	設計概要，案内図	A-1
	仕上げ表	A-2
	求積図	A-3
	床面積，建築面積表	A-4
	配置図	A-5
	平面図（ピット平面，基準階平面，R階平面）	A-6, A-7, A-8, A-9, …
	立面図（北側，南側，東側，西側）	A-10, A-11
	断面図	A-12
	矩計図	A-13, A-14, …
	展開図	A-15, A-16, A-17, …
	建具表，キープラン	A-18, A-19
設備設計図	電気設備特記仕様書	E-1
	照明器具姿図，盤結線図	E-2
	各階電気設備	E-3, E-4, E-5
	各階電気設備（弱電）	E-6, E-7, E-8
	給排水衛生冷暖房換気設備 特記仕様書	M-1
	給排水衛生設備（機器表，器具表）	M-2
	各階の給排水衛生設備	M-3, M-4
	各階の冷暖房換気設備（配管）	M-5, M-6, M-7
	各階の冷暖房換気設備（ダクト）	M-8, M-9, M-10
構造設計図	構造設計標準仕様	S-1
	鉄筋コンクリート構造配筋標準図	S-2, S-3
	鉄骨構造標準図	S-4, S-5
	各階の伏図（基礎伏図）	S-6, S-7, S-8, S-9
	軸組図	S-10, S-11, S-12, S-13
	梁断面リスト	S-14
	柱断面リスト	S-15
	壁断面リスト	S-16
	スラブリスト	S-17
	地中梁リスト	S-18
	基礎リスト	S-19
	通りラーメン配筋図	S-20, S-21

の規定において，その構成および書式が定められている．

平成17年に構造計算書偽装問題が発覚し，国民に多大な不安を与えた．このような事件の再発防止のために，さまざまな法規改正や規定の修正が行われた．構造設計者は施主や社会に対する責任と良心をもち，忠実，厳粛に構造計算書を作成しなければならない．

建築設計の各段階において，さまざまな書類や図面が作成されるが，これらの資料を分類して構造計算書の位置付けを認識しておく．建築設計の成果品は，つぎの三つに分類できる．

① 内部資料：設計者が構造設計各段階に作成した書類や記録，調査書類やさまざまなメモ書き

などの書類である．たとえば，各種調査結果，各段階での打合せ記録や通信記録，構造設計や構造計算の詳細過程の記録，参考文献などの保管すべき資料である．完成した設計図と計算書もその対象となる．

② 確認申請などの官庁への提出資料：建築基準法やその他の規定に定められた申請資料およびその添付資料のことである．内容と書式は，建築基準法や関連規定に従う必要がある．構造部門から提出するおもな資料は構造計算書と構造設計図であり，構造設計が建築基準法や関係規定を満足していること，設計された構造物が十分な安全性を確保していること，要求された性能を有することを，数値計算，書類資料で証明できる資料である．

③ 契約用設計図書：建築主，設計者，工事施工者，工事管理者の間に契約するために必要な書類であり，設計図と仕様書（現場説明書，質問回答書）のことをいう．構造設計部門から提出した設計図書，施工計画や見積り積算できるような詳細情報を記載する資料である．

構造計算書は確認申請や関係官庁へ提出し，審査される書類となるので，審査する立場を考え，設計者がどのように考えて構造計算を進めたのかがわかるように作成する必要がある．

ここに構造計算書（構造計算概要書）の構成を簡単に紹介する[7.8]．

(1) 計算書の構成

構造計算書は下記の内容によって構成する．

・表紙
・総目次
・Part 1 構造計算概要書
・Part 2 構造計算書（その1）
・Part 3 構造計算書（その2）
　　　　⋮
・Part n 添付資料

図7.51に構造計算書の表紙の例を示す．「構造計算概要書」は，構造計算と構造設計の全体結果をまとめたものであり，確認審査時には必ず提出しなければならない書類である．そして，各段階の構造計算の詳細内容および流れ，解析ソフトの入出力の詳細は以降の各部分において詳細に記述する．

図7.51 構造計算書表紙例

(2) 計算書の書式例

構造計算書の作成の詳細については，文献[7.8]などの資料を参考にしてほしい．ここでは，書式のサンプルを示すので，構造計算書に記入すべき内容を確認してほしい．

Ⅰ 構造計算の概要書

§1 建築物の概要

【1. 建築物の名称】○○○○○○
【2. 設計者】（参照頁　　　）
【3. 建築場所】○○○○○○
【4. 主要用途】○○○○○○
【5. 規模】（参照頁　　　）
　(1)延べ面積：　　　　　　　m²
　(2)建築面積：　　　　　　　m²
　(3)構造：　　　　造　一部　　　　造
　(4)階数：　地上　　階　地下　　階　塔屋　　階
　(5)高さ：　　　　　　m
　(6)軒の高さ：　　　　　m
　(7)基礎の底部の深さ：　　　　m
　　：
【6. 構造上の特徴】
　(1)上部構造：形状，X 方向と Y 方向のスパン数（構造種別や形式，耐震コンセプト，おもな構造材料）
　(2)下部構造：地盤状況，基礎形式，液化や沈下問題の対応など
【7. 構造計算方針】
　(1)上部構造：構造計算方法（許容応力度等計算，保有水平耐力計算，限界耐力計算），構造計算の流れルート，耐震設計の概要（地震荷重，解析モデル，耐震要素の特性と地震力の負担率）
　(2)基礎構造：耐震設計の概要（地震力，安全性の検討方針など）
【8. 適用する構造計算】
　構造計算上準拠した指針や規定の一覧表：許容応力度等計算，保有水平耐力計算，限界耐力計算と同等以上に安全性を確かめることができる計算方法を記入し，その妥当性を明記する．
【9. 使用プログラムの概要】
【10. 使用する材料と部位】（参照頁）

材　料	設計基準強度または品質	使用部位	認定の有無	備　考

【11. 使用する材料の許容応力度等】（参照頁）
　コンクリート，鉄筋，鋼材などの構造材料の許容応力度 [N/mm²] を材種別に表でまとめる．
　例：コンクリートの許容応力度 [N/mm²]

種　類	長期に生じる力に対する許容応力度					短期に生じる力に対する許容応力度				備　考
^^	圧縮	せん断	付着			圧縮	せん断	付着		^^
^^	^^	^^	上端筋	その他の鉄筋	^^	^^	^^	^^	^^	^^

【12. 基礎，地盤説明書】
【13. 略伏図など】
【14. 略軸組図など】
【15. 部材断面表】
【16. 特別な調査または研究の結果などの説明書】

§2 荷重，外力など

【1. 固定荷重と積載荷重】
用途別の各種類の部屋の積載荷重，各部分の固定荷重を一覧表でまとめる（第2章を参考）．

【2. 積雪荷重】
垂直積雪量，単位荷重，積雪荷重の低減の有無，特定行政庁で定める規則の採用などを明記し，雪荷重の計算結果を明記する（第2章を参考）．

【3. 風圧力】
地表面粗度区分，建設地の基準風速，そして，速度圧や風力係数の計算過程とその結果を明記する．また，風洞試験を行った場合，実験の詳細およびその結果を説明し，風圧力の算出を説明する．

【4. 地震力】
地震地域係数，地盤種別，設計用一次固有周期の算出（略算法，精算法），第2章の内容および関連規定に従って，建築物の各階の地震力を算出する．地震力は一覧表にまとめる．

【5. 荷重分布図】

【6. その他の荷重，外力】
(1)土圧に対する考慮，(2)水圧に対する考慮，(3)その他考慮すべき荷重，外力に対する考慮

§3 応力計算

【1. 基本仮定，解析モデルの基本的な考えかた】
ピン接合剛接合，最下階の支持条件，床は剛床であるか，梁と柱の両端部の剛域の有無，複合部材の断面仮定，部材の線形・非線形性状，解析方法を明記する．

【2. 計算結果】
モデル図，鉛直荷重時応力と水平荷重時応力（M, Q, N），基礎反力の分布図，参考するページを明記する．

§4 断面計算

§5 基礎ぐいなどの検討

§6 使用上の支障に関する検討

§7 層間変形角，剛性率，偏心率など

§8 保有水平耐力

§9 2次部材や屋根ふき材などの検討
⋮

Ⅱ 構造計算書（1）個別計算編

§1 荷重の計算
§2 2次部材の検討
§3 基礎の検討
§4 その他の検討

> **Ⅲ　構造計算書 (2) 一貫解析計算編**
> 解析計算に用いたプログラムの入出力データのすべて，そしてプログラムのチェックリストを添付する．

構造計算書作成の留意事項
・第三者がみて，設計者の考えかたがわかるように書類を作成することに努める．
・設計方針では，上部構造から基礎構造までの仮定条件を詳しく説明し，設計者がどのように考えて構造計算を進めたのかを審査側にわかるようにする．
・計算ソフトを用いて構造計算を行う場合，モデル化の方法と原理を明記し，モデル化できない部分についての処理を同時に説明する．また，入出力ファイルなどの資料を計算書に添付し，その内容に手を加えて訂正してはいけない．

第8章 構造デザイン

構造設計者は，よりよい構造を設計するように努力すべきである．しかし，よい構造とは何か，どのように設計すればよいかといった設計理念や基本的な考えが必要である．本章では，本書の継続学習の方向を示すために構造デザインの基礎知識を解説し，構造設計の基本理念を説明する．また，IT技術が急速に発展している今日，計算機技術を利用して構造形態を創出する手法が提案されている．そこで，構造設計の新しい動向として，計算機技術を用いた構造形態の創出手法についても簡単に紹介する．

8.1 構造デザインの基礎知識

よりよい構造設計を実現するには，「良い，悪い」，「合理，不合理」についての判断，つまり建築構造に関する基本的な考え，基本理念に対する理解が必要である．本節では，構造デザインに関する基礎知識を解説し，構造設計の基本理念を解説する．構造デザインに関して必要な知識は多いが，本節では重要と思われる基礎知識を抽出して説明する．

8.1.1 構造デザインとは

構造デザインを解説するため，デザインとは何かを説明しておく．デザインに対する一般的な認識は，図案や模様などをレイアウトすることだろう．広義的，哲学的視点から解説すると，デザインは，ある目的を達成するため，あるいは目的物を創出するために，正しい理念に従ってその実施方法や計画プランを勘案することである．われわれはいつもデザインと向きあっているともいえ，旅のデザイン，家具のデザインなど，さまざまなデザインがあり，建築構造デザインはそのうちの一つである．あらゆる目的のデザインには，漠然と計画することではなく，正しい「理念」にもとづくことが重要である．ここでいう理念とは，ものごとのあるべき状態についての基本的な考え，理性的な思考によって得られる理想的概念のことを指す．

構造デザインの基本理念，つまりその基本的な考えは，安全性や機能性などの諸要件を確保するように建築構造のプランを勘案し，対象構造物に構造美や力学美をもたせることである．純粋な構造設計の基本的役割が安全性や機能性などの諸要求性能を確保することとすれば，構造デザインはこれらの役割に加えて，構造美と力学美を表すことである．構造美と力学美については以降の各項において解説するが，簡単に説明すると，これはユニークな構造仕組みや設計・施工手法，精妙な力学原理を用いて，設計者の意志と感性を表現し，人々に「美」と「感動」を与えることである．

本書の監修者の斎藤公男は，構造デザインの意味を「構造設計＋α」として広く捉え，「αとは『建築』への愛着や憧れ，強い倫理観，『構造空間』の創出に参画する誇りと自負，多くの"協同"によって達成される感動や連帯感．そうした気持ちに導かれた創造的設計活動と考える」と説明している[8.1]．つまり，安全性や機能性などを確保するという構造設計の基本的な役割に加えて，構造の創出に参画する誇りと自負から達成される感動が重要である．このような設計活動では，構造の原理やコンセプト，設計手法や工法に対する発想，諸要求性能に対する計算と検証，そしてプランの選択というプロセスを経て，設計理念や目的により近い建築構造を創出できる．

構造デザインの対象について説明する．構造デ

ザインの対象である建築構造は,「構造形態」という概念で表現できる．構造形態という用語は，後述の構造形態解析にも用いられているが，これは建築構造がもっている形状と構造的・力学的状態という二つの要素の融合として説明できる[8.2]．形状（form）とは，視覚情報により心理的な反応を起こし，人に美の感覚を与える要素である．一方，構造的・力学的状態（state）とは，使用された構造材料，応力の分布と流れ，そして剛性などの力学特性や採用された技術のこと指す．したがって，構造デザインでは，法規や諸基準を満たす構造体をつくるだけではなく，構造形態美，つまり形状美と構造状態の美を創出し，さらに設計から施工までの一連プロセスにおいても「美」を追求することとなる．

構造デザインのプロセスは創造的プロセスである．この創造的プロセスについて，斎藤は「『イメージ』と『テクノロジー』という2つのベクトルをできるだけ高いレベルで融合すること，…イメージとは『何をつくるか，つくるべきものは何か』であり，機能・空間・造形といった設計者の自由な発想だけでなく，時には規模・工期・コスト性能と言った計画的要因も含まれる．テクノロジーとは『どうつくるのか，何ができるのか』であり，科学・工学を駆使した技術的可能性，知力が生む工夫・決断を意味している」と述べている[8.1,8.3]．さらに，「イメージ」と「テクノロジー」の融合について，「Type Aでは強いイメージが先行し，それを適切なテクノロジーのフォローによって実現される．Type Bでは成熟したあるいは開発可能なテクノロジーはまず設定され，それを豊かな感性によって実現する．Type Cではイメージとテクノロジーが初期の段階からテーマを共有し，2つのベクトルが有機的に融合・触発することで，高いレベルの統合が実現される」と斎藤が説明している（図8.1）．つまり，計画初期の段階からイメージとテクノロジーを融合することは，構造デザインの理想的なプロセスであると考える．

現在の建築設計の多くは，意匠設計者が先行的

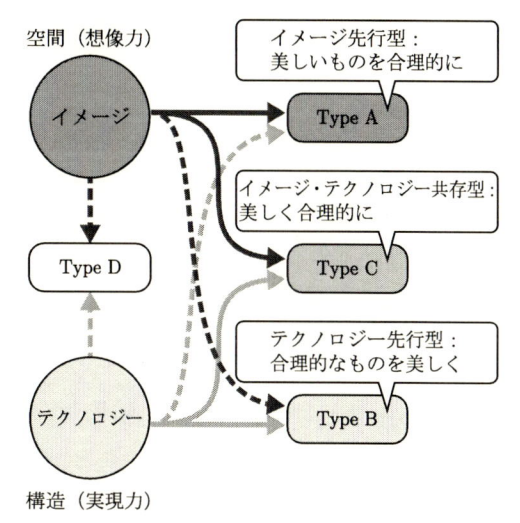

図8.1 構造デザインの実現に必要な二つのベクトルの融合 [8.1, 8.3]

にプランを完成させてから，構造設計者が意匠デザインを実現するための骨組を提案し，その安全性などの諸要求性能を検証する．しかし，建築の機能や形態美などの要件を総合的に勘案し，ユニークな構造形態を先に発案する場合も増えてきている．このことからわかるように，現在は，構造設計と意匠設計の融合が進んでおり，構造設計者には技術と解析の知識のほかに芸術的な素養をもつことも必要である．

8.1.2 構造形態の美と「S-Art」

一つの構造物を設計する場合，複数の設計案が存在することが多い．どの設計案を採用すればよいかを判断するためには，「良い，悪い」，「合理，不合理」についての基本的な考えが必要である．ここに，構造形態のあるべき状態，構造の仕組みや機能，設計と施工生産についての基本的な考え，構造デザインの判断方法について解説する．

前述のように，構造デザインの理念には，「構造形態の美」は重要な要素である．しかし，構造形態の美は，哲学，建築計画，構造理論などの多面的な影響を受け，統一的な認識が存在しない．そのため，著者なりの考えかたを，「オリジナリ

ティー」,「複雑,単純」,「自由,拘束」の三点にまとめて紹介する.

まずは,「オリジナリティー」について説明する.「オリジナリティーとは原点に立ち戻ることである」というガウディの言葉を強調したい.設計者は,古今の構造技術や文化などの知識を幅広く学習し,創造的発想をいかして,安全かつ合理的な構造形態を創出しなければならない.これは,常に新しいアイデアを出すことである.しかし,単に斬新な造形デザインのみを追求して,安全性などの性能が満たせない場合はよい構造とはいえない.「オリジナリティー」は単に外観造形や架構の組み方ではなく,新しい構造コンセプト,構造の仕組みや原理の新味が重要である.

つぎに,「複雑,単純」について考える.これまでの現代の芸術では,「複雑」なものよりも「単純」なものを好む,シンプルなデザインが流行してきた.しかし,現在は,自由な曲線や曲面,不規則な形状を用いた複雑なデザインが,続々と登場している.そこで,構造デザインの理念として,「複雑,単純」のどちらを選択すべきかが問われている.構造デザインにおける「複雑,単純」を考える場合,造形や外観だけに視点をおかず,構造原理,力学特性,材料の利用方法に着目して分析する必要がある.構造原理や力学特性の視点からは,シンプルで「単純」な構造原理を用いて,より少ない材料で作った単純な構造形態が望ましい.つまり,**構造形態は大量の材料の堆積で作り出されたものではなく,精妙な力学原理により創出されたものであるべきである.自由,複雑な形状デザインを選択する場合でも,単純な構造仕組みで実現すべきである**.また,設計者や建設者の真のチャレンジはいかに構造をシンプル化することであり,そのチャレンジは建物本体だけではなく,設計および生産プロセスにも必要である[8.4].

さらに,構造デザインの一つの課題として,「自由,拘束」について考える.形態の設計や研究においては,構造性能の要求条件や経済性などのさまざまな拘束条件を無視して漠然と自由形状をデザインするのは現実的ではない.構造デザインで
は,「自由な発想」と「構造や経済条件などの拘束」のどちらか一方のみを重視すると,よい設計にはならないので,設計者は拘束条件の範囲内で採用できる自由な発想によって構造形態を創出することが求められる.

上記のような「オリジナリティー」,「複雑,単純」,「自由,拘束」についての議論は,「構造的,感性的」という二つの側面にまとめて記述することができる.「構造的」というと,建築の構造のことを示し,これに対する一般的な認識はハードな骨組のことであり,その安全性を検討するプロセスはデジタル的であり,また建築基準法にもとづいた計算には感情や人格的な要素が不要である.一方で,建築デザインでは,アナログ的,感性,感情的などの人格的な要素が必要である.一つの構造体を設計する過程は,純構造的あるいは純芸術的な考えのみで行うものではなく,両者の共存,融合がその基本理念になる.そこで,著者はS (structure,構造)とArt(感性,芸術)を合わせた「**S-Art 理念**」という構造デザインの考えかたを提唱する.**S-Art 理念**では,構造形態の設計および研究に関する基本的な考えかた,構造形態の美を「フォーム美」,「ストラクチュア美」,「プロセス美」の三つの部分で表現する.

「フォーム美」は形状美のことを示し,建築の利用者(鑑賞者)が得られた視覚情報に対する心理的反応,利用者の行動に適した空間構成をいう.これは,8.1.1項で説明した形状の美観のことである.「美しい,美しくない」という判断は,時代,文化,宗教などの社会環境に依存し,工学的に評価することは非常に困難なので,「フォーム美」に関する説明は省略する.ここでは,「ストラクチュア美」と「プロセス美」を抽出して,下記の各項において解説する.

8.1.3 ストラクチュア美

「ストラクチュア美」とは,構造体のユニークな構成仕組みやコンセプト,精妙な力学原理の利用によって,設計者の意志と感性を表現した美しさである.フォーム美が形状や空間構成で美しさ

を表現するのに対して,「ストラクチュア美」は構造の仕組み,構造体の幾何学特性と力学特性,材料の利用方法で美しさを表現する.その基本的な考えかたは,安全性や諸構造性能を確保したうえで,材料強度を最大限利用し,少ない材料を用いてユニークな構造体を創出したり,構造の原理に精妙な力学原理を利用したりすることである.また,建築物の用途と機能を満足すること,自然環境を利用することもストラクチュア美の要件になる.たとえば,風や地震などの自然現象に対して抵抗することだけではなく,これらの自然現象を利用,調和する機能をもたせることもストラクチュア美になる.この設計思想や設計手法を説明するには長大な理論が必要なので,ここではその概略のみを説明する.

まず,材料強度を最大限に利用する点について説明する.十分な安全性を確保したうえで,材料強度などの材料特性を最大限利用し,少ない材料で構造体を創出することを追求した結果,構造体に高い応力度を発生させることとなる[8.4].これは単なる経済目的のためではなく,人類の創造力と技術レベル,そして構造美を表現するためである.昔の構造物と比べて,現代の構造物は部材断面も小さく,使用材料も少なく,内部に発生する応力度も大きい.高い応力度に耐えられる材料を用いて建造される構造物,高度な応力を発生させる構造物への挑戦は人類の一つの目標になるだろう.また,建築は資源やエネルギーの消費的行為であるため,少ない材料で構造体を創出することで,地球資源の枯渇も避けられる.したがって,構造デザインにおいては,限りある地球資源をどのように有効に使うかは重要なテーマになる.

材料強度を最大限度に利用する方法についての一つの考えかたは,構造体に発生するモーメントを最小化することである.その理由は,曲げ部材は中立軸や中立面付近において材料の強度を十分に発揮できず,曲げに抵抗するために大きな部材断面が必要だからである.したがって,テンション構造,アーチやシェル構造,スペースフレーム,さまざまなハイブリッド構造の設計では,曲げモーメントの最小化を目指している.

ここに,ストラクチュア美の一例として,図8.2に示すロスマナンティアレス・レストラン(1957,メキシコ ソチミルコ)を紹介する.この建築物はコンクリート・シェル構造であり,スパン30 m,中心からはね出し先端まで21 m,シェルの厚みは,一番薄いところは4 cm程度である[8.5].曲げモーメントを最小化し,面内の圧縮力は圧縮に強いコンクリートに負担させるため,このような曲面を設計したのである.ストラクチュア美の効果として,その曲面形状と薄さで力学の美を表現して人々に感動を与えている.

図8.2 (Los Manantiales)ロスマナンティアレス・レストラン[8.5]

つぎに,構造体の仕組みの考案と力学原理の利用方法について説明する.構成原理とは,部材の組みかたや接合方法,あるいは曲面や平面構造のような連続体の形状と設置位置のことを示す.構造体の構成原理や形状はその力学特性に影響し,構造体内部の力や力学特性を表現し,人々に力学美を感じさせる.たとえば,アメリカのミネアポリス連邦準備銀行の場合,サスペンション材が大きな力を負担していることや,巨大ビルが浮遊している様子が直感できる.

ここに,ストラクチュア美のもう一例を紹介する.大分県別府市にある川口衞が設計した図8.3のイナコスの橋は,石材の内部に引張り材を通してプレストレスを導入することにより石材を迫りもち,重い石を軽々と空中浮遊させ,美を表現している.この作品は,引張りプレストレス材を石材の中部に隠すことで,石材の圧縮力を感じさせず,石材を圧着することに成功している.このような設計には,力学と構造原理を熟知している必

図8.3 イナコスの橋
[提供：川口衞（法政大学名誉教授）]

要がある．

重い構造体が軽々と浮かぶもう一つの実例として，斎藤公男が設計した山口県下関市の「唐戸市場」の巨大屋根構造を浮遊させる方法を説明する．これは，屋上が芝生広場になっている100×45 mの無柱空間構造で，構造体がこれらすべての荷重を支えている．海峡の立地のため，耐候性の高いプレキャスト・プレストレスト・コンクリート（precast-prestressed concrete（PCaPC））工法を採用した．PCaPC工法とは，あらかじめ工場で製作されたプレキャスト部材（PCa部材）の内部に引張りPC鋼線を通すことや，付随するテンション材にプレストレスを導入することによって，PCa部材を圧着して一体化する方法である．図8.4のように，これらのPCaPC部材の下に張弦ケーブルを設けて張弦梁を形成している．もし，スパン全体を張弦梁にすると，ストラットの長さと本数が増え，下部空間の確保および空間のデザインに消極的な影響を与える．そこで，スパンの一部分を張弦梁とし，その他の部分をスティケーブルで吊り上げることとした[8.2, 8.5]．このようにして，建築内部は簡潔な大空間が実感でき，重いコンクリート・ブロックが軽々と浮いているように感じる（図8.5）．とくに，スティケーブルで吊り上げた部分は，下部に支える部材がなく，完全に浮いているので，ストラクチュア美を感じさせる．

図8.5 「唐戸市場」の内部空間

前述のようなストラクチュア美の実例では，力の流れ（プレストレスや応力の分布）を利用している．したがって，構造内部の応力の分布を理解し，その力の流れを設計すること，利用することはストラクチュア美を表現する手法の一つである．ここで，再び斎藤公男が設計した作品を用いて，構造体の力の流れの変化によりストラクチュア美を表現する方法を説明する．図8.6, 8.7に示す山形県の酒田市国体記念体育館の構造は，両端部のキャンティ・トラスによって屋根の高さを確保

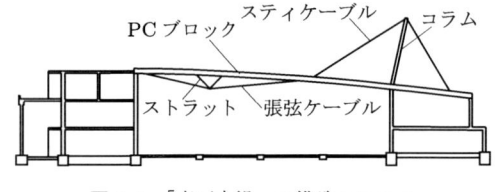

図8.4 「唐戸市場」の構造システム

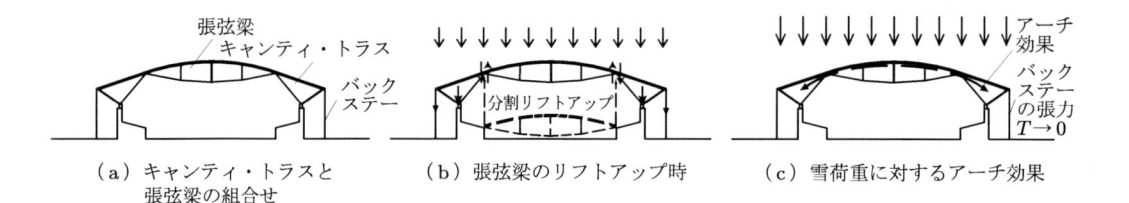

(a) キャンティ・トラスと張弦梁の組合せ
(b) 張弦梁のリフトアップ時
(c) 雪荷重に対するアーチ効果

図8.6 酒田市国体記念体育館の構造原理

図 8.7 酒田市国体記念体育館の内部空間
［提供：斎藤公男（日本大学名誉教授）］

し，その間に張弦梁を用いてスパンの長さを確保するものである．また，外側にはバックステーを設け，キャンティ・トラスの耐震性や安定性を補助する．このような構成は，単に内部空間を確保するだけではなく，下記のように応力の伝達，つまり力の流れに工夫したものである．図 8.6(b)のように，地上で張力導入が容易に行えるように，分割リフトアップ工法を採用して張弦梁を設置し，工期の短縮と精度の確保を図った．張弦梁のリフトアップ時に，キャンティ・トラスは天秤のように固定荷重に抵抗し，バックステーとの協働によって荷重を下部構造へ伝達する．山形県は多雪区域であるので，雪荷重に対しては，図(c)のように，張弦梁とキャンティ・トラスの組合せがアーチのようにはたらき，バックステーの張力は 0 に近い状態まで緩めることができる[8.2, 8.5]．

フォーム美を求めているが，ストラクチュア美を十分に配慮していない実例もある．図 8.8(a) に示す中国北京の国家体育場（通称：鳥の巣）の骨組は美しい造形として評価されるが，一方で図(b)のような巨大部材と複雑な巨大接合部，構造的不合理さや経済性が疑われている．その構造の仕組みは，大量の鋼材を用いて，曲げに抵抗する巨大な部材により力を伝達し，構造的力学的美を表すものではない．

8.1.4 プロセス美

「プロセス美」とは，フォーム美とストラクチュア美を実現する過程に「美」を表現することである．これは，構造の発想，設計のプロセスや施工過程において，人々に感動を与え，美を感じさせる手法を導入することである．たとえば，著名構造家ハインツ・イスラー（Heinz Isler）は，石膏などの素材を膜に塗り，吊り上げて，その固まった形状をシェルの形状とする工法を実用化した（図 8.9）．イスラーが提唱した "hanging reversed membrane（逆さ吊り膜）" の原理は，図 7.27 に示している吊りケーブルからアーチの形状を創生することと同じであるが，吊り膜を逆さにすることによって薄いシェルの形状を求められるプロセスは人々に感動を与える．イスラーは，この方法を用いて図 8.10 のような数多くの優秀作品を設計した．

「プロセス美」のつぎの例として，構造家の川口衞が考案した「パンタドーム構法」を紹介する．この工法では，構造物を地面に近いところにおいて折りたたんだ状態で組み立て，適切な箇所にヒンジを設けて上下方向のみに自由度をもたせ，上

(a) 鳥の巣の外観    (b) 巨大な接合部

図 8.8 北京国家体育場（鳥の巣）

166 第8章 構造デザイン

(a) 柔軟な膜材を吊上げ　　(b) 乾燥後上下逆にしてシェルができる

図 8.9　イスラーの逆さ吊り膜［提供：川口衞（法政大学名誉教授）］

図 8.10　(Burgi Garden Center 1973) の施工中の写真 [8.5]

下移動可能にしておく．その後，現地の市民の参観やテレビ中継で，折りたたんだ巨大な構造物をプッシュアップする．構造物の全体が徐々にみえてくる様子が人々に感動を与え，力学原理や構造形態の変化による工法舞台化は「プロセス美」を表現している．竣工後の建築物は，可動部分のヒンジなどがみえるようにして，工法の「動感」を表現している．図 8.11 は福井ドームのプッシュアップの原理を表している．

「プロセス美」の実現手法は，構造形態の創出段階や施工工法において，力学原理や構造体の幾何学特性を利用して，形態の美しさ，設計者の意志やユニークなアイデアを表現する．その結果，竣工後の建築物という「静物」から，形態創出の理念と手法や建設当時の一連の「動感」を感じる．当然，採用された形態創出の手法や施工工法は，合理的であり，人々に感動を与えるものでなければならない．人間の想像力は無限であるので，多彩なプロセス美の表現方法を期待したい．

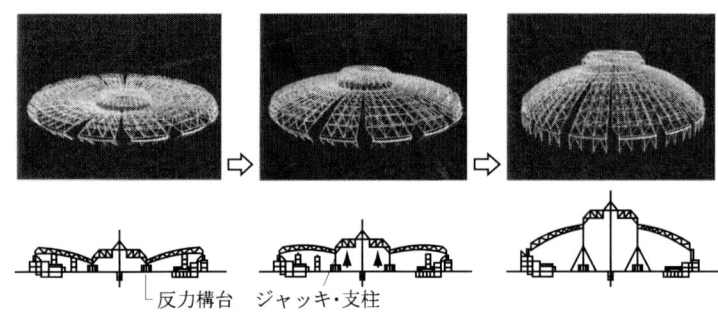

反力構台　ジャッキ・支柱

(a) パンタドーム構法　　　　　　　　　　　(b) 外観

図 8.11　福井ドーム［提供：川口衞（法政大学名誉教授）］

- オリジナリティーを追求する．
- よい構造形態は大量の材料により堆積して作り出されたものではない．
- S-Art 理念：「フォーム美」，「ストラクチュア美」，「プロセス美」の三つの側面から構造美を表現する．

8.1.5 構造デザインのための創造的発想

　計算機の利用や IT 技術が急速に発展している今日，歴史文化，人間のアイデア，設計者の意志と感情を尊重し，力学美と構造美を追求する精神を忘れてはならない．構造設計が「人間」を中心とした行為であるべきと考えられている．著名構造家の川口衞は「構造設計は全人格的行為である」と主張し，日本国内外において精妙な力学原理を利用した作品を数多く設計し，高い評価を受けている．つまり，構造デザインは，設計者の創造的発想が必要であり，感性と想像力をいかして，力学原理と材料を活用することがその基本となる．

　この考えかたでは，構造デザインに計算機を用いても，それはあくまで道具であり，設計者（人間）の設計理念や創造的発想が重要である．ここに，構造デザインのための創造的発想について説明する．

　まず，植物や動物などの自然体の構造原理を利用して構造形態を創出することは構造デザインの手法の一つである．自然界には，無限の"かたち"が存在し，構造デザインに驚くような啓発を与えてくれる．たとえば，貝や卵の殻，花弁や木の葉など，さまざまな自然構造体の原理を構造デザインに利用できる．クモの巣の原理を利用したケーブル構造や樹木の原理を利用した屋根の構造など，自然構造体の原理を利用した数多くの作品が存在する．

　つぎに，構造形態の設計は，身のまわりの道具や乗り物などの原理を参考・利用できる．電球はシェル構造，調理用のざるやかごは立体的な曲面構造であり，自転車の車輪を横にすると屋根のテンション構造にもみえる．伝統的な窓格子，セーターなどの編み物の編み目も部材の組みかたにヒ

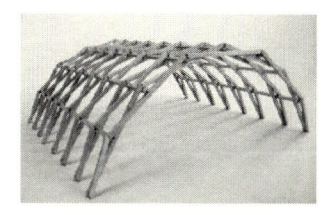

(a) Lap-Beam 円筒 　　　　(b) Lap-Beam ドーム

図 8.12　宋代虹橋から Lap-Beam 構造の創出

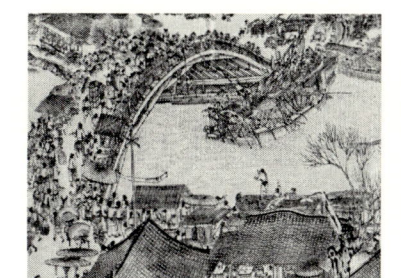

(a) 清明上河図に描かれた虹橋 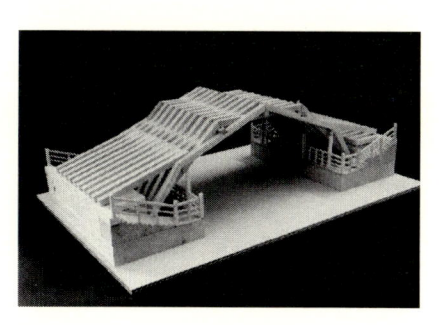　　　　(b) 虹橋の模型

図 8.13　宋の時代の虹橋

ントを与えてくれる.

また，歴史の変遷から経験と教訓を学び，構造設計の道筋を理解することも大切である．歴史を学ぶことで，いろいろな素晴らしいアイデアを学ぶことができ，ときには歴史建物の原理を現代構造設計に応用することも素晴らしい設計手法の一つである．たとえば，図8.12に示すLap-Beamという新しい構造形式[8.6]は，図8.13(a)に示す中国の国宝「清明上河図」に描かれている宋の時代の虹橋の原理を利用している．図(b)に示すように，虹橋は3本部材アーチ・フレームと4本部材アーチ・フレームの2種類のアーチ型フレームで構成されている．5本の水平横材はアーチ型フレームと直交して配置され，アーチ型フレームの部材と十字形相欠き継ぎでかみ合っている．

このような古代構造物の原理を現代建築構造へ応用することを考えてみる．まず，虹橋の水平横材を延長し，アーチ型フレームを適切に配置すると，図8.12(a)のような円筒型の空間構造を創出できる．この構造体を"Lap-Beam円筒"とよぶ．直線状の水平横材をアーチ状にすると，図(b)のようなドーム型の構造を造り出すことができ，これをLap-Beamドームとよぶ．このようなLap-Beam構造システムは，部材レベルで考察すると，小さい曲げモーメントが生じるので，梁の特性をもつ．形状と軸方向力を分析した結果，この構造はアーチの特性をもっている．トラスや

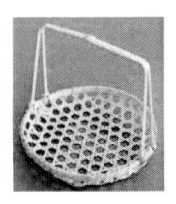

（a）ざる　　　　　　　（b）かごの材心を表現する　　　　　（c）1.5層スペースフレーム

図8.14　1.5層スペースフレームの発想

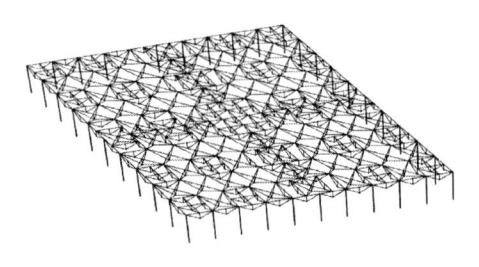

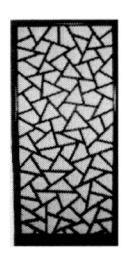

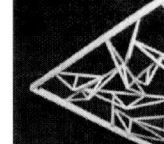

（a）こぎん刺し模様　　　　　　（b）中国の窓格子のようなランダムグリッド

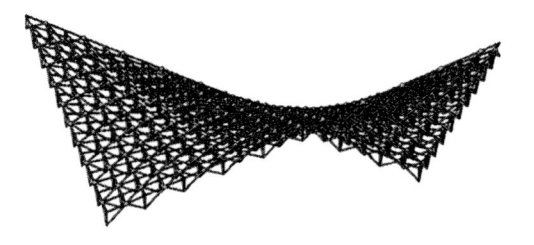

（c）HP曲面

図8.15　1.5層スペースフレームの表現自由性[8.7]

スペースフレームの視点から考察すると，部材が上下2層に渡って交差しているが，上弦材と下弦材が存在しない．すなわち，アーチとスペースフレームの幾何学特性をもっているが，梁，アーチ，スペースフレームとして分類できず，新しい構造システムである[8.7]．

図 8.12 に示す Lap-Beam の幾何学的構成は，調理用具のざるやかごに類似しているため，この虹橋の主架構の構成原理はざるやかごからの発想の可能性がある．そこで，図 8.14(a) のようなかごの材芯線を表す立体フレームを図(b)のように製作し，その上に弦材を加えて，図(c)のようなユニークなフレーム構造体ができた．この構造体は，2層の節点と1層の弦材および斜材によって構成されたものであり，著者はこの構造体を 1.5 層スペースフレームと称する[8.8]．複層スペースフレームに比べて，1.5 層スペースフレームは部材の数が少なく軽量であり，デザインの自由性が期待できる．また，節点に集まる部材数が少ないため，生産性や経済性の向上も期待できる．部材数が少ないため，温室などの採光性が求められる空間に適している．単層スペースフレームは曲率をもつ曲面構造にしか適用できないが，1.5 層スペースフレームは，弦材の構面が斜材により補剛されたため，大スパン平面構造にも適用できる．図 8.15 のように，1.5 層スペースフレームは形状表現の自由性が優れており，多種多様なグリッドをもつ曲面構造を創出できる．さらに，その斜材の補剛効果を考慮し，単層スペースフレームより大きな座屈荷重を抵抗できることを期待でき，図 8.16 に示す 1.5 層スペースフレームは，単層スペースフレームの補強型の一例である．

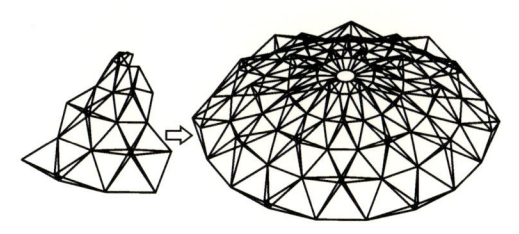

図 8.16 ドーム型 1.5 層スペースフレーム

8.2 計算機技術の応用と構造形態解析

周知のとおり，建築の設計から施工までの各段階において計算機技術の応用は普及している．建築構造設計における計算機技術の応用は，力学解析や構造計算に限らず，構造形態の創出に関する研究も行われ，実用しはじめている．本節では，建築設計における計算機技術の応用，計算機技術を用いた構造形態の創出手法を紹介する．計算機技術の利用においては多種多様な研究成果が発表されているが，「構造形態解析・形態創生」に関する基礎知識を抽出して説明する．

8.2.1 計算機技術応用の概説

建築設計における計算機技術の応用に関する発展方向は，意匠設計，構造設計，設備・環境の設計などの多分野の融合ともいえる．たとえば，構造形態の創出には，単なる力学特性や構造的要件のみを考慮することなく，意匠的設計要件や経済性などの要件も取り込んでいる．研究者たちは，意匠的および構造的要件，経済性など，さまざまな設計要件を取り込んだ設計ツールの研究開発に努力している．

計算機技術を用いた建築設計の特徴は，これまで実現困難と思われていた自由な曲線や曲面，複雑な形状，流動的造形の提案である．その理由の一つは，モダンから発展してきた線や面などの幾何学ユニットを捨て，「調和，統一，整合」などの拘束から脱出し，より自由な造形を求める審美理論が提唱されていることである．もう一つの理由は，計算機技術という有力な設計道具の使用により，複雑な形状設計や計算が可能になったことである．自由曲面構造物といえば，前述のイスラーのように多数の構造家たちが計算機を利用せずに素晴らしい曲面構造を設計した．しかし，計算機技術の発展によって，より自由な曲面構造を，より便利に設計できるようになる．

建築設計における計算機技術の近年の動向は，「デジタル・デザイン」，「アルゴリズミックデザイン」，「フリー・フォーム・デザイン (free form design (FFD))」などの手法や理論が提

唱され，多様な研究成果が登場していることである[8.9〜8.12]．「デジタル・デザイン」や「アルゴリズミックデザイン」では，CADなどの設計ツールの使用のほかに，意匠的要件，構造安全性や経済性などの諸要件を数式にモデル化し，プログラムを作成して，建築造形や構造形態を創出する．また，動物，植物，海の波形や地形などの自然体の形状や構造特性を分析し，これらの特性を模倣するプログラムを作成して，建築物造形や構造形態を創出する．このようにして，ユニークな自由曲面や複雑形態を設計できる．

計算機を用いた設計手法や理論のうち，構造形態の創出に用いられるおもな理論は1990年代に半谷が提唱した「構造形態解析」である[8.2,8.13]．普通の構造設計は，設計者が構造要素の寸法や特性などの諸元を設定し，構造解析や所定の構造計算によって構造体の力学特性や安全性を検証する．つまり，普通の構造設計の解析過程は，構造諸元から構造性能を導く．それとは逆に，構造形態解析は所与の構造性能などの条件を先に定めて，これらの条件を満足できる構造諸元を求め，探査する．その解析過程では，構造性能や力学特性と構造諸元の関係を明らかにする．つまり，構造形態解析は，高度な力学解析理論や数学理論にもとづき，計算機プログラムを編成して構造形態を求め，その力学特性を究明する．構造形態解析に用いられているおもな理論は，形態最適化，ファジイ理論，ニューラルネットワーク，制御理論などである．ここに，最適化理論を抽出して8.2.2項において解説する．

8.2.2 形態創生と最適化理論

8.2.1項で説明したような手法や理論を用いて，建築の造形美，建築計画や構造的要件などの諸要件を満足する構造形態を創出することを「形態創生」とよぶ．計算機技術を用いた形態創生では，設計者がその出力結果を予知しないことがその共通した特徴である．従来の構造設計では，設計者の経験や適切な工学判断により構造体の形状や部材断面を決めていたが，形態創生を用いた設計手法では，設計者に代わって計算機が構造体の形状や部材断面を決める．具体的には，構造体の形状座標や断面寸法などの値を設計変数（設計パラメータ）という変数として，計算機プログラムで求める．図8.17に示すように，設計者は構造体に対する要求事項を計算機に入力することで，計算機が解析計算を実行し，いくつかの具体案を出力してくれる．設計者は分析や判断を重ねて，出力された案から一つの設計案を選択する．

形態創生では，計算機プログラム，つまりデジタル手法を用いるので，対象となる設計要件を定量的にモデル化する必要がある．たとえば，創出する構造形状をある造形に近づけたい場合，解析プログラムは，形状寸法や座標などの設計変数を要求された値に近づくように自動的に修正することが可能である．このようにして，室配置，環境設備の配置などの要因を考慮した形態創生理論が研究されている．しかし，「美しい，美しくない」という形態の美しさを定量的に判断することは依然として難題であり，さらなる研究を期待している．

（a）従来の構造設計　　　　（b）形態解析・最適化を利用した構造設計

図8.17 形態創生の概念図

形態創生に使用しているおもな手法の一つは最適化である．「最適化（optimization）」という用語は，すべての設計要件を計算機が自動的に定めると誤解されやすいが，最適化は数理解析という分野の一つの構成部分である．数理解析とは，複雑な現象を数値や数式にモデル化して，計算機技術を用いて数値計算やシミュレーションをすることである．数理解析の視点からいうと，最適化は定められた実数空間において，ある関数（目的関数）の最大値あるいは最小値を探査する手法である．最適化理論は経済学，機械製造などの幅広い分野に応用されている．その基本となる解析手法は線形計画法および非線形計画法である．多目的最適化理論，遺伝的アルゴリズムなどの解析理論やプログラミング手法が数多く提案されている．

最適化にとって重要なのが，設計目的を明確にし，それを方程式にモデル化することである．設計目的とは，構造体の体積を最小化あるいはその剛性を最大化するなどが挙げられる．このように，最大化あるいは最小化する事項（オブジェクト）を数理手法でモデル化した数式のことを目的関数（評価関数）という．目的関数が最大あるいは最小になるときの設計変数を最適解という．目的関数をモデル化するときに，高さや長さなどの寸法を設計変数としてモデル化する．ただし，従来の構造設計でも最適化手法でも，高さや長さそして許容応力度にかかわる拘束条件を満足しなければならない．最適化解析の場合，設計者は設計変数に対する必要な拘束条件を設け，これらの拘束条件が設計変数の存在域（拘束空間）を形成することになる．

最適化解析の基本原理は拘束空間内において設計変数を変化させ，目的関数の最小値あるいは最大値を探査することである．その代表的な手法は線形計画法と非線形計画法である．その基本的な考えかたは，目的関数の降下方向あるいは増大方向を定め，その方向に設計変数を修正することにより，目的関数を最小化あるいは最大化することである．図 8.18 に最適解を探査するイメージを表す．図の丸い点は設計変数を修正するステップを示し，矢印が修正方向である．いくつかの修正経路が存在し，拘束空間全域における最適解（グローバル最適解）と，設計変数の初期値近傍での局所最適解（ローカル最適解）を求めることができる．

線形計画法や非線形計画法のほかに，遺伝的アルゴリズム（GA）も最適化に多用されている．遺伝的アルゴリズムとは，生物の進化原理を模した手法であり，生物の進化における個体を「解」とし，「解」どうしの交叉で新しい「解（子供）」を生み出し，世代交代，淘汰によってよりよい解（子供）を残していく操作を繰り返すことにより，目的関数を最小化あるいは最大化する．

そのほかにも，さまざまな目的のために最適化解析手法が提案されている．たとえば，どのような形状や断面寸法にすれば，より少ない材料で与えられた荷重を支えられるかという問題は，構造の体積を最小化する最適化問題となる．最小体積や最小重量のほかに，最小エネルギー，そして著者が考案した最小変位（最大剛性）と最大座屈荷重[8.14, 8.15]，さらにライフサイクル問題などのさまざまな目的を扱う最適化理論が研究されている．

建築の構造形態における最適化は，修正的最適化と位相的（トポロジー）最適化に分類できる．たとえば，部材の組みかたを変化させずに，節点座標や部材断面寸法を修正する最適化問題は修正的最適化である．また，連続曲面構造では，設計者が初期形状を設定し，各部位の座標や厚みを設計変数とする場合も修正的最適化である．一方，

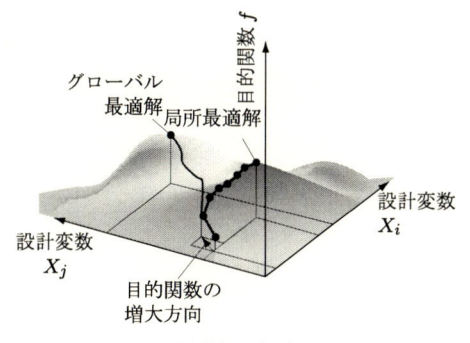

図 8.18　最適解の探査イメージ

部材の組みかたや配置を変化させること，あるいは連続体に自動的に空洞や穴をあける方法もある．たとえば，応力度の小さい箇所の厚みを小さく修正し，応力の大きい箇所の寸法を大きくすることを繰り返した結果，厚みが0に近い範囲が穴になる．このように，寸法だけではなく，幾何学構成の特性も変化させる手法が位相的（トポロジー）最適化である．図8.19はシンプルな立方体から出発し，位相的（トポロジー）最適化により橋の構造体を自動的に生成した例である．

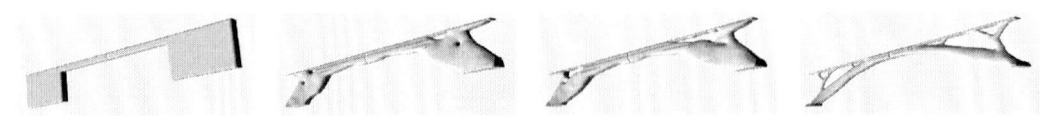

図8.19 位相的最適化手法により創出した橋［提供：大森博司（名古屋大学名誉教授）］

参考文献

第 1 章

[1.1]　国土交通省住宅局建築指導課 等監修，建築物の構造関係技術基準解説書（2007 年版），2008
[1.2]　金田勝徳，関松太郎，村田和夫，野路利幸，和田章，建築の耐震・耐風入門，彰国社，1999, pp.21-27
[1.3]　柴田明徳，最新耐震構造解析（第 2 版），森北出版，2003, pp.281-297
[1.4]　国土交通省住宅局建築指導課編，図解建築法規，新日本法規，2014, pp.133-137

第 2 章

[2.1]　建築構造ポケットブック編集委員会編，建築構造ポケットブック（机上版，第 4 版），共立出版，2005, p.122
[2.2]　日本建築学会，建築物荷重指針・同解説（2004），pp.138-157
[2.3]　日本建築学会，鉄筋コンクリート構造計算基準・同解説（2001），p.7
[2.4]　金田勝徳，関松太郎，村田和夫，野路利幸，和田章，建築の耐震・耐風入門，彰国社，1999, pp.35-37

第 3 章

[3.1]　国土交通省住宅局建築指導課 等監修，改正建築基準法・建築士方及び関係政令省令等の解説，2007, pp.677-681
[3.2]　国土交通省住宅局建築指導課 等監修，建築物の構造関係技術基準解説書（2007 年版），2008, pp.15-32
[3.3]　土木工学全集編集委員会編，応用力学 I 土木工学全集第 2 巻，理工図書，1985, pp.86-90

第 4 章

[4.1]　日本建築学会，建築耐震設計における保有耐力と変形性能（1990），2000, pp.53-63
[4.2]　国土交通省住宅局建築指導課 等監修，建築物の構造関係技術基準解説書（2007 年版），2008 年，pp.291-374
[4.3]　北村春幸，性能設計のための建築振動解析入門，彰国社，2002, pp.75-90
[4.4]　柴田明徳，最新耐震構造解析（第 2 版），森北出版，2003, pp.113-120

第 5 章

[5.1]　国土交通省住宅局建築指導課 等編集，限界耐力計算法の計算例とその解説（2001 年版），平成 18 年講習会テキスト
[5.2]　柴田明徳，最新耐震構造解析（第 2 版），森北出版，2003, pp.72-77

[5.3] 柴田明徳, 最新耐震構造解析（第2版）, 森北出版, 2003, pp.120-129

[5.4] 柴田明徳, 等価線形系による非線形地震応答の解析に関する一考察, 東北大学建築学報, 第16号, 1975.3, pp.27-39

[5.5] 柴田明徳, 等価線形骨組法による鉄筋コンクリート建築物の耐震設計, 東北大学建築学報, 第17号, 1976.6, pp.1-6

[5.6] 国土交通省住宅局建築指導課 等監修, 改正建築基準法・建築士方及び関係政令省令等の解説, 2007, pp.802-811

[5.7] 柴田明徳, 安全限界地震力の加速度—変位応答スペクトル表示と必要耐震性能の特性, 日本建築学会学術講演梗概集（関東, No.20024）, 2001.9, pp.47-48

[5.8] 柴田明徳, 第3回・建築基準法の改正と限界耐力法, 平成13年2月講習会資料, 2001

[5.9] 中田慎介, 限界耐力計算法による耐震設計法の理解 — 1質点縮約モデルの地震応答を中心に（特集 限界耐力計算法の概要と事例）, 建築技術, 2000.12, pp.100-107

[5.10] 国土交通省住宅局建築指導課 等監修, 建築物の構造関係技術基準解説書（2007年版）, 2007, pp.420-445

第6章

[6.1] 建築構造ポケットブック編集委員会編, 建築構造ポケットブック（机上版, 第4版）, 共立出版, 2005, pp.494-497

[6.2] 日本建築学会, 建築基礎構造設計指針（2001改訂版）, 2008

[6.3] 日本建築学会, 小規模建築物基礎設計指針（2008制定）, 2008

[6.4] 上野嘉久, 実務から見た基礎構造設計, 学芸出版社, 2009, pp.199-208

第7章

[7.1] 寺本隆幸（著）, 谷口汎邦, 平野道勝（監修）, 建築構造の計画, 森北出版, 2004

[7.2] 金田勝徳, 関松太郎, 村田和夫, 野路利幸, 和田章, 建築の耐震・耐風入門, 彰国社, 1999

[7.3] 日本免震構造協会編, 免震建築の設計とディテール, 彰国社, 1995

[7.4] 徐培福, 傅学怡, 王翠坤, 肖从真, 複雑高層建築結構設計, 中国建築工業出版社, 2005, p.26, pp.373-378

[7.5] 川口衞, 阿部優, 松谷宥彦, 川崎一雄, 建築構造のしくみ 第二版—力の流れとかたち, 彰国社, 2014

[7.6] 斎藤公男, 空間・構造・物語—ストラクチュラル・デザインのゆくえ, 彰国社, 2003, p.242

[7.7] Heino Engel（著）, JSCA関西翻訳グループ（翻訳）, ストラクチュア・システム—空間デザインと構造フォルム, 技報堂出版, 2006, pp.319-327

[7.8] 日本建築防災協会・日本建築構造技術者協会, 国土交通省住宅局建築指導課監修, 改正建築基準法による 構造計算書作成の要点と実例, 2007

第8章

[8.1] 斎藤公男，構造デザインのめざすもの，STRUCTURE（日本建築構造技者術協会 法人化25周年特別号），No.131, 2014.7, pp.10-13

[8.2] 大森博司，本間俊雄：構造形態の解析から創生へ，建築雑誌118（1507），2003.7, pp.20-23

[8.3] 斎藤公男，新しい建築のみかた［最新版］，エクスナレッジ，2014, pp.107

[8.4] 川口衞，エドゥアルド・トロハの構造デザイン，相模書房，2002

[8.5] 斎藤公男，空間・構造・物語—ストラクチュラル・デザインのゆくえ，彰国社，2003

[8.6] 陳沛山 等，中国宋代虹橋の構造原理についての研究，構造工学論文集 Vol.54B, 2008.3, pp.259-265

[8.7] Pei-Shan Chen, A study on the geometrical configuration of an ancient wooden bridge in Qingming Shanghe Tu, 2010 Symposium of the International Association for Shell and Spatial Structures-Spatial Structures-temporary and Permanent, Shanghai, 2010.11

[8.8] 陳沛山，1.5層スペースフレームの幾何学的構成及びデザインの多様性についての基礎研究，構造工学論文集 Vol.60B, 2014.3, pp.153-158

[8.9] Neil Leach and Xu Wei-Guo eds, Emerging Talents, Emerging Technologies Architects, 中国建築工業出版社，2006

[8.10] Onur Yüce GÜN, Computational Design Tools for Emergent Geometries in Architecture, IASS 2007-Venice-Italy

[8.11] Michalatos P., Kaijima S, Design in a non homogeneous and anisotropic space, IASS 2007-Venice-Italy

[8.12] Neil Spiller, Digital Architecture Now, A Global Survey of Emerging Talent, Thames & Hudson, illustrated edition, 2009

[8.13] 半谷裕彦．構造形態の解析と創生（応用力学シリーズ5），日本建築学会，1998, pp.10-13, 40-43, 100-105.

[8.14] Pei Shan Chen and M. Kawaguchi, Minimum Deformation Shape of Prestressed Bar Structures, Seiken-IASS Symposium on Nonlinear Analysis and Design for Shell and Spatial Structures, Tokyo, Japan, 1993.10

[8.15] 陳沛山，川口衞，多目的最適化解析によるテンション構造の最大剛性形態，日本建築学会構造系論文集，第481号，1996.3, pp.55-61

索　引

■ 英数字

1.5 層スペースフレーム　169
1階層せん断力係数換算値　109
1階の層せん断力係数換算値　112
1次固有周期　43
1質点系への縮約　88
1質点振動系　34
3次元立体解析モデル　139
bi-linear　62
FFD　169
Lap-Beam　168
M-N曲線　80
N値　118
PCaPC　164
P波　32
S-Art 理念　162
S_a-S_d 関係曲線　101
S波　32
TMD　130
tri-linear　62

■ あ　行

アイソレータ　134
アクティブ・ダンパー　133
アーチ　143
圧力線　144
アルゴリズミックデザイン　169
安全限界　4, 88, 111
安全限界固有周期　106
安全限界耐力　111
安全限界変位　111
意匠設計図　154
位相的最適化　171
一次設計　48
一般区域　20
移動荷重　8
海側プレート　31
エキスパンションジョイント　150
エネルギー一定則　63
延性破壊　60
オイルダンパー　132
応答　36
応答スペクトル　36
温度荷重　8, 9

■ か　行

外圧係数　27
解放工学的基盤　99
海洋型地震　31
荷重　7
荷重係数　78
荷重増分解析　78
荷重の組合せ　48, 108
荷重パラメータ　78
加振　36
ガスト影響係数　26
風荷重　9, 21
仮想仕事法　75
加速度応答スペクトル　36
加速度低減率　106
活断層　32
完全弾塑性　61
幾何学的非線形　77
企画　152
擬似加速度　102
基準風速　25, 26
気象庁マグニチュード　33
擬似立体モデル　79
基礎構造　116
基礎免震　135
基本計画　152
基本設計　154
境界層　25
強度抵抗型　128
局部崩壊　65
曲面構造　147
許容応力度計算　48
許容応力度等計算　48
杭基礎　116, 124
杭の支持力　124
空間構造　143
空気膜構造　146
群杭　127
群杭率　127
形状係数　72
形態創生　170
ケーブル構造　144
限界耐力計算　4, 86
減衰　37, 96
減衰定数　37, 106
工学的基盤　98

工学的基盤の応答スペクトル　99
剛床　79
剛心　53
剛心位置　55
剛性率　52
洪積層　117
構造計画　148
構造計算　2
構造計算書　1, 154
構造形態　161
構造形態解析　170
構造コンセプト　149
構造設計　1
構造設計図　1, 154
構造デザイン　160
構造特性係数　68, 69
降伏機構　64
降伏相関曲線　80
弧長増分解析　78
固定荷重　9, 10
固有周期　35
固有ベクトル　89
固有モード　35

■ さ　行

材端バネモデル　80
最適化理論　170
材料非線形　77
逆さ吊り膜　165
シェル　147
刺激関数　90
刺激係数　90
支持杭　124
地震エネルギー　33
地震荷重　9, 39
地震地域係数　44
地震力　41
実施設計　154
実体波　32
質量中心　53
地盤　116
地盤支持力　121
地盤調査　118
地盤の許容応力度　122
重心　53
重心位置　54

索 引 177

修正的最適化　171
集中荷重　8
受風面　21
震央　33
震央距離　33
震源　33
震源距離　33
震源地　33
靱性　60
靱性型　128
新耐震設計法　2
震度　34, 39
振動特性係数　40, 42
震度階級　33
水圧　9
水平地震力　39
水平震度　44
スウェーデン式サウンディング試験　118
スケルトン・カーブ　62
ストラクチュア美　162
スーパーストラクチャー　138
スペースフレーム　147
スラスト　144
静止荷重　8
制振　129
制震　129
制振構造　129
脆性破壊　60
静的荷重　8
清明上河図　168
積載荷重　9, 15
積雪荷重　9, 19
接線剛性　78
接線勾配　78
接地圧　123
節点振分け法　74
設備設計図　154
セミアクティブ　133
線形　77
全塑性モーメント　61
全体崩壊　64
せん断抵抗角　119
せん断破壊　152
層間変位　50
層間変形角　50
層せん断力　39
層せん断力係数　41
層せん断力係数の建物高さ方向の　分布係数　40, 43

増幅率　100
増分解析　77
増分ステップ　78
速度圧　25
速度応答スペクトル　36
塑性設計　61, 64
塑性流れ則モデル　80
塑性ヒンジ　61
塑性率　62, 97
損傷限界　4, 88, 108
損傷限界固有周期　105
損傷限界耐力　108

■ た　行
耐震計算ルート　81
耐震構造　128
耐震スリット　152
代表点　92
代表変位　92
太平洋プレート　31
耐力スペクトル　102
高さ方向分布係数　40
多質点振動系　35
多雪区域　20
短期荷重　7
単杭　127
断層　32
単層スペースフレーム　147
弾力半径　57
地域係数　40
地表面粗度区分　26
中間層免震　136
沖積層　117
チューブ・イン・チューブ　137
チューブ構造　137
チューブ膜構造　146
チューンド・マス・ダンパー　130
長期荷重　7
張弦梁　148
超高層建築　136
直接基礎　116
直下型地震　32
釣り合い経路　78
デジタル・デザイン　169
テルツァギのモデル　121
テンセグリティ　145
伝播機構　32
土圧　9
等価固有周期　93

等価質量　91, 93
等価線形解析　93
等価せん断モデル　139
等価バネ定数　93
等価曲げせん断モデル　139
動的荷重　8
独立架構モデル　79
トポロジー最適化　171
トラス　147

■ な　行
内圧係数　27
内部摩擦角　119
内陸型地震　31
二次設計　48
ねじり剛性　56
粘性減衰付加型ダンパー　131
粘性体ダンパー　132
粘性流体　25
粘弾性体ダンパー　132

■ は　行
ハイブリッド構造　148
バックステー　165
パッシブ・ダンパー　133
パンタドーム構法　165
バンドル・チューブ　137
非線形　77
非線形構造解析　77
必要安全限界耐力　111, 112
必要損傷限界耐力　108, 110
必要保有水平耐力　67
標準貫入試験　118
標準せん断力係数　40, 42
表層地盤　99
表面波　32
フィリピン海プレート　31
風圧　24
風圧力　21, 25
風速　24
風洞　30
風洞実験　30
風力係数　25, 27
フォーム美　162
復元力　35
複層スペースフレーム　147
部材群の分類　69
部材種別　69
部材の限界変形角　111

部材ランク 69	偏心距離 56	■や 行
フーチング基礎 116	偏心率 58	有効質量比 105
負の摩擦力 125	崩壊 64	雪荷重 9, 19
部分崩壊 65	崩壊機構 64	ユーラシアプレート 31
フリー・フォーム・デザイン 169	崩壊メカニズム 64	
フルアクティブ 133	骨組支持膜構造 146	■ら 行
プレキャスト・プレストレスト・	保有水平耐力 67	ラブ波 32
コンクリート 164	保有水平耐力計算 65	ラーメン構造 137
プレストレス 144		陸側プレート 31
プロセス美 165	■ま 行	立体トラス 147
分布荷重 8	膜構造 145	立体モデル 79
平板載荷試験 118	マグニチュード 33	履歴減衰 96
平面モデル 79	摩擦杭 124	履歴ダンパー 130
ベースシャー係数 41	メガストラクチャー 138	レイリー波 32
べた基礎 116	免震構造 129	レベル1入力地震動 140
変位応答スペクトル 36	目的関数 171	レベル2入力地震動 140
変位増分解析 78	モーメントマグニチュード 33	レベル3入力地震動 141

監修者略歴

柴田　明徳（しばた・あけのり）

- 1936 年　静岡県に生まれる
- 1960 年　東京大学工学部建築学科卒業
- 1965 年　東京大学大学院博士課程修了，工学博士
- 1965 年　東北大学助手
- 1966 年　東北大学助教授
- 1986 年　東北大学教授
- 1999 年　東北文化学園大学教授
- 1999 年　東北大学名誉教授
- 　　　　　現在に至る
- 2014 年　日本建築学会大賞受賞

斎藤　公男（さいとう・まさお）

- 1938 年　群馬県に生まれる
- 1961 年　日本大学理工学部建築学科卒業
- 1963 年　日本大学大学院理工学研究科建築学専攻修了，工学博士
- 1973 年　日本大学助教授
- 1991 年　日本大学教授
- 2010 年　日本大学名誉教授
- 　　　　　現在に至る
- 2007 年　日本建築学会第 50 代目会長

日本建築学会賞（1986 年業績部門），IASS・坪井賞と E.トロハ賞など多数の受賞

著者略歴

陳　沛山（ちん・はいざん）

- 1962 年　中国河南省に生まれる
- 1996 年　法政大学大学院工学研究科建設工学専攻博士後期課程修了，博士（工学）
- 1996 年　前田建設工業株式会社勤務
- 2006 年　八戸工業大学助教授
- 2008 年　八戸工業大学教授
- 2010 年　中国河南大学兼職教授
- 2012 年　中国西安建築科技大学客座教授
- 2014 年　九州工業大学大学院教授
- 　　　　　現在に至る

編集担当　二宮　惇（森北出版）
編集責任　石田昇司（森北出版）
組　　版　メイテック
印　　刷　ワコー
製　　本　同

建築構造設計教本　　　　　　　　　　　　　　©陳　沛山　2015

2015 年 4 月 30 日　第 1 版第 1 刷発行　　【本書の無断転載を禁ず】
2023 年 10 月 10 日　第 1 版第 2 刷発行

著　者　陳　沛山
発行者　森北博巳
発行所　森北出版株式会社
　　　　東京都千代田区富士見 1-4-11（〒102-0071）
　　　　電話 03-3265-8341／FAX 03-3264-8709
　　　　https://www.morikita.co.jp/
　　　　日本書籍出版協会・自然科学書協会　会員
　　　　JCOPY <(一社)出版者著作権管理機構　委託出版物>

Printed in Japan／ISBN978-4-627-55311-8